文库

丛书主编 郑毅

长白汇征录

清·张凤台 等 撰

黄甲元 李若迁 张福有 校注

吉林文史出版社

图书在版编目（CIP）数据

长白汇征录 / (清) 张凤台等撰；黄甲元，李若迁，张福有校注. — 长春：吉林文史出版社，2021.1
（长白文库）
ISBN 978-7-5472-7584-9

Ⅰ. ①长… Ⅱ. ①张… ②黄… ③李… ④张… Ⅲ. ①长白府 – 史料 Ⅳ. ①K928.6

中国版本图书馆CIP数据核字(2020)第253739号

长白汇征录
CHANGBAI HUIZHENGLU

出 品 人：张　强
撰　　者：（清）张凤台等
校　　注：黄甲元　李若迁　张福有
丛书主编：郑　毅
责任编辑：程　明　吕　莹
装帧设计：尤　蕾
出版发行：吉林文史出版社有限责任公司
电　　话：0431—81629369
地　　址：长春市福祉大路出版集团A座
邮　　编：130117
网　　址：www.jlws.com.cn
印　　刷：吉林省优视印务有限公司
开　　本：170mm×240mm　1/16
印　　张：19
字　　数：190千字
版　　次：2021年1月第1版　2021年1月第1次印刷
书　　号：ISBN 978-7-5472-7584-9
定　　价：188.00元

宣統二年三月

長白彙徵錄

原名徵存錄業經付梓旋易此
名錄內未全改正閱者諒之

《长白文库》总序

　　中华优秀传统文化是中华民族的"根"和"魂"，习近平总书记高度重视中华优秀传统文化，并将其作为治国理政的重要思想文化资源。"不忘本来才能开辟未来，善于继承才能更好创新。""优秀传统文化是一个国家、一个民族传承和发展的根本，如果丢掉了，就割断了精神命脉。"中华优秀传统文化具有多样性和地域性等特征，东北地域文化是多元一体的中华文化中的重要组成部分。吉林省地处东北地区中部，是中华民族世代生存融合的重要地区，素有"白山松水"之美誉，肃慎、扶余、东胡、高句丽、契丹、女真、汉族、满族、蒙古族等诸多族群自古繁衍生息于此，创造出多种极具地域特征的绚烂多姿的地方文化。为了"弘扬地方文化，开发乡邦文献"，自 20 世纪 80 年代起，原吉林师范学院李澍田先生积极响应陈云同志倡导古籍整理的号召，应东北地区方志编修之急，服务于东北地方史研究的热潮，遍访国内百余家图书馆寻书求籍，审慎筛选具有代表性的著述文典 300 余种，编撰校订出版以《长白丛书》（以下简称《丛书》）为名的大型东北地方文献丛书，迄今已近 40 载。历经李澍田先生、刁书仁和郑毅两位教授三任丛书主编，数十位古籍所前辈和同人青灯黄卷、兀兀穷年，诸多省内外专家学者的鼎力支持，《丛书》迄今已共计整理出版了 110 部 5000 余万字。《丛书》以"长白"为名，"在清代中叶以来，吉林省疆域迭有变迁，而长白山钟灵毓秀，蔚然耸立，为吉林名山，从历史上看，不咸山于《山海经·大荒北经》中也有明确记录，把长白山当作吉林的象征，这是合情合理的。"（《长白丛书》初版陈连庆先生序）

　　1983 年吉林师范学院古籍研究所（室）成立，作为吉林省古籍整理与研究协作组常设机构和丛书的编务机构，李澍田先生出任所长。全国高校古籍整理工作委员会、吉林省教委和省财政厅都给予了该项目一定的支持。李澍田先生是《丛书》的创始人，他的学术生涯就是《丛书》的创业史。《丛书》能够在国内外学界有如此大的影响力，与李澍田先生的敬业精神和艰辛努力是分不开的。《丛书》创办之始，李澍田先生"邀集吉、长各地的中青年同志，乃至吉林的一些老同志，群策群力，分工合作"（初版陈序），寻访底本，夙兴夜寐逐字校勘，联络印刷单位、寻找合作方，因经常有生僻古字，先生不得不亲自到车间与排版工人拼字铸模；吉林文史出版社于永玉先生作为《丛书》的第一任责编，殚精竭虑地付出了很多努力，为《丛书》的完成出版做出了突出贡献；原古籍所衣兴国等诸位前辈同人在辅助李澍田先生编印《丛书》的过程中，一道解决了遇到的诸多问题、排除了诸多困难，是《丛书》草创时期的重要参与者。《丛书》自20世纪80年代出版发行以来，经历了铅字排版印刷、激光照排印刷、数字化出版等多个时期，《丛书》本身也称得上是改革开放以来中国印刷史的见证。由于《丛书》不同卷册在出版发行的不同历史时期，投入的人力、财力受当时的条件所限，每一种图书的质量都不同程度留有遗憾，且印数多则千册、少则数百册，历经数十年的流布与交换，有些图书可谓一册难求。

1994年，李澍田先生年逾花甲，功成身退，由刁书仁教授继任《丛书》主编。刁书仁教授"萧规曹随"，延续了《丛书》的出版生命，在经费拮据、古籍整理热潮消退、社会关注度降低的情况下，多方呼吁，破解困局，使得《丛书》得以继续出版，文化品牌得以保存，其功不可没。1999年原吉林师范学院、吉林医学院、吉林林学院和吉林电气化高等专科学校合并组建为北华大学，首任校长于庚蒲教授力主保留古籍所作为北华大学处级建制科研单位，使得《丛书》的学术研究成果得以延续保存。依托北华大学古籍所发展形成的专门史学科被学校确定为四个重点建设学科之一，在东北边疆史地研究、东北民族史研究方面形成了北华大学的特色与优势。

2002年，刁书仁教授调至扬州大学工作，笔者当时正担任北华大学图书馆馆长，在北华大学的委托和古籍所同人的希冀下，本人兼任古籍所所长、《丛书》主编。在北华大学的鼎力支持下，为了适应新时期形势的发展，出于拓展古籍研究所研究领域、繁荣学术文化、有利于学术交流以及人才培养工作的实际需要，原古籍研究所改建为东亚历史与文献研究中心，在保持原古籍整理与研究的学术专长的同时，中心将学术研究的视野和交流渠道拓展至东亚地域范围。同时，为努力保持《丛书》的出版规模，我们以出文献精品、重学术研究成果为工作方针，确保《丛书》学术研究成果的传承与延续。

在全方位、深层次挖掘和研究的基础上，整套《丛书》整理与研究成果斐然。《丛书》分为文献整理与东亚文化研究两大系列，内容包括史料、方志、档案、人物、诗词、满学、农学、边疆、民俗、金石、地理、专题论集 12 个子系列。《丛书》问世后得到学术界和出版界的好评，《丛书》初集中的《吉林通志》于 1987 年荣获全国古籍出版奖，三集中的《东三省政略》于 1992 年获国家新闻出版总署全国古籍整理图书奖，是当年全国地方文献中唯一获奖的图书。同年，在吉林省第二届社会科学成果评奖中，全套丛书获优秀成果二等奖，并被国家新闻出版总署列为"八五"计划重点图书。1995 年《中国东北通史》获吉林省第三届社会科学优秀成果二等奖。2005 年，《同文汇考中朝史料》获北方十五省（市、区）哲学社会科学优秀图书奖。

《丛书》的出版在社会各界引起很大反响，与当时广东出现的以岭南文献为主的《岭南丛书》并称国内两大地方文献丛书，有"北有长白，南有岭南"之誉。吉林大学金景芳教授认为"编辑《长白丛书》的贡献很大，从《辽海丛书》到《长白丛书》都证明东北并非没有文化"。著名明史学者、东北师范大学李洵教授认为："《长白丛书》把现在已经很难得的东西整理出来，说明东北文化有很高的水准，所以丛书的意义不只在于出了几本书，更在于开发了东北的文化，这是很有意义的，现在不能再说东北没有文化了。"美国学者杜赞奇认为"以往有关东北方面的材料，利用日文资料很多。而现在中文的《长白丛书》则很有利于提高中国东北史的研究"（《长白丛书》出版十周年纪念会上的发言）。中国社会科学院边疆史地研究中心主任厉声研究员认为："《长白丛书》已经成为一个品牌，与西北研究同列全国之首。"（1999 年 12 月在《长白丛书》工作规划会议上的发言）目前，《长白丛书》已被收藏于日本、俄罗斯、美国、德国、英国、加拿大、澳大利亚、韩国及东南亚各国多所学府和研究机构，并深受海内外史学研究者的关注。

为了更好地传承和弘扬优秀地域文化，再现《丛书》在"面向吉林，服务桑梓"方面的传统与特色，2010 年前后，我与时任吉林文史出版社社长的徐潜先生就曾多次动议启动出版《长白丛书精品集》，并做了相应的前期准备工作，后因出版资助经费落实有困难而一再拖延。2020 年，以十年前的动议与前期工作为基础，在吉林省省级文化发展专项资金的资助下，北华大学东亚历史与文献研究中心与吉林文史出版社共同议定以《长白丛书》为文献基础，从《丛书》已出版的图书中优选数十种具有代表性的文献图书和研究著述合编为《长白文库》加以出版。

《长白文库》是在新的历史发展时期对《长白丛书》的一种文化传承和创新，《长白丛书》仍将以推出地方文化精华和学术研究精品为目标，延续东北地域文化的文脉。

《长白文库》以《长白丛书》刊印 40 年来广受社会各界关注的地方文化图书为入选标准，第一期选择约 30 部反映吉林地域传统文化精华的图书，充分展现白山松水孕育的地域传统文化之风貌，为当代传统文化传承提供丰厚的文化滋养，是一件功在当代、利在千秋的文化盛举。

盛世兴文，文以载道。保存和延续优秀传统文化的文脉，是人文社会科学研究者的社会责任和学术使命，《长白丛书》在创立之时，就得到省内外多所高校诸多学界前辈的关注和提携，"开发乡邦文献，弘扬地方文化"成为 20 世纪 80 年代一批志同道合的老一辈学者的共同奋斗目标，没有他们当初的默默耕耘和艰辛努力，就没有今天《长白丛书》这样一个存续 40 年的地方文化品牌的荣耀。"独行快，众行远"，这次在组建《长白文库》编委会的过程中，受邀的各位学者都表达了对这项工作的肯定和支持，慨然应允出任编委会委员，并对《长白文库》的编辑工作提出了诸多真知灼见，这是学界同道对《丛书》多年情感的流露，也是对即将问世的《长白文库》的期许。

感谢原吉林师范学院、现北华大学 40 年来对《丛书》的投入与支持，感谢吉林文史出版社历届领导的精诚合作，感谢学界同人对《丛书》的关心与帮助！

郑　毅

谨序于北华大学东亚历史与文献研究中心

2020 年 7 月 1 日

笺注说明

　　吉林文史出版社编辑出版《长白文库》，内含李澍田先生主编之《长白丛书》部分书籍，首批十一本。我有幸应邀重新笺注《长白汇征录》和《长白山江岗志略》。

　　清光绪三十四年（1908年），长白府张凤台、临江知县李廷玉、选用知县刘建封踏查长白山、勘分奉吉界线，张凤台撰《长白汇征录》，刘建封撰《长白山江岗志略》附《东荒谭余》，李廷玉作序等多篇。日后成书时，《东荒谭余》佚。

　　《长白汇征录》和《长白山江岗志略》在宣统元年（1909年）初版时，两本是分刊的。我于1996年从省委调白山市委、市政协工作，开始关注这两本书，已逾25年。最先见到这两本书的版本，是1987年李澍田先生主编的《长白丛书》。《丛书》中，这两本是合一的。

　　当时，他们找到刘建封等撰、1957年吉林省人民委员会铅印的《长白山三江考略》《白山调查记》等二十多篇文章，安龙祯、高阁元先生在整理时冠以《长白设治兼勘分奉吉界线书》之名，附在《长白汇征录》和《长白山江岗志略》之后，但标题未上封面。

《长白设治兼勘分奉吉界线书》，系光绪三十四年月十一月于临江县署手抄本。参看刘建封自题《长白山江岗志略》书名，均带："附东荒谭余"字样。刘建封在踏查长白山《缘起》中还写道：前所作《长白山三江源流考》等各篇，已于报告书中向东三省总督徐世昌详细呈明，再将《长白山江岗志略》，以《东荒谭余》附之，敬呈宪鉴加以笔削。可是，在原本和《丛书》本中，皆不见《东荒谭余》内容。我曾就此请教过安龙祯先生，安先生未能释疑。再请教李澍田先生，李先生谔然："难道能是错简"？又拜访刘建封曾孙刘自力先生，府上亦无《志略》《谭余》底本。后亲往吉林省图、辽宁省图查询，均无果。

2002年，李澍田先生将手中12本刘建封诗、书、画、文的复印件，全部送给我并嘱："希望你能理出头绪。"

2011年12月，吉林省地方志编纂委员会选刊旧方志，影印《长白山江岗志略》，嘱我作《跋》，我在《跋》中写道："东荒谭余，有名无文，存疑待考。"

2019年5月，抚松拟印《长白山江岗志略》，嘱我作序，因当时无时间，序中未涉"东荒谭余"之疑。

这次综合判断，《长白设治兼勘分奉吉界线书》中含李廷玉序、再序和文共二十九篇。前十篇，是铅印本原目录已有的，应属先呈徐世昌的。后十九篇目录，是1957年吉林省人民委员会铅印时增补的，疑其即应属《东荒谭余》内容。所以，这次笺注，便将这二十九篇均作为《东荒谭余》内容，附于《长白山江岗志略》之后，恰可解决《长白设治兼勘分奉吉界线书》标题涵盖不了所有文章之虞。此前，出版社已将《长白汇征录》与《长白山江岗志略》分刊，排为两本。这样，从各方面看，靡不妥贴。

如今，李澍田、安龙祯先生均已作古。我不揣浅陋，斗胆定夺，以《东荒谭余》为题，替换《长白丛书》原题：《长白设治兼勘分奉吉界线书》，以统二十九篇序与杂文，附于《长白山江岗志略》之后，使刘公书名主、副题相符。意在试克淆讹，以免贻惑后学。确然与否，盼有李刘二公手抄档案之面世也。余言不赘，腠以韵语云：

笺注《长白汇征录》《长白山江岗志略》有记

江岗志略出皇清，长白征存是别名。
守土何疑穆石辩，搏熊早信郝金惊。
百年故邑千秋史，两本新书若许情。
笺罢东荒谭底事，刊修错简自今成。

张福有

2020 年 11 月 30 日（庚子十月十六）于长春养根斋

《长白丛书》序

　　吉林师范学院李澍田同志，悉心钻研历史，关心乡邦文献，于教学之余，搜罗有关吉林的书刊，上自古代，下迄辛亥，编为《长白丛书》，征序于予，辞不获命。爰缀予所知者书于简端曰：

　　昔孔子有言："夏礼吾能言之，杞不足征也。殷礼吾能言之，宋不足征也。文献不足故也，足则吾能征之矣。"说者以为："文，典籍也。献，贤也。"这是因为文献与历史研究相辅相成，缺乏必要的文献，历史研究便无从措手。古代文献，如十三经、二十四史之属，久已风行海内外，家传户诵，不虞其失坠，而近代文献往往不易保存。清代学者章学诚对此曾大声疾呼，唤起人们的注意，于其名著《文史通义》中曾详言之。然而，保存文献并不如想象那么容易。贵远贱近，习俗移人，不以为意，随手散弃者有之；保管不善，毁于水火，遭老鼠批判者有之。而最大损失仍与政治原因有关。自清朝末叶以来，吉林困厄极矣，强邻环伺，国土日蹙，先有日、俄帝国主义战争，继有军阀割据，九一八事变后，又有敌伪十四年统治，国土沦亡，生民憔悴。

在政权更迭之际，人民或不免于屠刀，图书文物更随时有遭毁弃和掠夺命运。时至今日，清代文书档案几如凤毛麟角，"九一八"以前书刊也极为罕见。大抵有关抨击时政者最先毁弃，有关时事者则几无孑遗。欲求民国以来一份完整无缺地方报纸已不可能，遑论其他。

中华人民共和国成立以来，百废俱兴，文教事业空前发展。而中经"十年内乱"，公私图书蒙受极大损失。断简残篇难以拾缀。吉林市旧家藏书在"文革"期间遭到洗劫，损失尤重。粉碎"四人帮"后，祖国复兴，文运欣欣向荣，在拨乱反正的号召下，由陈云同志领导，大张旗鼓，整理古籍，一反民族虚无主义积习，尊重祖国悠久文化传统，为振兴中华提供历史借鉴。值此大好时机，李澍田同志以一片爱国爱乡的赤子之心，广泛搜求有关吉林之文史图书，不辞劳苦，历访东北各图书馆，并远走京沪各地，仆仆风尘，调查访问，即书而求人，因人而求书，在短短几年时间内，得书逾千。经过仔细筛选，择其有代表性者三百种，编为《长白丛书》。盖清代中叶以来，吉林省疆域迭有变迁，而长白山钟灵毓秀，巍然耸立，为吉林名山，从历史上看，不咸山于《山海经·大荒北经》中也有明确记录，把长白山当作吉林的象征，这是合情合理的。

丛书中所收著作，以清人作品为最多，范围极其广泛，自史书、方志、游记、档案、家谱以下，又有各家别集、总集之属。为网罗散佚，在宋、辽、金以迄明代的著作之外，又以文献征存、史志辑佚、金石碑传补其不足，取精用宏，包罗万象，可以说是吉林文献的总汇。对于保存文献，具有重大贡献。

回忆酝酿编纂之际，李澍田同志奔走呼号，独力支撑，在无人、无钱的条件下，邀集吉长各地的中青年同志，乃至吉林的一些老同志，群策群力，分工合作，众志成城，大业克举。在整理文献的过程中，摸索出一套先进经验，培养出一支坚强队伍。这也是有志者事竟成的一个范例。

我与李澍田同志相处有年，编订此书之际，澍田同志虚怀若谷，对于书刊的搜求，目录的选定，多次征求意见。今当是书即将问世之际，深喜乡邦文献可以不再失坠，故敢借此机会聊述所怀。殷切希望读此书者，要从祖国的悲惨往事中，培养爱国家、爱乡土的心情，激发斗志，为四化多作贡献。也殷切希望读此书者能够体会到保存文献之不易，使焚琴煮鹤的蠢事不要重演。

当然，有关吉林的文献并不以汉文书刊为限。在清代一朝就有大量的满、蒙文的档案和图书，此外又有俄、日、英、美各国的档案和专著，如能组织人力，有计划、有步骤地进行整理，提要钩玄勒成专著，先整理一部分，然后逐渐扩大，这也是不朽的盛业，李君其有意乎？

1986 年 5 月 1 日

吉林陈连庆 谨序

目　　录

标注说明

　　《长白汇征录》，原名《长白征存录》，是一部优秀的地方志。录中对长白府、长白山的历史和当时状况，考证翔实，表述清晰。书中不仅记载了长白地区各方面的史实，又表露出强烈的爱国思想，对保卫边疆、开发山区，提出了许多切中时弊的措施。有些意见和议论，对今天我们开发长白山区、发展山区经济仍有参考价值。

　　为便于研读，对本书以下几方面作了整理：

　　第一，校勘。本书宣统元年出版，宣统二年重印。所说校勘是指校对字词、查证引文、改繁体字为简体字。果能认定为文字舛讹的，着即改正，以（　）〔　〕表示。字词一类，将"履瓶之诮"改为"覆瓿之诮"，"眷念遗徽"改为"眷念遗微"，"如左"改为"如下"等等；引文一类，改"耐涉"为"不耐涉"等等，至于对文字化繁为简，改异为正，及明显错讹之处，则径改之。

　　第二，标点分段。在校勘基础上，对全书加以标点，根据文章内容，重新分段。

　　第三，注释。对书中提到的一些地名、族名、国名、物名和难词难句分别作了简要的注释。注中不多引文，力求简明。注释列于每卷之末，各卷重复出现者，只注一次。

在注释中，徐福成、孙杰、张文军、赵宏伟、秦喜成、管延亮、周世忠等同志出了不少力，在此一并致谢。

本书由黄甲元、李若迁同志标注，於和舟同志复校，郭殿忱同志编辑，李澍田教授审定。水平有限，时间仓促，舛误之处期方家和读者指正。

编　者

1986 年 4 月 10 日

凡　例

一　是录以保皇基，厘国界，卫民生为宗旨。

一　是录重在以今证古，微论何项事件，而目前无凭查考者，虽往籍圣翰犹存其名，概不搜集。

一　是录专为阐微志幽，以防沉晦或谬戾。如萨尔浒武功暨辽东各山川，御制诗章赫然耳目，共知共闻者，姑从割爱。

一　山川地名，除旧有名称照旧登录外，其余或因地命名，或因俗改名。非好为创，实以边荒僻陋，无册籍可稽，识者谅之。

一　按语非争辩，非矜奇，总以疏解释疑为主，关国界边防者尤详。

一　凡非本郡故实，而可为各条援证者列附录，以清眉目。然必重要事体有关大局者方行甄采，幸勿视若赘瘤，致失筌蹄。

一　体裁与志乘殊，缘设治荒僻，阙略良多，只能择要提纲以存模范，其微琐繁杂与政体无涉者，弗载。

首卷　序

皇帝御极之元年[1]，凤[2]于役东山，匆匆已逾年矣，署工、路工、边防、江防、学务、警务各项筹划，虽未完全，规模粗具。惟疆域、山川、风俗、物产与历代兵事诸大端，稽诸上古，则浑浑噩噩，语涉鸿荒。嬴秦以还，郢说燕书[3]，率多讹舛。溯自肃慎[4]、夫馀[5]以迄辽、金、元、明，上下四千年，纵横三万里，英君、贤相、耆儒、宿学，后先相望于史册，何独于白山以南、鸭江以北，因革损益，竟叹杞宋无征[6]，致令章亥[7]窘于测量，輶轩[8]穷于搜采耶？

说者谓我朝奠鼎幽燕，奉旨封禁，八旗臣庶扈从入关。辽沈以东草昧混沌，敻无人迹，遂如循伧循蜚[9]之荒远难稽焉。凤曰不然，东道之不通，由来旧矣。唐虞之际，惟肃慎氏国于不咸山[10]之北。厥后相继而王，介乎辽沈之间，曰夫馀氏，建都鸭绿江流域，囊百济[11]吞三韩者[12]，是为高句丽[13]。① 汉岭东七都尉，悉属乐浪[14]。魏晋时，三沃沮[15]惟北沃沮领肃慎南界。亦越挹娄[16]、勿吉[17]、渤海[18]靺鞨[19]、契丹[20]诸国，接踵齐驱，或袭前朝旧壤，或迁新国上京，筚路蓝缕，

---
① 高句丽，原为：高勾骊。勾，应为句，读gōu。骊，简作：丽。

以启山林[21]，总不离白山黑水之间。辽都忽汗州在今牡丹江左右，金都会宁府在宁古塔境，元都（幹）[斡]难河，帝出于震，建极艮维，类皆踞东北而控西南。此考诸历代都城部落，而长白山以南之故实，所以无可征信者，一也。

奉省自临江老岭迤东，悬崖绝涧，险于蜀道。李唐时，惟贾耽《道里记》[22]刊行最早，顾其所载水陆行程，系由鸭绿江口舟行三百余里，又陆行，历经神州[23]、显州[24]①，抵渤海长岭府今吉林南境，而临江迤东不详焉。次则许亢宗《奉使行程录》[25]，亢宗行至同州[26]，东望大山在今开原境内，非长白山，过混同江[27]。于宋则洪皓《松漠纪闻》[28]，忠宣扈从二圣至五国头城在今伯都讷境内，②流递冷山在今五常厅境内。于辽则胡峤《北行记》[29]，峤为萧翰掌书记，东行至福州而止在吉林省境内。其最近之书，则明臣黄道周《博物典汇》[30]，叙列建州[31]轶事，颇称详赅。然明代辽东疆域至今抚顺之萨尔浒界藩城[32]为界。综计唐宋以来记载程途，率皆循西南而趋东北。此考诸历代名家撰述，而长白山以南之故实，所以无可征信者，二也。

洪惟我朝珠申肇迹③，统一车书，师旅所经，曰讷殷在长白山北④，曰苏克素护河在老岭西，曰叶赫在辽河东，曰马尔墩，曰古埒城，曰铁背山在今兴京境内，皆由长白山北部绕西南老岭而行。嗣

---

① 显州，《长白丛书》注为桦甸苏密城，乃当时认知。现多认在和龙西古城之说。

② 五国头城在黑龙江省依兰县城。

③ 珠申，亦写为：朱坤等，即肃慎，属音转。

④ 讷殷未尽在长白山北，额赫讷殷、三音讷殷，在漫江。

后乃招抚长白山、鸭绿江两部，统隶版图亦未及经营。统兵而西，东山险阻，荆棘荒芜，史乘撰记，浩劫同灰，岂因封禁之令下，而始茫无可稽哉！

或又曰辽金以前，高丽人麇集杂居，考之朝鲜史当有足征者。然辽时早割鸭绿江六镇以予高丽，右岸早已非韩地，当为记载所不及。现所据为典要者，惟《开国方略》[33]《满洲源流考》[34]《大清一统志》[35]，并顾祖禹《方舆纪要》[36]，齐召南《水道提纲》[37]等书，渊博宏深，足资佐证。乃历加考核，往往名称歧异，字义悬殊，鲁鱼亥豕，误解滋纷，盖考古若斯之难也。后世学者，读古人之书，稍有错讹，辄加訾议。余幼时亦蹈兹狂习。此次承乏边陲，以居以游，将逾两载，而以所见所闻者质诸往籍，并以往籍质诸见闻，躬亲目睹，反复研求，犹未能惬心贵当焉。以此类推，益信曩时贤哲纪事纂言，辑成卷轴，皆半生精力所注，而不敢稍存菲薄之心。（履）[覆]瓿之诮[38]，今昔所同。管窥蠡测，何堪问世。

顾长白一郡乔岳钟灵[39]，俪景亳而偶岐丰[40]。倘任其湮没沉晦，寂寞无闻，焉讵非守土者之咎耶？夫景山松柏，幽馆[41]柔桑，一草一木，尚且歌诸雅颂，眷念遗（徵）[微]，况其遹骏而有声者乎！鳏生梼昧[42]，不忘厥初，公余之暇，即与编辑各员精心校勘。其琐繁者删而不录，姑撮其要，分门别类曰疆域，曰山川，曰风俗，曰物产，曰兵事，曰文牍，共区六门。比类相属，末缀杂志，藉资博览，综名曰《征存录》。子思子[43]之言曰："无征不信。"南华子有云"六合之外，存而不论"。是录也，言虽不文，事皆征实，所纪各事皆在国家声教暨讫之邦[44]，与六合之外迥殊。姑仍以存之者置诸不论之列，间或附以刍言，犹冀后人之匡正其谬而弥缝其阙焉①。此则私衷所盼祷者尔。是为序。

宣统元年，岁在屠维[45]，作噩仲冬辜月[46]，筹备长白设治委员、安阳张凤台、识于长郡之塔山精庐。

① 阙，《丛书》作"缺"，仍依原文为善。

东三省总督[47]兼署奉天巡抚[48]徐[49]

奏为奉省东北边境辽阔交涉日繁，
拟请添设府治，以固边防，恭折仰祈圣鉴事

  窃奉省临江县，上负长白山，下界辑安，北连吉林，广袤八九百里，幅员辽阔，治理难周，故设治虽历数年，内力多未完实。其毗连吉林各处，向为胡匪出没之区，冈峦亘延，界址错杂，捕务尤易推诿。且该县与朝鲜只隔鸭绿一水，自日俄战争以后，韩民侨居日众，时生事端，木植、江防动滋交涉。近来隔岸韩境日人设厂、置屯，日臻严密。该县辖境既远，权望亦轻，内外交乘，治理必愈形竭蹶，亟应添设府治，以资控驭。

  伏查长白山为圣武发祥之地，尤应谋完全永固之基。事机已属后时，筹办岂容再缓。自上年冬，间迭经派员履勘，拟划临江县以东长生、庆生二保之地及吉林长白山北麓龙冈之后，添设府治，名曰长白，驻于十八九道沟间之塔甸。现已派员前往调查，开通道路，建筑房舍，筹办一切，略有端倪。应请查照上年原奏及吉林新设密山府奏案，不领属县，将来地辟民聚，应否再行添设县治，俟查看情形，随时筹办设治。以后应如何勘定界址，酌设佐官，明定廉费，建筑衙署、监狱，添拨防兵，续为筹议，再行奏咨立案。至该府系边疆重要，情形与内地不同，

非谙练边情、勤奋耐苦之员，断难胜任。如蒙俞允，拟请由臣先派设治委员前往筹办，如能胜任，再行奏请补署，以裨地方。

所有奉省东北边境辽阔，拟请添设府治，缘由① 理合，缮折具陈。伏乞皇太后、皇上圣鉴，训示，饬下会议政务处[50]核议施行。谨奏。

---

① 原本为缘由，《丛书》误为缘田，改正。

会议政务处议奏，为遵旨会议，
恭折仰祈圣鉴事

　　八月二十日由军机处^[51]抄交东三省总督徐世昌奏：奉省东北边境辽阔，拟请添设府治，以固边防一折。奉朱批，会议政务处议奏。钦此。

　　臣等覆核原奏所称：拟划临江县以东长生、庆生二保之地及吉林长白山北麓龙冈之后，添设府治，名曰长白，驻于十八九道沟间之塔甸等因。

　　伏查旧志云：长白山在开原城东北千余里，横亘千里，有水南流为鸭绿江，北流为混同江。《元史》所谓南界高丽，西北与契丹接壤，向为边防控扼之区。又其地夙多金矿，而林木之饶，久为他族所觊觎。曩时兴京厅^[52]之设临江县，审得地利之宜，倘于该县东界与吉林府西南界添设府治，《盛京通志》^[53]所谓长白之北，崇冈叠嶂，茂树深林百余里，土人呼为讷秦窝集^[51]等处，适当其地。从前坐弃饶沃，转致匪徒出没，缉捕为难。而险要之区，守备空虚，亦不足以固疆圉。今拟添设府治，与临江、辑安两县联络声势，呼应灵通，边徼寇盗既无疏纵之虞，防卫边疆又绝窥伺之虑，计无便于此者。应请饬下该督所有勘界、筑署、建官、驻兵之处，速即筹议具奏。将来地辟民聚，应否增添领县，均由该督酌量情形，随时奏咨立案。至原奏先派设治委员前往办理，如能胜任再行奏补等情，亦与东省近例相符，应如所请，以重责成。

所有臣等会议缘由，理合恭折具陈，伏乞皇太后、皇上圣鉴。谨奏。

光绪三十四年九月十一日具奏，奉旨：依议。钦此。

钦差大臣[55]东三省总督

兼管东三省将军事务[56]锡[57]

钦命副都统衔[58]奉天巡抚程[59]札

为札饬事：案准度支部[60]咨开，为钦奉事，制用司案呈内阁抄出东三省总督徐奏，新设长白府治用过开办经费银两暨续修工程、筹设县治，饬司拨定专款等因一片。

宣统元年三月二十七日奉朱批：该部知道。钦此钦遵。到部原片内称：前因奉天临江县迤东边境辽阔，奏准添设府治，业经遴派设治委员调奉同知[61]李廷玉、直隶州知州张凤台带同通译、测绘暨其他办事人员，先后驰往筹办，陆续勘划长、临府县界址，并奉吉两省省界，随即招募工兵开山修路，建治衙署、市房、营房、学堂、警局、监狱以及关于鸭绿江航权应行备办各事，均已次第成立，计用过经费银十万余两。尚有续修工程，并筹备奉吉边境拟设县治，应需费用合之文武员弁薪水津贴饷乾，常年各款额支活支，为数亦巨。查长白府治扼鸭绿江上游，气候多寒，市商寥落，一切物料转运工本皆属昂贵，难与他处设治者相提并论。饬司拨定专款作正开销等语。

应令即将拨定银数暨由何款动用之处，先行报部立案。仍饬各该员认真樽节办理，事竣即行据实造报，毋得迟延。相应恭录朱批：移咨东三省总督遵照可也。等因准此，除饬度支司遵照办理外，合亟札仰该府随时认真撙节开支，呈候核夺办理，切切此札。

襄办人员衔名籍贯

安图调查员　留奉知县　刘建封　诸城

抚松调查员　调奉直隶试用府经历[62]　许中书　安阳

编辑员　县丞职衔[63]　附贡生[64]　刘龙光　安阳

编辑员　日本宏文学院毕业　县丞职衔附贡生　王大经　安阳

文案兼编辑员　布政司理问[65]衔　优增贡生[66]　徐家馨　铜山

测绘兼调查员　北洋陆军测绘毕业　陈德元　青县

测绘兼调查员　北洋陆军测绘毕业　康瑞霖　武强

测绘兼调查员　北洋陆军测绘毕业　王瑞祥　德州

测绘兼调查员　北洋陆军测绘毕业　刘殿玉　新野

襄校员　五品顶戴　山东尽先补用知县　陈鉴　光山

襄校员　北洋高等巡警学堂毕业　附生[67]　吴瑞芬　安阳

襄校员　北洋高等巡警毕业　廪贡生[68]　饶亮采　固始

襄校员　北洋高等巡警毕业　候选县丞　陈鸿图　光山

襄校员　附生　王毓秀　吴桥

卷一　疆　域

总　序

　　三代以上，疆域不详。禹贡[69]、职方[70]皆重在政教，不在土地，荒服遐陬羁縻而已。至霸雄杰出，割裂中原，统一之局变为纷争，始趋重守土主义。子舆氏[71]之言曰："诸侯之宝三：土地、人民、政事。"旨哉言乎。苟无土何有民，苟无民何有政。子舆氏正当纷争世界，因时立论，力破从古帝王不勤远略，不征土地之藩篱。自此以后，上者守土，其次拓疆，又其次争城争地。以疆域之广狭，定国势之盛衰，抑亦天时人事积渐使然耳。顾秦汉时代皆用兵于西南、西北，经营陆路者居多，辽海以东盖阙如也。《后汉书》纪肃慎疆域"在夫余东北千余里"。《晋书》始指明地域"在不咸山北"。《唐书》[72]渤海上京[73]即肃慎故地，在今宁古塔地方。自肃慎氏以后，历经夫余、百济、新罗[74]、渤海之兵燹，世系纷更，陵谷变迁，当年之疆域部落以及所领之各府州县，按照历代地理志详细考察，因革损益，参伍错综，类皆淹没于荆棘铜驼[75]之中而莫由确知，为某朝某代之疆域若何区分，其所领之各府州县又何地为旧壤，何地为迁居者。惟渤海大彝震开疆拓（士）[土]，创立五京十五府六十二州，组织详明。旋为契丹所逼而侵削之，破坏之，方舆之士仅得于《辽史·营卫部族志》。元明一统志缀拾其记载之余，以与今地之在鸭江以北、白山以南者，参互印证，略识其梗概。盖必疆域定，而后区域之广袤，道路之远近，民人之多寡，与一切应行之政治，方可得而施也。列疆域门。

国朝本郡疆域

粤稽神山孕秀，灵鹊衔朱。神圣天亶赐姓爱新觉罗[76]，三姓[77]舁归，奉为国主贝勒[78]，遂肇基于鄂多理城《元史》作斡朵怜，明人误为斡朵里，又作斡朵伦，今改正，在渤海建州境内，国号满洲。惟肇祖原皇帝[79]大启厥宇，兴师至赫图阿拉①今兴京府，遂建都焉，距鄂多理城一千五百余里。越我景祖翼皇帝[80]分筑五城，距赫图阿拉远近二三十里，环卫而居，并称宁古塔贝勒皆在今兴京左右，示不忘祖业之义。亦越我显祖宣皇帝[81]，英勇绝伦，收服五岭东苏克素护河西诸部今兴京境内在有苏子河，即苏克素护河旧域。至嘉靖三十八年，我太祖高皇帝[82]诞降不迟，遂荒大东，于万历十一年后克图伦城在今兴京古楼地方，取兆嘉城。即今兴京上嘉河，下嘉河地方，土人讹为上夹河，下夹河，勘定浑河部[83]、完颜部[84]、栋鄂部[85]、哲陈部[86]诸部长之乱。乃遣兵招抚长白山之鸭绿江路[87]而尽收其众，是长白山鸭绿江之入我版图，实始于此。

自入关后定鼎燕京，所有长白山鸭绿江南北数千里，奉旨封禁，地广人稀，遂成瓯脱[88]，陵谷变迁，疆界亦多牵混。咸同[89]以前，本郡远隶兴京，光绪初年，增设通化县[90]，本郡属焉。二十九年设临江县，本郡又属临江。由临至长，江道五百余里，究仍鞭长莫及，往往为韩民越垦，滋生边衅，近复

---

① 拉，原本误为：扯，迳改。

密迩强邻越（畔）[衅]堪虞。

三十三年，东三省改设行省，并拟增设府厅州县，以固边陲。前总督部堂徐[91]、巡抚部院唐[92]札派李丞廷玉[93]，傅议员疆前往调查①，绘具东边形势重要全图，呈蒙批准。此长白设治之所由来也。当即委李丞廷玉摄篆[94]临江，兼长白设治事宜。旋复委凤滥竽斯差，并督同刘令建封、许府经中书，与吉省委员刘寿彭勘分长白山岭后省界，以防外人交涉，此奉吉分界之所由来也。自光绪三十四年五月勘界起，至宣统元年二月中旬，而省界之案始定，而长郡之疆界亦定。

节录　奉吉两省勘分边界原案批牍

光绪三十四年十月

为查覈②勘界图报摘举纲要呈请鉴核事：

窃此次勘界宗旨，一在划吉省南冈，以防外交之缪辖[95]；一在察冈北设县形势，以树长郡之后盾。现就刘令建封、许府经中书图报所列逐细研究，并参以该员所见，若以山为界，由牡丹岭、富尔岭、柳河岭等处，历折头道花园之分水岭，均应划归奉界，则吉省南界似嫌单薄。不如以水为界，由红旗河尾间[96]经荒沟河掌、白河口、上下两江口，历抵山岔子之正岔而止，纵横广袤，厥势惟均。再由红旗河南越七星湖、圣水渠、葡萄河，迤逦而西而南，便抵长白府以东二十一二道沟地方。自七星湖

---

①　原本傅疆，《丛书》改为傅疆。

②　覈，hé，检验，详查意。《丛书》改为核，与本句后边"核"字叠，仍遵原文为善。

以下处处与韩国毗连，此以水为界，省界、国界皆有天然界线之凿凿可凭也。至划界后增设县治以备后劲，则据形度势，应仍以控驭三江为扼要办法。

长白府踞鸭绿江上游，实为三省锁钥。则松、图两江仍当严密防范，藉资声援。距长白府东北四百余里为红旗河流域，控图们江上游，拟定为建署地点，名曰安图县，以为韩民东渡越垦之防。距长白西北五百余里，为龙冈后以西之双甸子，控松花江上游，拟定为建署地点，名曰抚松县，藉作白山右屏。安、抚二县即以二道白河为界，亦天然界也。就长白山论，安、抚如两翼，就长白府论，安、抚如脊膂。襟带江山，形胜便利，大有犄角之形，实于边务上关系綦重，不可不兼筹并设，以维全局，而控岩疆。惟办法尚有不同，抚松一县民人较众，物产亦饶，但咨由吉抚转饬濛江州牧，将该州历年户籍租税一切案卷移交清楚，便可派委筹划，收功尚易。安图地广人稀，较抚松稍难，而地介韩境，较抚松尤重。其西南二百余里有布尔湖里，即三天女浴躬之池，为发祥圣迹要区。若高张旗鼓，非特糜费，抑涉铺张。惟查该处森林尚属完全，拟将设治主义潜附于采木官局之内，先派员经理木植事宜，俟基础坚定，有财有人，即行建署设官，则势如破竹，不劳而理。此安、抚设治分别办理之情形也。许、刘两委员此次履勘，躬亲目睹，考察甚为精详，故议论悉中肯要，其报告书内所列中韩界辩，白山碑辩、间岛辩诸篇尤为精实，足资考证。兹特将图说、报告并李令廷玉由临具禀各件汇呈宪鉴。所有查核勘界图报摘举纲要以便分别施行缘由，理合呈请批示祗遵，实为公便，须至呈者。

宣统元年二月十六日奉东三省总督兼奉天巡抚徐札开：

前据勘界委员李丞廷玉查勘奉吉分界，详具图说报告呈覆前来，当经本大臣部院备文咨商吉林行省衙门。兹准吉林行省衙门咨开：查此案前据奉吉两省勘界委员及濛江、桦甸设治委员各禀称，分别考核则有四说：一拟自牡丹岭、富尔岭顺下两江口，经头道花园，以至分水岭为界，此取山势连亘者也。一拟自龙冈后松花江源分界江之南，紧江、漫江、塌河、石头河及汤河口子以至汤河源为界，此取水流横贯者也。一拟自上两江口，顺二道江由下两江口，南至头道花园河口，循白浆河斜向西南，至分水岭三岔子为界，此取折衷上二说，而欲酌中办理者也。一拟自下两江口南，顺头道江源至汤河口，折西南循汤河抵三岔子为界，此又折衷上三说，而再求变通适宜者也。由第一说似为专主开拓奉地，诚如大咨所云吉省南界似嫌单薄。由第二说又似为专主扩张吉界，而于长白治地则欠完全，故大咨谓以山为界，不如以水为界，洵为确论。而以紧江、漫江为界，又不如以二道江流域为界，亦已无可更议，由是欲求纵横广袤，厥势维均不外取择于后之二说。但一循汤河，一循白浆河，二说孰为利便，亦自大有区别。大咨仅云抵三岔子之正岔而止，未曾指明沿何水划分。事关省界，自应不厌更求其详。窃据敝处近日之切实考察及反复参诸众议，如紧江、漫江以北既划归奉省，则汤河以北须仍归吉林，庶濛江始可设治。若长白府北境既抵二道江，而濛江南境仅限沿白浆河至分水岭而止，则州属地面褊狭，殊不足以资展布。倘由西北再割磐石县地以附益濛江，不特过于纷扰，且磐属官街，已分隶桦甸，实更无余地可以扩充。似宜斟酌损益，于下两江口以上即拟照新定，由上两江口循二道江为长白北界，则府治可立于下两江口。以下即仍照原案，由汤河循宝马川至三岔子为濛江南界，则州治足敷。准之以水为界之宗旨既属符合，而于自上下两江口历抵三岔子正岔而止之原意，亦不相违。是否允协相应，绘具图说咨覆贵大臣查核见覆施行，等因准此。

查来咨所拟，极为允协，应即照议划定，由红旗河经荒沟掌、白河、上下两江口，沿汤河，循宝马川，抵三岔子之正岔而止，为奉吉两省分界之线。除咨覆吉林行省衙门外，合行札饬，札到，该守即便遵照可也，特札。

案：长白府疆界由红旗河经荒沟掌、白河、上下江口，沿汤河，循宝马川，抵三岔子之正岔而止，自此次议准后，遂为奉吉两省分界之定案。

历代沿革

周秦以前统名肃慎。考东方国，最古者曰肃慎。《竹书纪年·有虞氏》[97]："二十五年，肃慎氏来朝，贡弓矢。"《史记·虞帝纪》称息慎。《汲冢周书[98]王会解》又作稷慎，曾贡楛矢于周。息，稷皆肃字转音，字异国同，而疆域阙如。查《后汉书》《晋书》载其国界，南包长白山，北抵弱水即今黑龙江，东极大海按由长白山东北图们江至入海口一千余里。兹云东极大海，则今之图们江两岸皆在其区域之内。广袤数千里。《晋书》又云，肃慎在不咸山即今长白山之北，"东滨大海，西接冠漫国[99]，北极弱水。"据汉、晋两书，肃慎幅员最广，凡长白山南北数千百里皆其辖境，则府治在周秦以前固为肃慎故墟。

前汉为乐浪郡。《册府元龟》[100]：汉武帝元封三年灭朝鲜，分置乐浪、玄菟、临屯、真番[101]四郡即在今奉省南盖平、海城、复州等处。至昭帝始元五年，诏罢临屯、真番，以并乐浪、玄菟。玄菟复徙居句丽①。自单单大岭以东单单，满语珊延，音相近，即长白山，

---

① 句丽，原本作勾丽，不确，应为句丽。

悉属乐浪，故乐浪地势最为广袤。"旋复分岭东七县，置乐浪东部都尉。"以其时其地考之，自今之海、盖以东至长白山一带地方，均属乐浪郡。《盛京通志》：汉时乐浪在奉天省城东北二千余里，府治距奉天不过一千五百余里，其为汉时乐浪郡无疑。

后汉仍乐浪郡。夫余国始于后汉，一名扶余。始祖东明[102]，为北方橐离国王[103]侍婢所生，南渡掩滤水今高丽国有盖斯水，即此王。夫余本濊地[104]，用濊王之印。肃慎至此微矣。建武二十五年夫余王遣使入贡，光武厚报之。是为夫余国通汉之始。《通考》[105]：汉安帝永初五年，夫余王将步骑七八千人入乐浪。永康元年，夫台将万人侵玄菟，是后汉时乐浪、玄菟两郡名犹未改，府治应仍隶乐浪。

魏晋时属沃沮西部。魏晋时并国于东北方者，夫余、挹娄，其部落繁盛者为沃沮。沃沮有三：曰东沃沮、南沃沮、北沃沮。东沃沮，按《后汉书》在盖马大山之东此山在今韩国咸镜南道界内。南沃沮，按《魏志》幽州刺史毌丘俭讨高句丽①，句丽王宫奔沃沮②此沃沮即南沃沮，在沸流水之东北。遂进师击沃沮，邑落皆破之。宫又奔北沃沮此沃沮在今吉林珲春之南，距南沃沮八百余里。史传所称三沃沮，均系长白府东北疆界，似与本郡无涉。顾自汉时改并乐浪以后，三沃沮通属乐浪。乐浪全境增廓至单单大岭东南一带皆其区域，此外别无部落可考。是魏晋三沃沮皆两汉乐浪郡旧壤，则郡治在魏晋时其为沃沮西部无疑。

隋唐属渤海国鸭绿府神州东界，率宾府益州[106]西南界安图、抚松两县附。考《新唐书》，渤海，本粟末靺鞨，姓大氏。高丽灭，率众保挹娄之东牟山[107]。武后时，有乞乞仲象者与乞四比羽[108]为契丹所逼，东渡辽水，保太白山之东北，阻奥娄河即今长

---

① 毌丘俭、高句丽，原本作：毌邱俭、高勾丽，依实而更。
② 句丽，原本作：勾丽，依实而更。

白山北哈达河。树垒自固。传子祚荣，自号震国王，吞并地方五千里，奄有夫余、沃沮、弁韩、朝鲜、海北诸国。中宗[109]朝，赐封渤海郡王，都忽汗州在今宁古塔呼尔哈河之东，尽去粟末靺鞨国号，是为渤海王建国之始。延及大彝震，鸿才远略，建五京十五府六十二州，雄表东海，囊括长白山，纵横五千余里。按当时所建鸭绿府，领神、桓、丰、正[110]四州，统隶西京。据唐贾耽《道里记》，自鸭绿江口舟行百余里，又小航溯流三十里至泊勺即元时博索府，去鸭绿江入海处一百三十余里 即得渤海之境①。又溯流五百里至丸都城丸都即桓州境，高丽王旧都。又东北溯流二百里至神州。以里数计由鸭绿江口至此共九百余里，以今地理考之，长郡距鸭绿江口不过一千里有奇，西可接神州东界，率宾府益州在长白山西南，即与本郡接壤，其为益州西南界无疑。拟设之安图、抚松两县，按渤海长岭府领瑕、河二州，证以现在地名，吉林西南五百余里有长岭子，满洲语称果勒敏珠敦岭珠敦山也，浑江之源，迤东直抵长白山龙冈，绵长一千余里。府以长岭名，应指此岭而言。州以瑕、河名，应指水名而言。此岭东西南北众水汇流，有北入松花江者，有南入鸭绿江者。近则汤河、浑河，远则赫尔苏等河。虽不敢确指为瑕、河州域，究亦不甚悬绝。去年抚松划界，与长岭最近，其为长岭府区域毫无疑义。郢、铜、涑三州，《唐书》称为独奏州。按涑州因涑末水得名松花江即名涑末水。去年划安图界，系由红旗河下流，上至娘娘库河入松花江者皆涑末水上源。以地理考之安图即涑州境。渤海疆域名称旋为契丹所毁，惟《辽史》略存梗概。统计长白府与安、抚两县区域跨有神州、瑕州、河州、涑州四州之地。

---

① 泊勺，原本及《丛书》均作泊约，误。溯，《丛书》所改，原本为沂，音、义俱同。

辽为率宾府益州区域。考《续通典》[111]，辽太祖[112]亲征渤海大谆谇[113]，拔夫余府，破忽汗城，改渤海为东丹国[114]，渤海亡。辽建上京于长春州,旧名鸭子河即松花江。凡松花江以南，鸭绿江以北，宁古塔以东，皆其区域。东南府治惟率宾府最大，尽括有渤海时鸭绿府区域。所有旧年鸭绿府名虽是，而地非其旧。以今地理考之，在我朝发祥之鄂多理城之南。鄂多理城即今延吉厅之敦化县。敦化县与去年拟设安图县东北界毗连。查率宾府疆域，西北至上京即长春州一千五百七十里。以道里计之，当在长白山东北，所领华、益、建三州。华州区域不详。考鸭绿江，一名益州江，益州当与鸭绿江相近。方位在长白山西南，府治南控鸭绿江，北枕长白山，东西南北均有五百余里，确系益州属地。所有渤海时神州区域，已多改革，即建州之名，辽金以后虽历代相沿，而地势互有迁移，均非渤海建州之故壤也，与本郡无涉。据其疆域远大而论，则安图、抚松皆属率宾府。按：渤海五京十五府六十二州，幅员广大，规画周详，旋为契丹所毁，《辽史》仅存其名，而或并或移，渐失旧制，有名存而地没，地存而名革者。沿革纷更，难归划一。仅按现在山川地形里数证诸史乘，略具大凡，以资考核，迄金元后而渤海旧制荡然矣。

金为上京会宁府南界，而分水率宾、海兰两路。自宋南渡，金太祖[115]遂崛起于白山黑水之间，国号金，建上京于会宁地在今宁古塔西,混同江东,吉林城东北二百余里。会宁府界，据《元一统志》，去长白山六十里。《金史》称会宁府东南至率宾路一千六百余里，南至海兰路一千八百余里。会宁为上京奉天府，广轮千里，包有长白山、青岭、玛奇岭、巴延淀淀即甸、绿野淀河、勒勒楚哈河、混同江等地在内。以今地理考之，拟设安图县治红旗河、娘娘库河、五道白河地方皆会宁旧壤。率宾路一名恤品路，为渤海率宾府故地，在会宁府之南，金时改并，辽时州县最多。率宾府旧领华、益、建三州，已统括于率宾一路，而尽去其名。长郡东北即直接率宾路西南境，海兰路又在率宾路东南，今长白山东北有海兰河在延吉厅境内，距图们江较近。《皇舆全图》[116]：海兰路与高丽相近者，有安巴、海兰必喇、阿济格。海兰必喇在宁古塔南四百一十里，以里数远近考之，即指此海兰河而言。是海兰河一带实金之海兰路，其疆域延袤至率宾路之西南。《金史》所称合懒与海兰同音路亦即海兰路。考诸《金史》，参以去年勘界员报告，长白山以北属会宁者居多，长白东南、西南则属率宾、海兰两路，是本郡为会宁府南界，而东北与西南分隶于率宾、海兰路可知已。按：金太祖志在中原，准高丽王之请，以抱州[117]与之，而以鸭绿江为国界。凡金之全境与高丽相接之地，均以鸭绿江为界。金史，朝鲜史备载之，是鸭绿江为中高国界自金太祖始。

元为开元路。元太祖奇渥温铁木[真][118]起（幹）[斡]难河，灭辽，灭金，建都和林格伦，立开元在金上京界内、南京两万户府。世（宗）[祖]忽必烈至元（元）[十六]年灭宋，都燕京，以京畿为中书省，以满洲为辽东行中书省，分路七：曰辽阳路、广宁路、大宁路、沈阳路、开元路、海兰、硕达勒达路，满洲语隐僻处也，旧作水达达，今改正。《元一统志》，开元路南镇长白之山，北浸鲸州之海。三京故国，五国旧城，为东北一大都会。又按《明志》，鄂多理城在开元东北千二百里。鄂多理城即今敦化县。敦化县西南界距长白府不过九百里上下，据此则本郡属开元路，证之以里数，考之以方向，似无疑义。《元史》中统三年，又割辽河以东隶开元路，是开元路之四围广袤，实为七路之冠。今开元县在奉天省北，后人谓原即元字，误以为开元故地。

岂知明初改开元为卫所，地已缩小，况今之开原仅区区一县耶，其非元代之开元，章章明矣。至海兰路在今吉林宁古塔境，较金时海兰府亦缩小，与本郡无涉。

　　明初属建州、率宾、海兰诸卫，后分隶于长白山讷殷部、鸭绿江部。明初都金陵，而辽沈一带疆域率多阙略。永乐间增设卫所三百七十有六，虽亦有建州卫、率宾卫、海兰卫等名，而卫所辖境最隘，究难指本郡所属之定名。惟天万年间，辽东诸部落有苏克素护河部、浑河部、完颜部、栋鄂部、哲陈部、长白山之讷殷部、鸭绿江部等名。以其名其地考之，长郡在前明时确隶于讷殷、鸭绿江两部。

附录　建州沿革考

　　考《新唐书·渤海传》，率宾府领华、益、建三州。建州之名始此，在今吉林乌拉境内，属渤海率宾府。辽世宗迁率宾府人户置所属，有率宾县，其志云本渤海率宾府地，属显州，是辽时率宾府已非渤海率宾府故地。《辽史·营卫志》：孝文皇大弟敦睦宫[119]又以渤海建、沈、岩三州户置属州三：曰建，曰沈，曰岩，是为建州分置之始。世宗朝石晋太后[120]求于汉城侧耕垦自赡，许于建州四十里，给地五十顷。州在灵河之南，是为建州移置河南之始在今锦州。圣宗时屡遭水患，又迁居河北唐崇州故地，初属武宁军，隶永兴宫，后隶敦睦宫，是为建州移置灵河以北之始在今蒙古土默特右翼。金置建州保靖军刺史。元初建州属北京路，至元七年改北京为大宁，建州属焉。金元建州地与辽同，与渤海异。《元一统志》，海兰河经故建州东南一千里入于海；混同江北流经故建州五十里，会诸水东北流经故上京，下达五国头城。此建州乃渤海建州故地，因名之。故建州与辽时移置之建州，在灵河南北者不同。明初分建州为三：曰建州，曰海西，曰野人，而建州居中雄长，地最扼要。永乐元年又置建州卫，正统年间又剖置建州为左右卫，是为建州置卫之始。

我肇祖原皇帝迁都赫图阿拉^①，正当明建州右卫之地，邦旧命新，大启厥宇。自此以后，收服栋鄂、哲陈、辉发、叶赫，长白山之讷殷部、鸭绿部，皆入版图，是建州为我朝造攻之始基。明臣黄道周《博物典汇》载有《建州考》一篇，考据最为详赅。查东方立国肃慎、新罗、百济，以后泱泱大风表东海者，厥惟渤海氏，官度详明，组织严密，创立五京十五府六十二州，襟带山河，超绝古今，其所领各府州县星罗棋布于白山黑水之间，莫可殚述。惟建州为幽岐旧壤，自辽金以来名地互异，窃恐神州圣域致蹈混珠之讹，特书之以资考证。

区域图说

鸭绿江沿岸沟道大小二十余处，府治未设以前，韩民侨寓其间，穷山邃谷，稽察难周，往往擅易地名，有大东社、间岛社、十二道湾等名目。现当厘正边疆时代，自应逐渐改正，以防牵混。因将府西沿江沟名自八道沟交界起至署西塔山止，上一字按天干排列，下一字以华、农、望、春、雨、恭、顺、裕、皇、恩十字排列。自十九道沟起至二十三道沟止，上一（宇）〔字〕以温、良、恭、俭、让五字排列，下一字以厚、善、顺、德、美五字排列。两堡共分十五社。凡在沟内居住者，无论华民、韩侨统以十五社之名辖之，不准另立名目，自为风气，以昭划一之规。兹将

① 拉，原本误为：扯。

区域新名绘图如后。

建　置

衙署

上房五间，檐下带游廊，石基板墙，铅瓦顶，仰棚、铺地、睡床，皆木。东西厢房各三间，石基，石灰顶，仰棚、铺地、睡床如前。二堂五间，如上房式。二堂外厢房各三间，如后院厢房式。围墙皆木，宅门外科房十间，石基砖墙、瓦顶，共三十二间。

监狱

在署西偏南，石基砖墙，瓦顶。前一层典狱官办公室三间，檐下带游廊。中层习艺所五间，前墙以木为楔，如笼式，中间有隔壁一道。后一层分左右牢房，共十间，每一间内以木为笼，笼外有更道，共房十八间。

学堂

在署东偏南。上房五间，檐下带游廊，石基砖墙，瓦顶。西为讲堂，东为教习卧室。东厢三间，为学生宿室。西厢三间，为宣讲所。前有木栅大门，共房十一间。

巡警教练所

在署西偏南。上房五间，檐下带游廊，石基砖墙，瓦顶。中三间为讲堂，两边各一间，一为教习休息室，一为庶务办公室。东西厢房各三间，为学生宿室。前有木栅大门，共房十一间。

长白汇征录

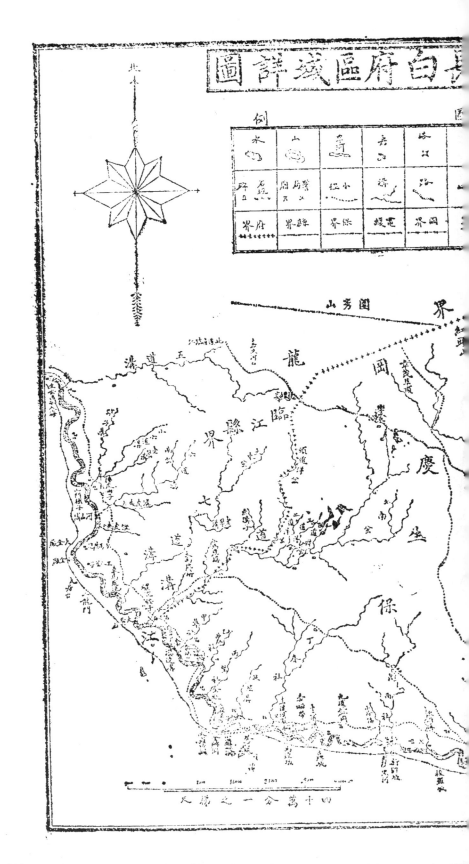

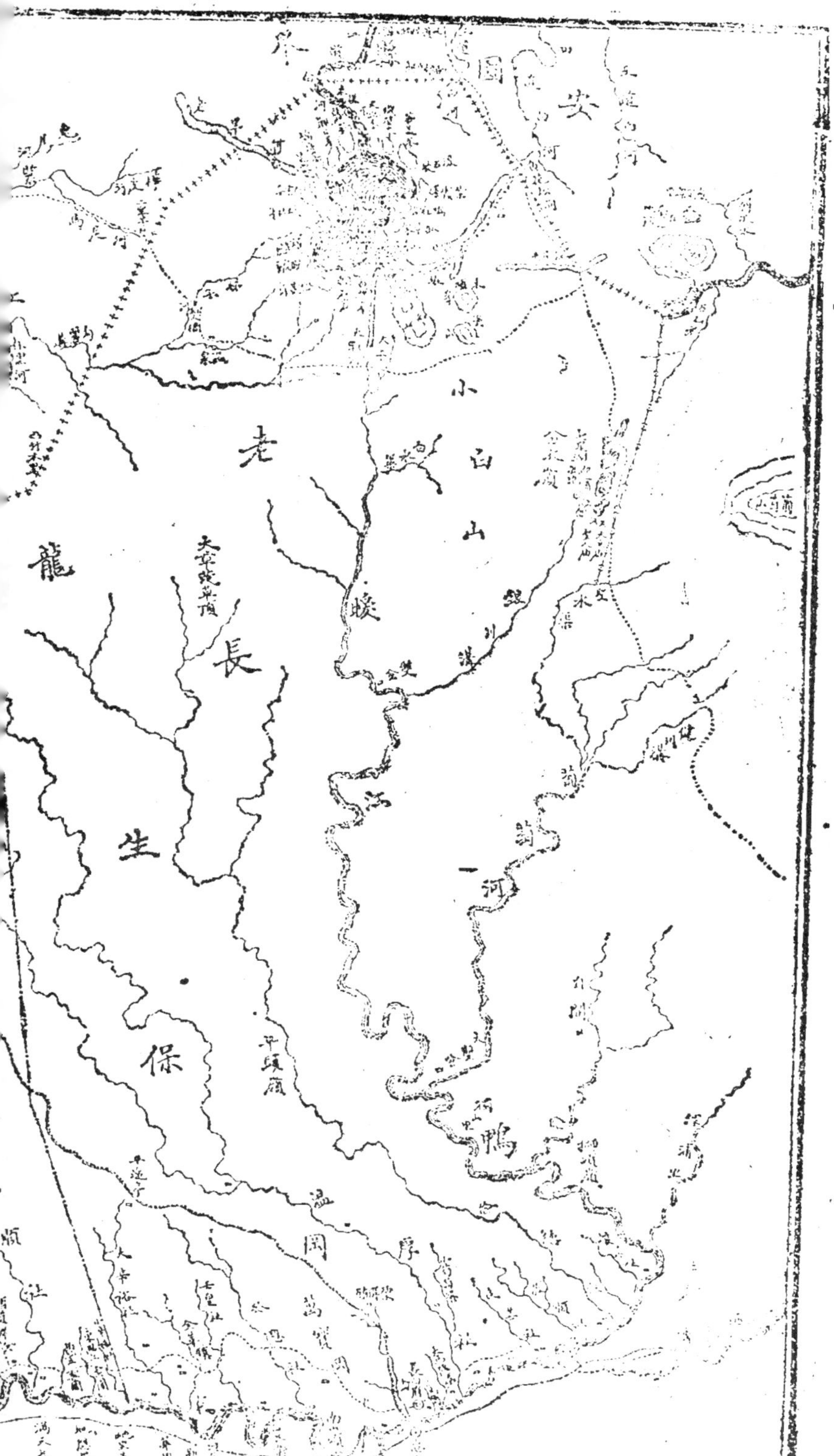
小
白
山
老
龍
長
生
保
安
一
河
鴨
温

衙署街市图说

光绪三十四年五月间，率同僚属到长勘验署基，前后左右窝棚七家，荆榛弥望，居不容膝。乃召工人赶修衙署三十余间，划井字街，编列廛号，招商营业。越年又添修学、警、监狱三十余间。长、庆两堡合修董事会房一所。通、临一带商民闻风而来，增置大小市房共一百余间。期年之内，阛阓渐臻繁庶^①。

道 路

序

环郡皆山也，四围如扃，形如瓮，人迹罕通，只有鸭绿江沿岸一小径，上悬危壁，下临绝涧，至石砬危险处，尚须乘木槽渡江左，假道于韩。夏秋之交，惊涛骇浪，淹毙之案，时有所闻。东道不通，职为心疚。设治之初，以临江县西林子头山道百余里为长郡第一梗塞，首先开凿，改名荡平岭。旋由临江东北冈开修至长白梨沟镇，四百余里，名曰龙华冈，以避江道之险。将来一律开通，车马无阻，与林子头所修之道接轨，而西由通化而兴京而奉天，是为长郡通省之官道。惟东北拟设之安图县治，距长郡五百余里。西北拟设之抚松县治，距长郡四百余里。冈陵隔绝，鸟道崎岖，叠次派员履勘，勘定路线可修可通。《周礼》：司险掌九州之图，以周知山林川泽之阻，而达其道路。道路之有关于行政也，自古为然，况边陲之险耶。

---

① 阛阓：huán huì，街市。

兹将由长抵临之江道并新修之龙冈道，以及拟修安、抚两县之路线远近里数列下：

龙华冈赴省道里记

自郡署迤西三里许梨树沟口入冈，行三十五里至梨沟镇<small>即梨树沟掌</small>。四十里至平远亭<small>即十六道沟掌，地势平敞，故名</small>。三十里至望章台<small>即十五道沟西坡口，与章茂草顶相望，故名</small>。三十里至响水泉<small>此处泉流有声，可濯可饮，故名</small>。四十里至抱螺峰<small>即七道沟南岔，冈脉回环，故名</small>。三十五里至嘉鱼河<small>此处河流清洁，鱼细而肥，味甚腴，故名</small>。以下入临江县界。行四十里至史家蹚子<small>前有史姓在此打猎，故名，今仍其旧</small>。三十五里至乐利园<small>此处土性极肥，故名</small>。三十里至阎家营<small>旧有阎姓在此种参，故名，今仍其旧</small>。四十五里至新化街<small>旧名高丽沟，兹改今名</small>。二十里至临江县<small>计自长署至此约四百里，为龙华冈新道</small>。由临江西行二十五里至三道阳岔，三十里至徐家窝铺，十余里至荡平岭顶<small>旧名老爷岭，去年勘修后始易今名</small>。又西八里至岭下八里坡，二十余里至大石棚，十五里至冯家窝铺<small>即林子头，长白路工止此</small>。又西经石人沟、红土崖，约四十余里至八道江<small>宣统元年划归临江</small>。以下入通化县界，西行十余里至七道江，二十里至六道江，十里至五道江，二十五里至热水河子，十五里至四道江，二十五里至通化县城，四十五里至快当帽子，五十五里至英额布，四十里至三棵榆树，六十里至蜂蜜沟，三十里至兴京<small>俗名新宾堡</small>。四十里至陵街，四十五里至木奇，七十里至营盘，六十里至抚顺，四十里至旧站，四十里至省城<small>计自临江至省八百余里，由长至省约一千二百余里</small>。

由长至临沿江道里记

自长郡西行四十五里至半截沟现名金华镇。五十里至冷沟子现名景和乡。由此渡江经韩界梭罗城、新牌城中渡黑河，行八十里复过江，右行十余里至十二道沟现名丁春社。再过江行七十里至华界蛤蟆川，又过江右西行三十余里入临江县界，又二十余里至七道沟，七十里至桦皮甸，六十五里至四道沟，四十里至临江县计共五百里之谱。

由长至安图之路线记

自府署北行二十余里至二十一道沟口。若由此处渡江，经韩界行百余里复过华界，绕七星湖，渐折而北行，是为现行捷径。今所勘路线拟由二十一道沟口入冈，地势较平，行十余里，经日本营林场前修之旧道，藉此修筑颇为省便。西行二十余里至冈顶，左为二十二道沟，右为十九道沟，林木荫翳，寂无居人。由冈顶北行七十余里，经章茂草顶、红头山之间盘绕冈坡，向东北五十里至汤泉，三十里至暖江源，二十五里经小白山后，二十里至沙河，复经涂山后，行二十余里至新民屯，又经孝子山后，行四十余里至黄松甸子，四十里至讷殷部，六十里至乳头山下，二十五里至腰窝铺，四十余里至漏河沿，二十余里至清茶馆，三十五里至小沙河，再十五里至拟设之安图县署计共五百余里。

由长至抚松之路线记

由长至抚约四百余里。亦由梨树沟启程，行一百余里至十五道沟，往西北行三十余里至岭顶，六十余里至竹木里，三十五里至漫江营，五十里至小谷山，四十里至石头河，三十五里至海青岭，十余里至大营，八里至汤河口，三十五里至大甸子即拟设县署处，名曰抚松。

附录　由奉至兴京沿途古迹记

自奉省东行二十里至天柱山，福陵前抱浑河，背负辉山兴隆岭，松柏森严，殿壁辉煌，竖有太祖高皇帝功德碑，纪七恨誓师盛烈，在焉。又六十里至抚顺关明经略杨镐分兵四路趋兴京，左翼杜松、赵梦麟等由浑河出抚顺，即此。四十里为营盘考营盘东二里余即萨尔浒山，明将杜松等军此，与界藩城吉林崖相犄角。太祖一举歼焉，营盘之名昉此。十五里至古楼即古呼城，《开国方略》：尼堪外兰与明宁远伯李成梁合兵攻古呼城，杀阿亥章京于此。十里至下嘉河，十五里至上嘉河《发祥世纪》名嘉哈河，即浑河，夹山而流，土称夹河。二十五里至马尔敦乱石盘错，极险。明万历十一年，太祖率众一旅克马尔敦，即此。十五里至木奇国初有木奇和穆者部落，在浑江左右，即此地。四十里至陵街，永陵为肇、兴、景、显四祖陵寝，陵前有古槐一株，苍老异常，在焉。四十里至兴京，旧名新宾堡《开国方略》号赫图阿拉，本朝发祥于长白山之鄂多理城，都兴京自太祖始。

鸭绿江石硝图说[①]

光绪三十四年陆军部筹备东边防务，拟有鸭绿江设水巡、通航路、修硝石三条，曾经逐条禀覆在案。窃谓试行汽船，必须先修硝石。硝石不除，非特汽船难通，即鸭嘴舢板船亦难畅行无阻。兹将沿江石硝地名绘图如下：

---

　　① 石硝，应作石哨。

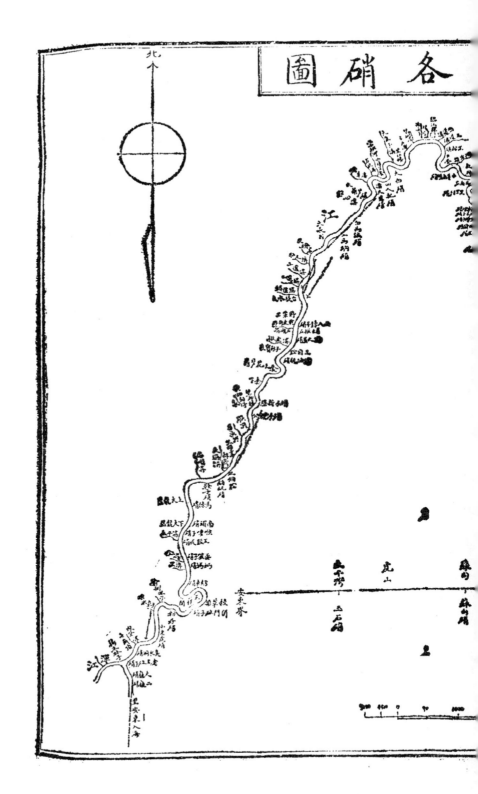

鴨綠江

圖例

倭國境道廳	府	縣口	河 江	國界 海島
〇	◎			╳

鴨　綠　江

四十五萬分之一尺距

里　　　　　芊

注　释

[1]　皇帝御极之元年：皇帝，指清朝溥仪。御极，谓皇帝登位，元年为 1909 年。

[2]　凤：即张凤台，字鸣岐，河南省安阳县人，清朝进士，曾任直隶省束鹿县知县，直隶州知州。光绪三十四年（1908 年）被委派为长白府设治总办，遂任为长白府知府。以后又任兴京、海龙等府知府。民国二年（1913 年）任河南民政长。以后又任政治会议代表、参政院参政等职。著有《长白汇征录》。

[3]　郢说燕书：郢音 yǐng，说音 yuè　出自《韩非子·外储说左上》："郢人有遗燕相国书者，夜书，火不明，因谓持烛者曰：'举烛'，而误书'举烛'。举烛非书意也。燕相受书而说（悦）之，曰：'举烛者，尚明也；尚明也者，举贤而任之'。燕相白王，王大悦。国以治。治则治矣，非书意也。今世学者多似类此。"后来人们用以比喻穿凿附会，曲解原意。

[4]　肃慎：古族名，亦作息慎、稷慎。商周时，居"不咸山（长白山）北""东滨大海"，北至黑龙江中下游，从事狩猎。周武王、成王时曾以'楛矢石砮'来贡，臣服于周。秦汉以后的挹娄、勿吉、靺鞨都和它有渊源。

[5]　夫馀：古族名，亦作扶余、凫臾。西汉称其所建的政权为夫余。在今松花江中游平原上，以今吉林市为中心①，南迄辽宁省北境，东与挹娄接，"北有弱水"（黑龙江）。夫余属汉朝设置在东北的玄菟郡，东汉末年改属辽东郡。晋至南北朝多次受鲜卑族慕容氏和高句丽的袭击，渐弱。5 世纪末，居地被勿吉人所占，居民分散迁徙。

[6]　杞宋无征：征，证也，谓如同杞国、宋国历史那样无法证明。语见《史记·孔子世家》。

① 夫余初期王城在今吉林市，后期王城在今辽源市，皆不在农安。

[7]　章亥：章是大章，亥为竖亥，两个古人名。大章的事迹不详；竖亥，姓竖，名亥，为禹臣，《淮南子》云："禹使竖亥步自北极至于南极。"是两个善走的人。

[8]　輶轩：轻车，古代帝王的使臣多乘輶车，后因称使臣为"輶轩使"。

[9]　循蜚：太古时代之名，十纪之一。

[10]　不咸山：古山名，今即吉林、朝鲜界上长白山。《山海经·大荒北经》："大荒之中有山，名曰不咸，有肃慎氏之国。"

[11]　百济：朝鲜古国。传说朱蒙子温祚创立，约公元1世纪兴起于汉江流域，都于今汉江南岸慰礼城，渐征服邻近各部落，成为半岛南部的强国。继而与新罗、高句丽鼎足而立，7世纪中叶统一于新罗。百济与中国常有联系，并为中国文化传入日本之桥梁。

[12]　三韩：朝鲜南部地方古称三韩，有辰韩、马韩、弁韩。

[13]　高句丽：句音 gōu。古国名。相传从夫余出走的朱蒙在汉元帝建昭二年（公元前37年）在鸭绿江中游和浑江中下游建立高句丽政权，定都卒本川纥升古城（即今辽宁省桓仁县五女山城）。高句丽第二代王琉璃明王类利于二十二年（公元3年）冬十月，迁都国内城（今集安县城），同时建筑尉那岩城（即丸都山城）。北魏始光四年（427年）高句丽第二十代王长寿王巨琏十五年迁都平壤。唐高宗总章元年（668年）高句丽灭亡，唐收高句丽故地，设府州县。

[14]　乐浪：郡名。汉武帝元封三年（公元前108年）置。治所在今朝鲜平壤市内。辖境约当今朝鲜平安南道、黄海南北道、江原道和咸镜南道地。西晋末地入高句丽。

[15]　三沃沮：魏晋时期东北地区的三个少数民族部落，即东沃沮、南沃沮、北沃沮，详见本书沿革部分。

[16]　挹娄：古族名。源于肃慎。汉至两晋时（公元前3世纪至

公元 5 世纪）分布在长白山北①，松花江、黑龙江中下游，"东滨大海"。北魏时称勿吉。参见"靺鞨"条。

[17] 勿吉：古族名，源于肃慎，详见"挹娄""靺鞨"两条。

[18] 渤海：唐代我国东北以粟末、白山靺鞨部为主体，结合其他靺鞨诸部和部分高句丽遗民所建政权名。唐武后圣历元年（698 年）由白山部首领大祚荣建立，初称振国（震国），唐玄宗先天二年（713 年），派崔忻封大祚荣为左骁卫大将军，渤海郡王，设置忽汗州，加授大祚荣为忽汗州都督，改称渤海。唐代宗宝应元年（762 年），派内侍韩朝彩册封大钦茂为渤海国王加授检校太尉。辽太祖天显元年（926 年）被辽所灭。

[19] 靺鞨：古族名。源于肃慎。北魏时称勿吉，隋唐时称靺鞨，分布在松花江、牡丹江流域及黑龙江中下游，东至日本海。

[20] 契丹：古族、古国名，源于东胡。北魏以来在今辽河上游一带游牧。唐以其地置松漠都督府，并任契丹首领为都督。唐末，迭剌部首领阿保机统一契丹及邻近各部，建立辽朝（916—1125 年），与五代和北宋并立，宋宣和七年（1125 年）为金所灭。

[21] "筚路蓝缕，以启山林"："筚路蓝缕"亦作"荜路蓝缕"。语出《左传·宣公十二年》。意思是坐着柴车，穿着破旧衣服去开辟山林。后用以形容创业的艰辛。

[22] 贾耽《道里记》：贾耽（730—805 年），唐宰相，地理学家，曾任鸿胪卿，主持和各族来往朝贡之事，熟悉边疆山川风土，勤于收集有关资料。官至右仆射同中书门下平章事，封魏国公。《道里记》是他的著作之一。

[23] 神州：唐渤海所设置。为西京鸭绿府治，其位于今临江镇。

---

① 2016 年以来，在长白山北敦化发现岗子遗址和岗子类型，含有挹类陶球、陶纺轮等遗物。

[24]　显州：唐渤海王都，亦为中京显德府，位于今和龙西古城。

[25]　许亢宗《奉使行程录》：许亢宗为宋饶州乐平（今属江西）人，《奉使行程录》为其《宣和乙巳奉使行程录》的简称。徽宗时任尚书司封员外郎。宣和六年（1124年）金太宗继位。次年正月受命充贺金皇帝登宝位国信史。金太尉宴上自夸无敌于天下，他加以驳斥，不辱使命。官至起居舍人。靖康元年（1126年）因受叶梦得牵连遭贬，出任地方官。

[26]　同州：辽时设置同州镇安军，金废。故址在今辽宁省开原县南15千米。

[27]　混同江：通说嫩江合松花江后到乌苏里江口的一段别称。以松花江含沙较多，江水北黑南黄，经久始混，故名。

[28]　洪皓《松漠纪闻》：洪皓，宋政和五年进士，曾任徽猷阁待制。建炎三年（1129年）出使金。被拘十五年始归。因所居留的冷山为唐松漠都督府所在地，故题其所著为《松漠纪闻》。谥号忠宣。宋史有传。

[29]　胡峤《北行记》：胡峤是辽太宗朝（耶律德光）宣武节度使萧翰（一名迪里，原作敌烈，字哈准）的掌书记，（唐代的节度使属官有"掌书记"，掌管笺奏），辽世宗（耶律阮）天禄三年春正月，萧翰因再次谋反被杀，峤无所依，居七年，亡归中原。述其所见，作《陷虏记》。《陷虏记》亦作《陷北记》。云："萧翰得罪被锁，峤与部曲东之福州，翰所治也。""契丹多怜峤，教其逃归。"

[30]　黄道周《博物典汇》：黄为明朝天启年间的进士，崇祯时任右中允，南明弘光帝任礼部尚书。《博物典汇》是其著作之一。

[31]　建州：即建州卫。明廷于永乐初置建州卫，以阿哈出（后赐姓名李诚善）为都指挥使。后增设建州左卫、右卫共三卫。

[32]　萨尔浒界藩城：萨尔浒，一是山名，在辽宁抚顺东浑河南岸。1619九年努尔哈赤大败明军于此。二是城名，在萨尔浒山下，1620

年努尔哈赤自界藩城（今辽宁新宾西北）迁此。界藩城是清太祖努尔哈赤所筑，曾歼杜松军于山下。地处辽宁新宾西北。

[33]《开国方略》：清乾隆三十八年（1773年）敕撰。记清开国事迹，自太祖起兵讨尼堪外兰起，至世祖入关止，凡三十二卷。

[34]《满洲源流考》：二十卷。乾隆四十三年（1778年）官修，包括部族、疆域、山川、国俗四门。上溯满族自肃慎以来，挹娄、勿吉、靺鞨、完颜诸部，和相毗连的索伦等部的兴衰以及金源以来的官制等。本清统治者炫耀发祥经历而作，对明在女真地区的统治，力图隐晦，对建州三卫，略而不谈。较系统地收集了资料，仍为研究东北地区历史地理的重要参考书。

[35]《大清一统志》：从康熙二十五年（1686年）始，三修《一统志》：初修乾隆八年（1743年），三百四十二卷；二修乾隆四十九年（1784年），五百卷；三修道光二十二年（1842年），五百六十卷，因始修于嘉庆年间，材料又以嘉庆二十五年（1820年）为下限，故名《嘉庆重修一统志》，先列图、表，继以总叙，再以府、直隶厅、州分卷，列有疆域、分野、建置沿革、形势、风俗、城池、学校、户口、田赋、山川、古迹、关隘、津梁、人物、土产等二十五目。内容丰富，考订精详，是一本比较完善的全国性地理总志。

[36]《方舆纪要》：即《读史方舆纪要》，清顾祖禹编著，一百三十卷。约在康熙三十一年（1692年）前成书。内容包括历代地域形势、南北直隶和十三省、川渎、分野等部分，并附有图表。作者历三十余年时间，参考二十一史和一百多种地方志，以明末清初政区分区，叙述府州县疆域、沿革、名山、大川、关隘、古迹等。着重考订古今郡、县变迁及山川险要战守利害，是研究我国军事史及历史地理的重要文献。

[37]《水道提纲》：清齐召南著，二十八卷。专叙水道源流分合。

首列海水，次各省诸水，再次西藏、漠北诸水和西域诸水，皆以巨川为纲，所受支流为目。书成于乾隆二十六年（1761 年）。

[38] 覆瓿之诮：覆，遮盖，掩蔽；瓿，小瓮，酒器。覆瓿，形容著作没有价值，只能用来盖盛酱的瓦罐。覆瓿之诮，意谓讥笑别人的作品没有什么价值。

[39] 乔岳钟灵：意谓高峻的山岳，为天地间灵气所积聚。

[40] 俪景亳而偶岐丰：景亳，商汤时都城之一，即西亳，因有景山而得名。当今河南偃师南。岐，古邑名，在今陕西岐山县东北。周族古公亶父因受戎狄威逼，自豳迁于岐山下周原，筑城郭居室，作邑以居西方来归之民。丰亦作酆，在今陕西长安西南沣河以西，周文王伐崇侯虎后自岐迁此。全句的意思是，其风景秀丽可以与商朝的景亳和周朝的岐丰地方相媲美。

[41] 豳馆：古都邑名，在今陕西枸邑西南。周族后稷的曾孙公刘由邰迁居于此，到文王祖父太王又迁于岐。《诗·大雅·公刘》："笃公刘，于豳斯馆。"

[42] 鲰生梼昧：鲰生，犹小生，自称的谦词；梼昧，愚昧无知。鲰生梼昧，意谓自己知识浅薄，愚昧无知。

[43] 子思：名伋，孔子之孙。以"中庸"为其学说的核心。现存的《礼记》中的《中庸》《表记》《坊记》等，相传是他的著作。

[44] 国家声教暨讫之邦：暨，到。讫，至。声教，谓风气、教化。全句的意思是：国家风气教化所达到的地方。

[45] 屠维：天干中"己"的别称，用以纪年。

[48] 作噩仲冬辜月：辜月是阴历十一月的别称。全句意为：作于寒冬十一月。

[47] 总督：清代的总督是地方的最高长官，辖一省或二三省，综理军民要政，为正二品官，加尚书衔者为从一品。但事实上，总督

兼兵部（清末改陆军部）尚书及都察院右都御史衔，已成定例。

[48] 巡抚：清代的巡抚是省级地方政府的长官，总揽一省的军事、吏治、刑狱等，地位略次于总督，别称抚台、抚军，又以例兼都察院右副都御史衔，也叫抚院。

[49] 徐：徐世昌（1855—1939年），天津直隶人，光绪进士。清末助袁世凯创办北洋军。曾任东三省总督、邮传部尚书、内阁协理大臣等职。后为中华民国大总统。

[50] 会议政务处：《清史稿·职官志》载："光绪二十七年（1901年），设政务处，以军机大臣领督办事。参与大臣无定员。……三十二年更名会议政务处，隶内阁""以各部尚书为内阁政务大臣"。光绪三十三年（1907年）七月又下谕："军机大臣、大学士，参与政务大臣会议事宜，着改由内阁办理"。

[51] 军机处：雍正十年（1732年）设办理军机处，简称军机处。职掌为每日晋见皇帝，承商处理军国要务，用面奉谕旨的名义对各部门、地方官员发布指示。

[52] 兴京厅：后金（清）天聪八年（1643年），赫图阿拉旧都，改称兴京。乾隆二十八年（1763年）在兴京城置厅，光绪三年（1877年）移治新宾堡，宣统元年（1909年）升为府。辖境相当于今新宾、桓仁及通化市、浑江市，集安县等地。1913年废。

[53] 《盛京通志》：康熙二十三年（1684年）修成，以后雍正、乾隆等朝四次续修，为一代良志。

[54] 讷秦窝集：今吉林市东南蛟河一带。

[55] 钦差大臣：清制由皇帝委派并授权专办重大事务的高级官员，颁给关防，权威很重。一般简称钦使，统兵者则称钦帅。

[56] 将军事务：即将军的职事。清代将军是驻防各地的八旗最高长官，内地各省将军掌驻防军事及旗籍民事，在边疆地区（如黑龙江、

吉林、伊犁），将军为全区的最高军事和行政长官。

[57]　锡：锡良，曾任东三省总督。

[58]　副都统衔：清代八旗每旗置"固山额真"一人，左右"梅勒额真"（后改为"梅勒章京"）各一人。顺治十七年（1660年）定"固山额真"汉名为"都统"，定"梅勒章京"汉名为副都统，职掌一旗的户口、生产、教养和训练等。

[59]　程：程德全（1860—1930年）四川云阳人。1907—1909年任黑龙江、奉天巡抚。辛亥革命后曾任江苏都督，南京临时政府的内务总长。

[60]　度支部：掌天下租赋物产，每年计算收入，计划支出。清末改户部为度支部。民国又改为财政部。

[61]　同知：明清时代的同知为知府、知州的佐官，分掌督粮、缉捕、海防、江防、水利等，分驻指定地点。清代州的同知，称为州同。同知与通判又可为地方政权厅一级的长官。

[62]　经历：明清之布政使司、按察使司均设经历，职掌为出纳文书。

[63]　县丞职衔：县丞，典文书及掌狱，为县令辅佐。清代县丞为正八品官。

[64]　贡生：科举制度中，生员（秀才）隶属本府、州县学，考选升入京师国子监，称为贡生。

[65]　布政司理问：布政使在清代定为督、抚的属官，其部门称布政司，专管一省的财赋和人事，与专管刑名的按察使司并称两司。理问，是布政使司直属官员，掌勘核刑名诉讼。

[66]　优增贡生：清代科举制度中五种贡生的一种，优贡亦为正途出身。另有捐纳取得的贡生，称为例贡。

[67]　附生：科举制度中生员名目之一。明正统时，于府、县学

卷一　疆域

外有取附学生员制度，清代相沿，生员亦称附生。

[68] 廪贡生：生员于岁科两试在一等前列者，可补为增生或廪生。廪生有廪米有职责，而增生没有。

[69] 《禹贡》：《尚书》一篇，记述我国当时地理情况，把全国分为九州，假托为夏禹治水以后的政区制度。

[70] 《职方》：《周礼·夏官·大司马》中的一篇。著作时代约在战国。由职方所掌的职务，叙述九州的区域和境内重要的山镇、泽薮、川浸、物产、男女、畜种和谷类，进而说到九服的远近。

[71] 子舆氏：孟子之字。

[72] 《唐书》：指《旧唐书》。后晋刘昫监修，张昭远、贾纬等撰，二百卷，纪传体唐代史。

[73] 渤海上京：唐代渤海龙泉府，今黑龙江省宁安县渤海乡有古城址。

[74] 新罗：朝鲜古国，本辰韩十二国中之斯卢国。相传公元前57年朴赫居世所建。后渐征服邻近各部落。至4世纪中叶成为半岛东南部之强国。首都庆州，继而与百济、高句丽形成鼎足，互争雄长。7世纪中叶灭百济和高句丽，不久统一半岛大部，为鼎盛时期。9世纪衰落。公元935年为王氏高丽（王建）所取代。

[75] 荆棘铜驼：荆，荆条，无刺；棘，酸枣，有刺。两者常丛生成丛莽。铜驼，铜铸的骆驼，古代置于宫外。荆棘铜驼亦作铜驼荆棘。《晋书·索靖传》："靖有先识远量，知天下将乱，指洛阳宫门铜驼，叹曰：'会见汝在荆棘中耳'。"此后因以荆棘铜驼形容亡国后的残破景象。

[76] 爱新觉罗：清王朝的族姓。满语"爱新"为金，"觉罗"为姓的意思。

[77] 三姓：故址在今黑龙江省依兰。又名依兰哈拉，满语"依兰"为三，"哈拉"为姓，因努叶勒葛、依克勒、湖西哩三族赫哲人居此得名。

[78]　贝勒：原是满族贵族的称号，复为"贝子"，其尤尊者称和硕贝勒。

[79]　肇祖原皇帝：即建州女真的斡朵里万户猛哥帖木儿，努尔哈赤的六世祖。明永乐年间置建州左卫，任首任都指挥使。清建国后追为肇祖。

[80]　景祖翼皇帝：建州左卫都指挥觉昌安，努尔哈赤的祖父。

[81]　显祖宣皇帝：建州左卫都指挥塔克世，努尔哈赤的父亲。

[82]　太祖高皇帝：即努尔哈赤，清太祖（1559—1626 年）。

[83]　浑河部：明建州女真诸部之一。因居住浑河两岸得名。万历十四年（1586 年）为努尔哈赤合并。

[84]　完颜部：明建州女真诸部之一。分布在今辽宁省新宾县东北。万历十六年（1588 年）为努尔哈赤合并。

[85]　栋鄂部：亦作董鄂部，明建州女真诸部之一。因居栋鄂水（即鸭绿江支流佟佳江上游大鸦儿河）得名。万历十六年（1588 年）为努尔哈赤合并。

[86]　哲陈部：明建州女真诸部之一。在苏克苏护河（苏子河）与浑河合流处。万历十五年（1587 年）为努尔哈赤合并。

[87]　鸭绿江路：应为鸭绿江部，是明建州女真诸部之一。以沿鸭绿江居住得名。万历十九年（1591 年）为努尔哈赤合并。

[88]　瓯脱：亦作"区脱"。匈奴语称边境屯戍或守望之处为"瓯脱"，其义有二：①指边境上瞭望的土室；②指双方中间的缓冲地带。

[89]　咸同：清朝咸丰、同治年间。

[90]　光绪初年增设通化县：光绪三年（1877 年）通化县设治。

[91]　部堂徐：清代称中央各部院衙门长官为堂官，各省总督因例兼兵部尚书衔，故亦称部堂。徐，即徐世昌。

[92]　部院唐：清代各省巡抚多兼兵部侍郎和都察院右副都御

史衔，故称为部院。唐，即唐绍仪，广东香山（中山）人，字少川。1907年出任奉天（今辽宁）巡抚。

[93] 李丞廷玉：李廷玉为人名，丞，是清代对知府、知县的分掌督粮、缉捕、海防、江防、水利等事佐官的简称。

[94] 摄篆：旧时印信都用篆文，因用篆为印信的代称。"摄篆"谓代掌印信，即代理某种职务，并非实授。

[95] 缪辂：亦作"缪辂"，同"胶葛"。交错纠缠的样子。

[96] 尾闾：古代传说中海水所归之处。

[97] 《竹书纪年·有虞氏》：晋咸宁五年（279年）在汲郡的战国时魏墓中发现。因原本写于竹简而得名。《有虞氏》为其中的一篇。

[98] 《汲冢周书》：原名《周书》，连序共七十一篇。有人误以为与《竹书纪年》同时出土，称为《汲冢周书》。经后代学者考定为先秦古籍，而多数出于战国拟周代诰、誓、辞、命之作。

[99] 冠漫国：《晋书》作冠漫汗国。

[100] 《册府元龟》：类书，宋真宗命王钦若、杨亿等辑，一千卷，分三十一部，一千一百零四门。将历代事迹，自上古至五代，分门顺序排列。

[101] 玄菟、临屯、真番：此三郡和乐浪郡，都是汉武帝灭朝鲜后建立的。玄菟治所在沃沮城，（今朝鲜咸镜南道咸兴），后内徙。临屯在今朝鲜境，后废。真番，旧说在今朝鲜中部西海岸一带。新说认为在北。

[102] 始祖东明：即高句丽开国者朱蒙的谥号。

[103] 北方槀离国王：藁离、槀离，有说均为夫余的转音，按《三国史记》《东国通鉴》记载槀离王当指北夫余王解慕漱。详见本书卷八《杂识》。

[104] 涉：我国古代北方少数民族名，依涉水而居。

[105] 《通考》：即马端临的《文献通考》。

[106] 率宾府益州：渤海国置府，以境内率宾水（今绥芬河）得名。治所在今俄罗斯乌苏里斯克（双城子）。益州为其一州。

[107] 东牟山：为渤海靺鞨大祚荣的根据地。一说在今吉林敦化城山子；一说可能在图们磨盘山；一说在敦化岗子东山头。

[108] 乞乞仲象和乞四比羽：为东北靺鞨中部落的两个首领，详见本书《历代兵事·隋唐间兵事》部分。

[109] 中宗：唐中宗李显。

[110] 鸭绿府领神、桓、丰、正四州：即西京鸭绿府，渤海国建置，其所领神州辖境，见本卷注释 [23]，桓州即九都，今吉林省集安县境。丰、正二州不详。

[111] 《续通典》：书名。《通典》的续编。清乾隆时官修，后经纪昀校订，共一百五十卷。自唐肃宗迄明代末年共约一千年的典章制度。

[112] 辽太祖：即耶律阿保机，辽王朝的建立者，公元907—926年在位。

[113] 大讠里讠巽：渤海国末代王。

[114] 东丹国：渤海国被辽太祖于天显元年（926年）灭亡后，改称东丹，以辽太子耶律倍为东丹王。后迁辽河流域，都辽阳。太子倍泛海入唐后，东丹建置渐废，部分遗民以鸭绿江畔今临江为中心建立安定国，辽圣宗时并入辽。

[115] 金太祖：即阿骨打，金王朝的建立者，于1115—1123年在位。

[116] 《皇舆全图》：清康熙、乾隆时编绘。前者名为《清内府一统舆地秘图》；后者名为《清乾隆内府舆图》，简称《皇舆全图》。

[117] 抱州：即保州。《东国舆地胜览》卷五十三义州建置沿革

中云："本高丽龙湾县，又名和义。初契丹置城于鸭绿江东岸，称保州。文宗朝又设弓口门，称抱州（原注：一云把州）。"金灭辽中，高丽几次求请保州。1126 年高丽王楷向金奉表称藩，金以保州相赐。到天会八年（1130 年）金以保州入高丽，户口概不索取，双方"封域"，方最后敲定。

[118] 元太祖奇渥温铁木真：即"成吉思汗"，姓奇渥温，名铁木真。

[119] 孝文皇大弟敦睦宫 辽圣宗弟隆庆。其宫帐称赤实得本斡鲁朵（赤实得本，契丹语"孝"也），是为敦睦宫，有宫户八千，出骑军五千。平时担任所属斡鲁朵一切经济负担，战时编为天子的亲军。

[120] 世宗朝石晋太后：后晋石敬瑭的妻子。

卷 二 上
山 川

总 序

禹敷土奠高山大川，所以肇九州而宅民居也。职方氏[1]掌天下之地图，辨其邦国、都鄙、四夷、八蛮、七闽、九貉、五戎、六狄之人民，而必考某州、某山镇、某泽薮，将以区民质而浚利源也。山川流峙与扶舆磅礴之气相融相结，古帝王代天子民，隆山川之祀，即以答天地之庥[2]，岂徒恃为重镇乎哉？自战争之局开，方舆之士，谈兵之家，遂列山川一门。于险要，恃险者曰表里河山，盟誓者曰砺山带河，忧时者曰一寸江山一寸金。山川之为义大矣哉。

东三省自兴安岭定约以后，兴京锁钥，辽沈屏藩，惟长白山与鸭绿、图们、松花三江是赖。就三江而论，松花为我朝完全无缺之江，鸭绿、图们则与敌人共之矣。共之而敌心未厌也则争，争之无理则狡，狡之词穷则横，横则无公理，无公法，一以武断为主，而山河几不足恃矣。究之山川之界，天之所以限戎马而保人民也。各国分界公例，山川为天然界，次则刊石树碑为人力界，再次则经纬界，至于立木穿沟则列强侵掠之诡谋，非万国分界之公例也。自咸同以后，东省界案纷歧，几令有主之山河颠倒于强敌之手。登白山而左右顾，千峰罗列，万水朝宗，列祖列圣之灵，心目间如或见之矣。列山川门。

谕 旨

康熙五十年圣祖仁皇帝^[3]谕大学士等曰①："天上度数，俱与地之宽大吻合，以周时之尺算之，天上一度，即有地下二百五十里，以今时之尺算之，天上一度，即有地下二百里。自古以来绘舆图者，俱不依照天上度数，以推算地理之远近，故差误者多。朕前特差能算善画之人，将东北一带山川地理，俱照天上度数推算，详加绘图，视之混同江自长白山后流出，由船厂打牲乌拉^[4]向东北流，会于黑龙江入海，此皆系中国地方。鸭绿江自长白山东南流出，向西南而往，由凤凰城、朝鲜国义州两间流入于海。鸭绿江之西北，系中国地方，江之东南系朝鲜地方，以江为界。图们江自长白山东边流出，向东南流入于海。图们江西南系朝鲜地方，江之东北系中国地方，亦以江为界，此处俱已明白。但鸭绿江、图们江二江之间地方，知之不明。前遣部员二人往凤凰城会审朝鲜人李玩枝事，又派出打牲乌喇总管穆克登同往。伊等请训旨时，朕曾密谕云：尔等此去，并可查看地方，同朝鲜沿江而上，如中国所属地方可行，即同朝鲜官在中国所属地方行，或中国所属地方有阻隔不通处，

---

① 《丛书》在此句前加标题："谕旨"。原本无。应从原本。

尔等俱在朝鲜地方行，乘此便至极尽处，详加阅视，务将边界查明来奏。想伊等已由彼起程前往矣，此间地方情形庶得明白。"

谨按：鸭绿、图们为中韩两国分界，自辽、元后迄无异议，只此两江之间界址未定。仁庙[5]睿虑周详，叠派臣僚履勘，注重在两江之间。奈历查界案，自康熙以至光绪年间，两国勘界员往复辩论图们江居多，置鸭绿江于九霄，殊不可解，岂其谓图们江源流既定，鸭绿江即可类推耶？在圣祖仁皇帝明明以两江之间地方为虑，而斤斤焉仅以图们置辩。就令图们界定，而图们江之右，即鸭绿江之左，乃所谓两江之间地方也，其将谁属耶？穆总管咨韩使朴权等文内，有在两江发源分水岭之中立碑一语。玩一"中"字，适与两江之间地方知之不明之谕旨相符。惜十字碑年久被毁，而现时穆碑又非旧址，以致后世议界者为图们辩，不暇为鸭绿辩，将两江之间四字置之高阁，异哉。

长 白 山

康熙十六年觉罗武木讷等题奏，为遵旨看验长白山事。

康熙十六年四月十五日，臣武木讷、一等侍卫兼御前侍卫臣费耀色等奉上谕：长白山系本朝祖宗发祥地，今乃无确知之人。尔等四人前赴镇守乌拉地方将军处，选取识路之人往看明白，以便酌量行礼。臣等钦遵，于五月初五日起行，本月十四日至盛京，二十三日至乌拉地方，转宣上谕于将军等，随查乌拉宁古塔及乌拉猎户所居村庄等处，俱无确知长白山之人。金云：曾远望见。惟都统尼雅汉之宗族达穆布鲁^①，原系采猎之人，称：原在额赫讷阴地方居住，虽不曾跻长白山巅，曾闻我父云，如往猎于长白山脚，获鹿肩负以归，途中三宿，第四日可至家。以此度之，长白山离额赫讷阴地方不甚遥远等语。因访问赴额赫讷阴水路几日，陆路几日可至，亦有知额赫讷阴陆路之人否。据管猎户噶喇达额赫等口称：如乘马由陆路行十日可至，如乘小舟二十日可至，倘遇涨阻，难计日期。有猎户噶喇者，能知陆路等语。臣等随议，每人携三月粮而往，又思或三月粮尽，或马力疲乏亦不可定。随语镇守宁古塔将军巴海，可载一船米于额赫讷阴地方预备。巴海云，大船不能过松花江大险处，当载米十七小船以往。又与噶喇达额赫约，我辈乘此马肥壮，速由陆路往，看过长白山，回时再由水路逆流而上，前赴额赫讷阴地方。约定臣等带固山达萨布素于六月初二日起行，经过温德亨河、阿虎山、库勒讷林、雅尔萨河、浑陀河、法布尔堪河、纳丹鄂佛罗地方、辉发江、（扯）[拉] 法河、穆敦林巴克塔河、纳尔珲河、敦敦山、卓龙窝河等处，及至讷阴地方江干。不意噶喇达额赫乘小舟而行，半月程途，七日齐至。因语固山达萨布素，我辈乘小舟由江中逆流前赴额赫讷阴地方，汝带官兵马匹，由干努河逆流而上，由佛多和河顺流而下，至额赫讷阴相会。约定遣发去后，臣等于十一日至额赫讷阴。达萨布素等初十日已至。因前去无路，一望林木，与达萨布素商议，令闲散章京尼喀达与识路径之噶喇带领每旗甲士二名，前行伐木开路，

---

① 尼雅汉，《丛书》误为尼雅漠。

并谕如望见长白山，可将行几日方望见，有几许路程，相度明确来报。随于十二日发遣前行。去后，本日据固山达萨布素差人前来报称：我等别后，行三十里，至一山顶，望见长白山不甚遥远，似止有一百七八十里等语。又续遣艾哈来报称：先差人来后，又至一高山顶上，望见长白山甚明，约有百余里，见有片片白光等语。臣等趁未有雨水之时，急往看视，因留噶喇达额赫督捕珠蚌。于十三日起行，十四日与固山达萨布素等会于树林中，揣摩开路前进。十六日黎明，闻鹤鸣六七声，十七日云雾迷漫，不见山在何处，因向鹤鸣处寻路而行，适遇鹿蹊，由此前进，直至长白山脚下，见一处周围林密，中央地平而圆，有草无木，前面有水，其林离驻扎处半里方尽。自林尽处有白桦木，宛如栽植，香木丛生，黄花灿烂。臣等随移于彼处驻扎，步出林外，远望云雾迷山，毫无所见。臣等近前，跪诵纶音，礼拜甫毕，云雾散开，长白山历历分明。臣等不胜骇异，又正值一路可以跻攀，中间有平坦胜地，如筑成台基，遥望山形长阔，近观地势颇圆，所见片片白光，皆冰雪也。山高约有百里，山顶有池，五峰围绕，临水而立，碧水澄清，波纹荡漾，池畔无草木。臣等所立山峰，去池水约有五十余丈，周围宽阔，约有三四十里。池北岸有立熊，望之甚小。其绕池诸峰势若倾颓，颇骇。瞻视正南一峰较诸峰稍低，宛然如门，池水不流。山间处处有水，由左流者则为松阿哩乌拉；右流者则为大讷阴河、小讷阴河。绕山皆平林，远望诸山皆低。相视毕，礼拜。下山之际，岸头有鹿一群，他鹿皆奔，独有七鹿如人推状，自山岸陆续滚到山下闲散章京等驻立之处。臣等不胜骇异，因思正在乏食，此殆山灵赐与者，随望山叩谢。臣等上山之时，原有七人也。自得鹿之处退至二三步，回首瞻望，又忽然云雾迷山。臣等因清净胜地，不宜久留，于十八日言旋。回望云雾朦胧，不得复见山光矣。二十一日回至二讷阴河合流之处，二十五日回至恰库河。此河乃讷阴东流会合之所。二十八日正行之际，适遇颁到敕旨，当经叩头谢恩讫。二十九日自恰库河乘小舟而归，经过色克腾险处，图伯赫险处，噶尔汉险处，噶达珲险处，萨满险处，萨克锡险处，法克锡险处，松呵哩大险处，多珲险处。乘一叶小舟，历此大江九险，得以无恙而渡者，皆仰赖皇上洪福之所致也。七月初一日回至乌拉地方，本月十二日至宁古塔，遍看会宁府等处地方毕，七月十七日自宁古塔起行，八月二十一日抵京师。谨具疏以闻。

本年奉旨：长白山为发祥之地，奇迹甚多，山灵宜加封号，下内阁礼部议，封为长白山之神，岁时享祭如五岳。

按：武木讷于康熙十六年六月初六日，由乌拉地方现吉林省，乌拉译音江也，吉林译音沿也，吉林乌拉即沿江义也，今省文作吉林　陆行，循温得亨河在吉林西五里许，一作文德赫恩河，源出库勒纳窝集。　阿虎山疑即得佛河经流之域，距吉省七八十里。库勒讷林即库勒窝集。雅尔萨河即奇尔萨河，满洲语奇尔萨言狐狸也，源出库勒纳窝集。浑陀河疑即坦颇河源，出库勒纳窝集。法布尔堪河源出库勒纳窝集。纳丹鄂佛罗地方鄂佛罗译音山嘴也。辉发江源出讷噜窝集。拉法河即今拉法河。穆敦林即穆禽河左右。纳尔浑河即那尔浑河。敦敦山即今之老岭。卓龙窝河按老岭以南层峦叠嶂，卓龙恐亦老岭之讹音。以上等处，系陆路所经之地。其由水路行者，乘小舟顺松花江逆流而上，共七日同至讷阴地方即头道江与二道江合流处，地名下两江口。十三日起行，十七日至长白山角在今梯子山东边，攀跻而上，十八日下山，二十一日回至二讷殷河合流之处按此合流处即现在紧江与漫江合流之漫江营地方，就水势大小而论，紧江即小讷殷，漫江即大讷殷也。二十五日回至恰库河此河乃讷阴东流会合之所，其会流处曰东流会合，则恰库河当即指之娘娘库河而言。娘娘库由东而西，大小讷阴由南而北，与东来恰库河会流，虽方向稍有不符，尚无大谬。惟去年勘界员刘令建封躬亲履勘，知之最悉，谓如按武公称左流者为松阿里乌拉，右流者为小讷阴河、大讷阴河而论，则大小讷阴当指二道白河、三道白河而言，方与左右方向相符。然考武木讷水陆入山之路，系皆由长白山西北松花江行走，至下两江口，历经紧江、漫江而至白山。并非由长白山东北路行走，则大小讷阴河似又非指二、三道白河而言。而按武公所称左右方向。又与紧江、漫江之方向不符，抑武公当时于深山密菁之中稍有误会，亦未可知，故志之。

历代沿革

虞夏时为不咸山。《山海经》："大荒之中有山，名曰不咸，有肃慎氏之国。①"

汉为单单大岭。《后汉书·东夷列传》：武帝元封三年，灭朝鲜，分置乐浪、临屯、玄菟、真番四郡。至昭帝始元五年，罢临屯、真番，以并乐浪、玄菟郡。玄菟复徙居句骊。自单单大岭以东，

---

① 原本与《丛书》"名"后脱"曰"字，"有肃慎氏之国"，"有"误为"在"。

沃沮、涉貊悉属乐浪。《魏志》《通考》同。

元魏为徒太山。《魏书·勿吉列传》[6]勿吉国南有徒太山，魏言太皇，有虎、豹、罴、狼不害人。人不得山上溲污，行经山者皆以物盛云。

南北朝为从太山。《北史·勿吉列传》[7]：勿吉国南有從太山，华言太皇，俗甚敬畏之。从字恐系徒字之讹。

唐为太白山。《唐书·黑水靺鞨列传》：粟末部南抵太白山，亦曰徒太山，又粟末水源于太白山。

金为长白山。《金史·世纪》，生女真地有长白山。昭祖耀武至此祭祀，志大定十二年封长白[山]神为兴国灵应王，建庙宇。十五年三月奏定封册，遣使致祭如岳镇礼。

附录册文，其文曰："自两仪剖判，山岳神秀各钟于其分野。国将兴者，天实作之。对越神休，必以祀事。故肇基王迹，有若岐阳。望秩山川，于稽虞典。厥惟长白，载我金德，仰止其高，实惟我旧邦之镇。混同流光，源所从出。秩秩幽幽，有相之道。列圣蕃衍炽昌，迄于太祖，神武征应，无敌于天下，爰作神主。肆予冲人，绍休圣绪，四海之内，名山大川靡不咸秩。矧王业所因。瞻彼旱麓，可俭其礼？服章爵号非位于公侯之上，不足以称焉。今遣某官某，持节备物，册命兹山之神为兴国灵应王，仍敕有司岁时奉祀。於戏！庙食之享，亘万亿年。维金之祯，与山无极，岂不伟欤！"自是每岁降香，命有司春秋二仲择日致祭。

明昌四年十月，复册为开天宏圣帝。元明因之。

主干：山上经年积雪，草木不生，望之皆白，故名长白山。为奉天东部、吉林南部第一祖峰。其东南麓有峦头突起，韩人又名小白山。实则相连，并非另有一干。

地位：山在北纬四十二度，东经一百二十七度。

里数：《八旗通志》[8]长白山高二百余里。《朝鲜图志》：山高一百二十里。《白山黑水录》：长白山三峰耸立，自一万尺至一万一千尺。论说不一。大约就海面而论，拔地总在二百里上下。若由麓至巅高不过三十六七里①。面积约三千六百余方里。

天　池

山上有潭，曰闼门，时常云雾溟蒙，水鸣如鼓，故名龙潭，一曰天池。天池，其通称也。势扼东北西南，系椭圆形，斜长二十九里，分三段计宽，北段宽二十里，中段宽十里，南段宽十二里，周围七十余里。冬不冰，夏无萍。水面有浮石，形如肺，名海浮石。土人谓池与海通，七日一潮，因又名海眼，深不可测。

大峰六：白云峰、冠冕峰、三奇峰、白头峰、天豁峰、芝盘峰。

小峰十：玉柱峰、梯云峰、卧虎峰、孤隼峰、紫霞峰、华盖峰、铁壁峰、龙门峰、观日峰、锦屏峰。

十四景：伏龙冈、鸡冠岩、滚石坡、悬雪崖、金线泉、玉浆泉、钓鳌台、放鹤台、花甸、松甸、麟峦、凤峦、碧螺山、仙人岛。

木朗峰：在长白山南三十余里，树木最多，大雕辄巢其上，

---

① 《丛书》，巅误为颠。

一名雕窝山。

涂山：山在木朗峰东南五里许。

龟山：山在长白山南二十余里。

胭脂山：山距长白山三十余里，秀丽异常，土人称为胭脂山。

三江源流

序

历考辽金元三史、《明一统志》、顾祖禹《方舆纪要》暨我《大清一统志》《发祥世纪》《开国方略》以及齐召南《水道提纲》、李绅耆《皇朝舆地全图》并《盛京通志》《吉林外记》[9]等书金称：鸭绿江发源于长白山西，图们江发源于山东，松花江发源于山北，历代相沿。究其实在方向尚多舛误。爝烛之见，直谓三江源皆发于长白山天池，语尤笼侗。兹于设治余暇，据生平所见所闻，与该勘界员等面稽口授，互相印证，其源委方向似觉稍有依据，不敢谓补古人之缺，抑可就正于后人焉尔。列如下。

鸭绿江上源：鸭绿江，古马訾水，其上源有二：一爱溥江，一葡萄河。爱溥江即暖江，源出长白山南麓，距天池四十余里。由三奇峰腰向西南去，至南天门，水脉若伏若断，有沙石无水线，土人名旱沙河。又南二十余里，细流涓涓，向东南流，土人名爱溥河，暖江之名始此。又南流九里许，东有一水流入，曰太平川。又南偏东有一水流入，曰小白川。又南流一百余里，有一大水自东北来汇，曰建川沟，上流即葡萄河①，韩人辄统名之曰葡萄河，发源南葡萄山即韩界胞胎山，山分南北两支。下流与暖江合流处，名大双岔口。以上无所谓鸭绿江也。自双岔口以下，始名鸭绿江。古今考水道者，皆以中国书考中国水，就发源中国者而言，邻封则略焉。试就鸭江论其上源，如旱河、爱滹河等水，均不及分水岭南葡萄河之大，何独以暖江为源，而不以葡萄河为源欤？去年勘界员刘建封，由长白山分水岭东南旱河、木石河地方循流而南，历经双岔口，目睹建川沟与葡萄河自东北来，洪波巨浪与暖江相汇，而江水始大，水深色绿，如鸭头，故名鸭绿。执此以论，则暖江为鸭江之源，建川亦鸭江之源也，葡萄河亦鸭江之源也。揆形度势，葡萄河流较暖流尤大，且上源忽流忽断，并不直接长白，故谓鸭绿江发源长白山之西南则可，谓鸭绿江发源长白山之西则不可。就西南而论，其上源断自双岔口始。

　　按，此次刘令所查建川沟距长白山较远，其上源发自何处尚须考察，就国界论应以暖、葡合流处之双岔口为正当办法。

　　流域：流域自双岔口始。双岔口以下，南流六十余里至长郡二十三道沟，沟水自右岸入焉。对岸即韩国江上峰，有深浦里沟水注之。又南流十余里，右岸受二十二道沟水，对岸为韩国江下峰也。又南偏西流六七里，右岸受二十一道沟水，对岸即韩国之宝城，通天沟水注之。又五里许，右岸受二十道沟水，又西南流二十余里，右岸受十九道沟水沟内现分温厚、良善、恭顺、俭德、让美五社。并有大小葡萄沟二水与沟水汇流入于江。对岸即

---

　　① 《丛书》误为：萄葡河。

韩国报马集也。又五里许，右岸受马鹿沟水，对岸即韩国乌云浦，有盖膝沟水自东北来注之。又里许，历长白府署前缘对岸韩山脚。西流一里许，右岸梨树沟水入焉此沟上通龙华冈，现名梨沟镇。对岸即韩国惠山镇旧名协山城。又西流经万宝冈，对岸有一水入焉。韩国名虚川江，土人名两江口。又折而西北，右岸受十八道沟水现名癸恩社。对岸即韩国黑沟。又西流十余里，右岸北受十七道沟水现名壬皇社。又五里许，经半截沟现名金华镇。对岸即韩国高巨里。又西流十余里，右岸受十六道沟水现名辛裕社。又西偏北流六七里，受干沟子水，又西十余里，受十五道沟水现名庚顺社。又西偏北十五里，受十四道沟水现名己恭社。又西二十余里，右岸受冷沟子水现名景和乡。对岸即韩国梭罗城。又西十余里，右岸受十三道沟水现名戊雨社。对岸即韩国新牌城，有黑河即长津江自南流注之。又西四十余里，右岸受十二道沟水现名丁春社。又五里，受照壁沟水。对岸为韩国界河城，有小罗心洞水入焉。又西折而北流二十余里，受十一道沟水现名丙望杜。又五里许，受十道沟水现名乙农杜。对岸则韩国大罗心洞水入焉。又西十余里，右岸则九道沟水流入现名甲华社。对岸则韩国漠连沟水入焉。又西而北十余里，至八道沟，有大小马鹿泡水与沟水合流入于江，是为长白、临江分界之处，立有界碑。对岸即韩国蒲平镇，有汉钟洞水入焉。又西十里，右岸北受七道沟水，又折而北受六道沟水，并有两小水自东来会，一曰大夹皮河，一曰小夹皮河。又西流十余里，经桦皮甸子，有马鹿沟、老鹰沟、驼子沟诸水汇入于江。又西四十余里，受五道沟水，又五里受四道沟水，又十余里受三道沟水，又西流二道沟及头道沟水，皆奔注入江，而水势益盛。又南经帽儿山东麓，右岸为临江县署，对岸即韩国中江镇。又折而西北流三十里，受大小梨子沟水。对岸即韩国牛道河。又南二十余里，受苇沙河水，对岸受韩国冰沟之水。又南二十余里，凡老爷岭现名荡平岭大小各沟水皆下流入于江。对岸为韩国满浦镇及高山里城，并白马岭破河、城子河诸水皆入焉。又南五十余里，右岸受大荒沟、大坂沟、太平沟诸水。又折而西而南，经桓仁县界，有佟佳江即浑江自西北来汇，地名浑河口，对岸即韩国楚山郡。自此以下而江流益大矣。又南流六十余里，中间如液子沟、大黄沟、架板沟、小黄沟、小蒲河口、三叉子诸水皆分流入于江，对岸经韩国黄平堡，有别河自左岸流入。又南四十余里，受蒲石河、安平河之水，又南至九连城东南界，有瑷河自西北来会，对岸即韩国义州郡。又南经安东县，对岸为韩国新义州。又南二十余里至大东沟，入于海，是为鸭绿江入海之口。

松花江上源：松花江，古粟末水，一名速末水，一名鸭子河。以长白山北直接天池之二道白河为正源。天池为众流之母，惟二道白河实由天池接脉而下西北，流七八里伏地，又七八里有泉涌出，是为二道白河之正脉。又正北流一百八十余里中间有无数小河流入，娘娘库河自东北来汇娘娘库河发源于老岭，此岭系白山东北龙冈。又流七八里，右岸则马鹿沟河入焉。又西北流十余里，

荒沟河入焉。又西流十数里，左岸则四道白河入焉四道白河自长白
山东北麓流出。又流数里，则三道白河入焉。又流数里，则与由天
池发源之二道白河汇焉。水势至此较大，土人仍称曰娘娘库河。
又流二十里，富尔岭河河发源于富尔岭，自发源至此约二百五十余里，左
右大小河沟汇入者约二十余道。黄泥河最先入，次大小蒲岑河，最次则古洞河、
大沙河，皆水之大者。余尚有无数小水。由东北来汇。两河汇流，水势
益洪，因名上两江口，二道江之名自此始自二道白河由天池发源至
此计二百二十余里。自上两江口以下西流十里许，头道白河由右岸
入头道白河发源于长白山西北麓，距天池五十余里。又西十余里，细鳞
河入焉。又西北百余里，金银璧河由右岸西北来汇。又折而南
偏西流百余里，五道柳河由右岸先后入焉。五道碇子河又由左
岸先后入焉。又西流五六里，右岸则小夹皮沟水注之，左岸则
黄泥河水注之，地名太平川。又西南流二十余里。抵下两江口，
与头道江汇流，此二道江上游诸水汇流之支脉也。头道江上游
有二源：一紧江，一漫江。漫江源出章茂草顶中腰，东距长白
山一百余里，北流四十里，经竹木里之西南，流六十余里，至
花碇子与紧江合。紧江发源于长白山之西坡，其发源处分三岔，
中岔距天池二十余里，北流与北岔合。有大小梯子河自东北注
之大小梯子河发源于长白山腰，流三十余里汤泉入焉，汤泉亦名温泉，可浴。
又南流与南岔合。三岔相距不过十里许，自入紧江后统名为紧
江。又西北流二十余里，马尾河注之。又六七里，桦皮河注之。
又五六里，兔尾河注入。又十余里，至花碇子与漫江合，是为

松花头道江。又西流十余里，黄泥河入焉。又十里许，碴子河入焉。又十余里，石头河入焉。又折而东而北而西流九十余里，与汤河汇汤河发源于南龙冈。又西流五里，马鹿沟水入焉。又西北流三十里至大甸子，是为长白府拟设之抚松县治。又北流十余里，松江河自东北来汇。松江河上游一名松香河源出东冈，长七八十里。一名万里河源出北岭，长一百余里。又西流二十余里，棒槌沟水入焉。又五十余里，至鳌头碴子，此五十里内北岸则太平川入焉，南岸则头道、二道、三道花园诸水相继汇流，水势至此较洪。又北流五六十里，与二道江汇流，名下两江口，自此以下统名松花江，向西北流入吉省界。总之，长白山迤北，向西诸水均入二道江，长白山迤西向北诸水均入头道江，两江合流名松花江。是松花江上游两大支，即头道江与二道江也。头道江上游分支之水，即紧江与漫江也；二道江上游分支之水，即五道白河也。综计以上各水，与长白山顶之天池直接者，惟二道白河一水而已。故以二道白河为松花江之正源，实为至当不易之理。头道江与二道江则松花江上源之两大支，其汇入于两大支流者，则又两大支之分支而已，均不得谓之正源。正源即以直接天池之二道白河为断。故以松花江发源于长白山之北，循流溯源确而有证。

按：松花江为长白山北流一大支，头道江、二道江汇流总名松花江。自秦汉以迄唐宋，从无以混同江名者，辽圣宗太平四年始改鸭子河即松花江为混同江，混同之名昉此。《金史》称宋瓦江，《明一统志》谓宋瓦即松花之变音，其尤误者，《金史·帝纪》，混同江一名黑龙江。我朝《发祥世纪》《开国方略》《皇朝一统舆图》以及《盛京通志》并地舆家私相撰述，皆沿辽、金、元、明之旧称，以故上而臣工奏牍，下而耆儒传记，时而称松花，时而称混同，几无定名。在统一时代尚无关碍，现海禁大开，强邻窥伺江河，藉端生事，无理取闹，名称稍涉牵混，则乘间抵隙，攘夺利权，名之为义大矣哉。江河之义，大者为江，小者为河，此至当不易之理。乾嘉以前，尚沿松花即混同之名，咸同以后，则以松花江与黑龙江汇流之处，上自距伯都讷城北七十里之诺尼江起，下至黑龙江，又与南来乌苏里江合流之处，三江汇流，混沌无涯为混同江，名义相符，凿凿可凭。光绪六年曾惠敏纪泽[10]与俄廷改订崇约[11]，其第五端云：崇厚原定条约时，误指混同江为松花江；遂有松花江行船至伯都讷之约。由此以观，则松花江与黑龙江未经汇流以上，其不得称为混同江也，章章明矣。顾黑龙、松花两江应如何区分之处，从未尝显定其名，将来界务交涉难保不蹈崇侯之覆辙。国界攸关，防范宜早，管蠡之见，拟请疆臣奏请皇上明降谕旨，布告中外，使天下臣民咸晓然于松、黑两江未经合流以上，概不得以混同称名，致沿辽、金、元、明之旧，庶名义昭彰，源流分晰，而界务亦有所遵循，不至贻头脑冬烘之诮矣。姑附刍议以备甄采。

流域：松花江延长三千七百余里，以直接天池之二道白河为正源，以头道江、二道江合流之下两江口为江源之所汇，自此以下皆流域也。松花、混同、黑龙之辩，已于江源考内分证明确，兹不赘叙。惟三江流域，松花最长，自下两江口北流入吉林之蒙江州界，西南受辉发河《水道提纲》所谓土们河，按河出柳边外之鸡林哈达东北，流经辉发城，历受色勒河、波箕河、大万两河、富太河、呼兰河等水，现名为辉发河。又北有穆禽河自东南流入，又西北入吉林府界，拉法河自东北来会河上源曰推屯河，出色奇窝集之西麓，南流经拉法站流入于江。蚂蜒河自西南入焉《水道提纲》作马烟河，自马烟岭合数水东北流入。稍北流经吉林省城东，水势较大，可通舟楫地名船厂，现行小火轮。又折而西而北流过金珠鄂佛罗、打牲乌喇，有小水自舒兰河站流入。又西流经长春府北界，甫受伊通河河自伊通州北流。会伊勒门诸水流入于江。折而西流经伯都讷城之南，水中有巨洲。又西北七十余里，嫩江自北来会嫩江亦曰诺尼江，古名难水，又曰那河，源出墨尔根之伊勒呼里山南侧，南流经齐齐哈尔城南，迤东至茂兴站南与松花江会。名曰三叉口计自发源至此一千六百余里，总名松花江。又东北拉林河入焉拉林河出拉林山，在乌喇城东北三百里。又东流至哈尔滨，水势益盛，实当东清铁路之中央自此以下可通入水八尺之汽轮。又东稍北左岸为宾州府，有阿勒楚喀河流入《水道提纲》作褚库河，即阿尔楚库河，源出于磨梭山之北麓，合二水西北流入于江。右岸为黑龙江之呼兰府，有呼兰河流入《水道提纲》作呼轮河，自北合五水东南流七百余里来注之。又东北经三姓城西北由哈尔滨水路至此约七百余里，牡丹江自南来汇《水道提纲》作拉哈河，又曰虎尔哈河，唐时称忽汗河，金时曰按出虎水，土人皆称牡丹江，是为松花江一大支流。又东流有倭坑河会诸小水自南流入《水道提纲》作窝肯河，发源于三姓之阿尔哈山，源流七百余里。

巴兰河自北流入《水道提纲》作巴蓝河，自西北会四小水东流来会。按巴兰河发源于黑龙江固木讷之巴兰窝集，源流二百余里。两水会处作十字形，以下弯曲甚多，或南或北，就大势而论，全向东北，其支流之大且长者，厥惟吞河《水道提纲》吞河自吞尔窝集池，南流合十数水，东南流七百余里，注于江。又北数十里，经多陇乌噶山山在固木讷东南界，有上下石头河流入。又东北流，富尔洞河自北注之河发源于固木讷之札伊山。又东汇为巨洲数十里，又东南有杜儿河，北自佛思亨山合小水东南流共注之。又东有安巴河。自南注之河发源于三姓达完之北。又东百余里沙洲无数，又折而东北流，与黑龙江会于查匪噶山之北，以下统名黑龙江。自此东流三百余里，而乌苏里江自南来会。三江会流始名混同江。

图们江上源：图们江，辽名驼门，金称统门，我朝康熙年间率称土门，《朔方备乘》[12]称徒门，《水道提纲》又称土们色禽，韩人称豆满，惟《圣武记》[13]称图们，至今沿之。自辽金以来，白山黑水屡更兵燹，穷荒僻陋，语音庞杂，双声叠韵，莫衷一是，遂将图们、土们、豆满本为一江之名，附会穿凿，酿成图们交涉之案。究之一言以决之，曰土门、豆满实则图们一江而已。惟上源之说不一，有以红丹水为正派者。红丹水发源长白山东南之三汲泡一名七星湖，泡水东北伏流八九里，有泉涌出，是为红丹水之源。东北流一百二十余里中间有四小水并柳洞河入焉，至长坡与石乙水合流。石乙水发源长白山之分水岭，距长白六十余里，自发源处东北流三十余里，红土山水注之红土山水发源于红土山，山旧名布库里山，山下有池名布尔瑚里，即三天女浴躬池，池形圆，土人称为圆池，水向东南流六里许入红土山水。又流数里，大浪河亦由西北来汇，是红丹水为长白山东南三汲泡发源之一大支水，谓为图们江之上源者，此其一。有以大浪河为正派者。大浪河发源长白山东南分水岭距山岭较远，韩人呼为南冈之东，有三眼泉自平原涌出，即大浪河源韩人名岛浪水。东南流十余里与石乙水合流，红土山水自西北注之，华人仍名石乙水，东流九十余里至长坡与红丹水合流，是大浪河为东南分水岭东之三眼泉发源之一大支水，称为图们江之上源者，此又其一。红、大两水合流后又东流三十余里，红旗河自北岸来汇红旗河发源于老岭，自发源处至此九十余里。《水道提纲》：土门色禽自长白山东麓东南流数百里，北岸受阿几个土门，即红旗河。是为图们江上源之北派。又东流二里许至三江口，西豆水自南岸来汇西豆发源于朝鲜内地，源流数里，详后，韩人名鱼润江，一名朴河川《水道提纲》南岸受朝鲜水二：一曰鱼顺江，一曰波下川，皆指西豆水而言。是又为图们江上源之南派。自此以下，统名图们江韩人呼为豆满江，以其与西豆水合故名，曰豆满亦众流弥满之义。是则图们江虽发源于长白山之东麓，而上源为众流所汇，概不以图们名，石乙、红土两水水脉较细，固不得为正源。南派、北派仅上游之支派，更无足论。其水脉较大，土人相沿以正源称者，由前之说一为红丹水，由后之说一为大浪河。就两水论，自康、乾至光绪年间，凡勘界员金以发源三汲泡之红丹水为铁板主义。历查《一统舆图》及《会典图说》，亦无不合。至大浪河由分水岭东之三眼泉发出水流甚大，下流仍与石乙水合，韩人称为岛浪水，实即大浪河，其与石乙水合流之后，统名石乙水，是仍上游一分支水，亦不得以正源名。正源之确而有证，历数百年无异说者，厥维红丹水。各国江河界例，向以特出之正源为主，以汇流处之专名为准，实为欧亚通例。

按：图们江为中韩天然国界。自三江口以下，国界固分明斩截也。三江口以上至长白山东南之分水岭，众流交错，源泉混淆，遂多错误。《皇朝一统舆图》载：有大小图们之说，当时延聘西儒强作解人，一江之源，解者纷如。又复区而为二，《会典》[14]祖其说，遂以大图们出自白山东麓，二小水合流，小图们出其北，二小水合流等语，绘为图说。光绪十四年，朝鲜国王呈总署文，内列有宜由长白山东麓究寻水源，酌定界段等字样，藉端狡展，卒至悬而未结者，实由此大小图们之说而起，其误一。光绪十一年，朝鲜使金允植笔述图们江事宜，有豆满江源红土山水，距碑下土堆尽处杉浦约四十里，白山水伏流至此出现，流入豆满，此水即茂山边界，茂山以北属之中国等语。是显以红土山水为图们江源，即拟以此定界矣，其误二。光绪十三年，韩人谓以红丹水为图们江源，则长坡一带全归中国界内，多方狡辩。当时中国委员博恤邻之义而不之争，亦退主石乙水案，虽未定，究亦未曾驳辩，其误三。我朝优待藩属，类皆如此，今日《间岛草约》又以穆碑为定界碑，由穆碑量至石乙水，则又大误。

附录：光绪十一年，中国勘界员德玉、秦瑛、贾元桂等，考察西豆水源流禀文：西豆水至平甫坪之上，分东西二流，其东流发源于长白山东南之鹤顶岭距长白山约五百余里，地属吉州北界，茂山南界。北至与红丹水合流处，约四百余里。其西流发源于长白山东南之蒲潭山距长白山一百八十里，朝鲜呼为宝髻山。此山中间有漫岭，岭西坡二三里，有一水西入鸭绿江，岭东坡二三里，有一水，即西豆水西流之发源处。由此东北流，与东流相汇，再东北流至红丹水合流处，约二百八十余里。

三汲泡再志：泡在白山东南一百余里之分水岭，此岭华人呼黄沙岭，朝鲜呼虚项岭，由泡西南行，顺岭坡而下，约四十余里有一水即建川沟，向西南流入鸭绿江。由泡东行，顺岭坡而下，约二十余里有泉涌出，即红丹水之发源处，东流一百七八十里，至三江口与西豆水合流。

红丹水发源于东南一百余里之三汲泡东南。由三汲泡西南行，顺分水岭坡而下。约四十余里有一水即建川沟，西南流入鸭绿江。由三汲泡东行，顺分水岭而下约三十里，有泉涌出，即红丹水发源处。自此东流二百余里，至小红丹水地方，有一水自北流入，即红土山水之下流。又东南合流数十里，至三江口北岸、红旗河南岸，西豆水皆汇于此，是为图们江总名所由始。

流域：江流计长一千六百余里，自三江口以下皆流域也。东北流外四道沟河自北注之，其对岸朝鲜茂山城也。折而西北受西来一水不详何名，其东对岸朝鲜良雍城也。又折东北流，受南来水三，对岸经朝鲜会宁府及钟城、潼关诸地，皆滨江，有小水西北流入焉。又东流，北岸经大高岭南麓噶哈哩河土名嘎呀河，自西北来会，其南对岸即朝鲜稳城也。又折东流百余里，经崆峒山即窟笼山之南，受凉水泉子诸水，对岸即朝鲜美践镇城也。又东流，经密占站，有密占河自东南注入，又东至湾子南折，受老身河、阴阳河之小流，南岸为朝鲜庆远府城。又东南经珲春之西，珲春河合十数水自东来注之，由大高岭至此，江流成半圆形，又东南流经朝鲜庆兴府之东北，又东南流百余里入于海，名图们江口。

按：图们之名始于三江口，自下流朝鲜茂山府以东，历经会宁、钟城、稳城、庆源、庆兴五府，东至鹿岛海口。华、韩两岸界限分明，不啻天造地设。只此茂山以上源头，稍欠明晰。究之上源自有公论已志上源考内。纷纷狡辩，应查照国界例，以天然山河为准云。

卷二　下

周围山脉水源方向里数纪略

辽东为山川环绕之区，千障万壑，莫可殚述，而皆发脉于长白山。其方向里数，盖尝旁稽博访，并参以游历而得其大凡。长白山为群山之祖峰，其在祖峰东南麓四十余里特起峦头，仍与祖峰相衔结者，俗呼小白山。山顶劈分两干：一干向西南指，为鸭绿江上源，一干向东南指，山谷忽隐忽见，为图们江源。是为长白山绝大分水岭穆碑旧址。其在小白山东南脉络联贯、倾斜而特起者，曰葡萄山，距分水岭一百三四十里，朝鲜人名宝髻山，山中间有一漫岭，岭西坡二三里即葡萄水发源，西南流入鸭绿江。岭东坡二三里，即朝鲜西豆水西流之源，向东北流入红丹水。又东南最远之山脉，冈峦起伏遥遥相接者，为朝鲜境内吉州以北、茂山以南之鹤顶岭，距长白山四五百里，西豆水东流之水即由此岭发源。此长白山东南麓，中韩两国山脉水源之方向里数也。其在小白山之东北一百六十余里，仍与小白山一脉相延者曰甑山，山西南漫平处有水泡三，名三汲泡，一名七星湖，是为红丹水之源。山西为石乙水，西距小白山四十余里，西北距长白山峰八十里，韩人呼为岛浪水，东流与石乙水合，贴甑山而过，至长坡下入红丹水，此水源实在长白山之正东。又正东与长白山相距只六十里者则有红土山，山南即红土山水源，山北即圆池水，山东则冈峰延袤纡曲而绵长者，是为长山岭。又东而北距长白山一百二十余里，树木槎枒、山径迷离直入延吉境内者，是为老岭。迤北为秫秸垛山，再北而东为延吉冈。又折而西为牡丹岭，牡丹河之所发源也。下流汇于娘娘库河，总归于松花江上游之两江口。此长白山东北麓山脉水源之方向里数也。其在长白山西北麓山脉之远者，为富尔岭，距长白山二百余里，富尔河之所发源也。东南流，挟大小蒲岑河、古洞河并无数小水注于上两江口。又西北为金银壁岭，距长白山四百余里，金银壁河之所发源也，下流入二道江。此西北麓山脉之远者，其距长白山约五六十里，有五峰耸峙如虎形者，俗号五虎岭，倚斜而西而北又折而西而南名为分水岭。南流水归头道江、北流水归二道江，故有分水岭之名。又西北绵亘一百余里，至砬子河岗，五道砬子河皆由此发源。又西南七八十里，至头道江沿，即五虎岭岭脉之尽头处，名鳌头砬子，亦曰老岭，古名长岭子，满洲语果勒敏珠墩岭，即此岭之支脉也，距长白山约五百余里。此长白山西北麓山脉水源之方向里数也。其在长白山西南分水岭蜿蜒而北而西南，层峦叠嶂，为长白灵秀所独钟者，则为老龙岗。又西南八十余里，为章茂草顶山，漫江之源。又西为斐德里山，又西为伊尔哈雅范山，佟佳江之所发源也，古名盐难水，在今临江三岔口地方称浑江源。又西至兴京府，府西三十五里至启运山，地名陵街，肇祖、兴祖[15]、景祖、显祖之陵寝在焉，名曰永陵，距长白一千三百余里。陵南有张阴河、张子河，由东向西北流二河即苏子河上游，通萨尔浒山之南。又西二百四十里为天柱山，太祖高皇帝之陵寝在焉，名曰福陵浑河由东来，环陵南而西，距奉天四十余里。又西越奉天城西北十里许，为隆业山，太宗文皇帝之陵寝在焉，名曰昭陵，距长白山一千七百余里，土人统呼为龙冈。凡此三陵之耸峙，皆长白山西南麓龙冈之所钟毓而蟠结者也。据地舆家云：长白山支脉最长，且远行至山海关，伏海与秦晋太行山脉由西南越东北至山海关伏海之脉络相接，又过海南而结泰岱诸山。山为天地之骨，江河皆血脉所流通也，亦天地自然之理之道欤。顾此只就长白山近脉而论，其远山远水，姑置不赘。

天女浴躬池：长白山东布库哩山下有池，曰布勒瑚里。相传有三天女，长曰恩古伦，次曰正古伦，次佛库伦，降浴于池，有神鹊衔朱果置季女衣，季女含之入腹，寻生一男。生而能言，貌奇伟。及长，母告之故，赐之姓曰爱新觉罗，名之曰布库哩雍顺。与小舠乘之，遂凌空去。男乘舠顺河登岸，折柳蒿端坐其上，适鄂谟辉三姓争长仇杀，有取水河步者奇其貌，归语人曰："汝等毋争，天生非常人。"趋视之，且诘其由来，曰："我天女所生，以定汝等之乱者。"告以姓名。众曰："此天生圣人也。"交臂之，迎至家，推为国主，妻以女，尊为贝勒。是为满洲生民之始。

按：天仙降浴，语近不经。顾媒姆孕周，玄鸟生商，载在《雅》《颂》，尼山删经而犹存其旧，岂故传疑耶？天生神圣，固未可以常理论也。

章茂草顶山：山在长白山之西南，漫江发源于山北，十五道沟水发源于山南，东接长白山，西连团秀山，山峰奇峻，亦长白之支裔也。

团秀山：山在章茂草顶之西，旧名断头山，因名不雅，改今名。

红头山：山在章茂草顶之东，遥望山头如夕阳远射，红光万里，故名。

红土山：山旧名布库里山，山下有池名布勒瑚里，即三天女浴躬池，土人称为圆池，水向东南流六里许，入红土山河。

五虎岭：岭在长白山西北麓五六十里，五峰突起，遥遥对峙。盘踞如虎形，故以名。岭斜倚而西，而北，又折而西，而南，至分水岭。

鳌头砬子：一名老岭，由五虎岭分派至此与分水岭并峙，距长白山约四百余里。

头道白河：河发源于长白山西北麓之平安岭，距天池五十余里。

二道白河：河源直接长白山上之天池，为松花江之正源。自天池北角悬崖奔注，瀑布千丈，望之如银河倒泻，龙雨腾空。西北流七八里伏地，又七八里有泉涌出，正北流一百八十余里，有娘娘库河自东北来汇。

三道白河：河发源于长白山东坡，下流入娘娘库河。

四道白河：河发源于长白山东北麓，下流入娘娘库河。

五道白河：河发源于长白山东北麓，源头不详。

五道砬子河：五河皆发源于砬子河冈，下流入二道江。

三汲泡：泡距长白山峰六十余里，在葡萄山东北，红丹水发源于此。

石乙水：水发源于长白山东南之分水岭，距岭顶六十余里，下流一百一十余里入红丹水。

红土山水：水发源于红土山东南，流九十余里与石乙水合。

大浪河：河发源于长白山东南麓之分水岭，距长白山顶六十余里，韩人呼为南冈岭。东有三眼泉自平原涌出，东流十余里与石乙水合，韩人呼为岛浪水。

红旗河：河发源于长白山东北之老岭，下流九十余里至三江口与大浪河合。《水道提纲》：土门色禽自长白山东麓东南流数百里，北岸受阿几个土门，译音阿几个大也。似即以红旗河为大土门，与《会典》不合。

漫江：江发源于长白山西南章茂草顶山中腰，北流四十余里历竹木里之西南，又西流六十五里至花砬子，与紧江合。

紧江：江发源于长白山西坡。其发源处分三岔，中岔距天池三十余里，北流与北岔合，有大小梯子河合注之，又南流与南岔合。三岔相距不过十余里，合流后又西流六十余里，至漫江营，又十余里至花砬子，与漫江合。

大小梯子河：河发源于长白山中腰之梯云峰，夏秋之交瀑布高悬，一落千丈，与二道白河之瀑布一北一西，恍如云飞天表，白练腾空，亦天然之胜景也，下流入紧江。

松江河：河发源于长白山西之北冈，下流入二道江，江两旁生安息香草，故亦名松香河。

万里河：河发源于长白山西之北岭，折而南流入松花江，又折而西入头道江，挟头道、二道、三道花园诸水，北流至下两江口，与二道江合。

大小纳殷河：按长白山区域有二部，一曰鸭绿江部，一曰纳阴部。纳阴部在长白山之北境。内有额赫额因即大纳阴，三音额因即小纳阴，两河额因。一作讷延，即纳殷之转音也，故以纳殷名部者，因河得名耳。河在今上两江口之西南，下两江口之东南，惟下两江口东南大水只有紧江、漫江，其余如近白山之大小梯子河等河，则入紧江后至花碰子，又与漫江合流，后而松香河、万里河皆入焉，均不如紧江、漫江之大，就其大者而言，即今之紧江与漫江也。

穆克登分水岭碑文

碑高三尺有奇，宽约二尺，字体端严。照原式录下：

清　大

乌喇总管穆克登奉
旨查边至此审视西为鸭绿东
为土门故于分水岭上勒
石为记
康熙五十一年五月十五日
笔帖式苏尔昌通官二哥
朝鲜　军　官李义复赵台相
　　　差使官许　樸朴道常
　　　通　官金应德金庆门

引自：王季平主编《长白山志》，
吉林文史社出版，1989年6月。

穆石辩　节录刘令作，融会其说

中、韩之界碑亡矣，十字碑：华夏金汤固，河山带砺长。亡于葡萄山下。查边之穆石存矣，存于长白山南。亡者无迹可寻，存者有文足据。寥寥数语，犹足判二百数十年后之交涉问题。其首书云，乌喇总管穆克登，是单衔直书也，当时有朴权、李善溥等接伴，何以不书？曰：非会勘之员也。书奉旨查边者何遵圣祖仁皇帝之谕旨也。

谕旨谓：此去特为查我边境，与彼国无涉也。书至此者何？志其足迹所到，非以此为界也。曰：审视者何？谓距此尚远，故审而视之也。以当时地势考之，西为建川沟，东为三汲泡，概不以鸭绿、土门名。何以谓西为鸭绿、东为土门耶？曰：是两江从出之源，非两江实在之地点也。末云：故于分水岭勒石为记。曰勒石，明其非界碑也。曰为记，是自记，以作纪念，与界务无干也。曰于分水岭上，玩一"上"字，正与咨文内于分水岭之中立碑一"中"字相对，是明明尚有界碑在分水岭之中，与岭上之石不相关也。其石上特书"大清"二字，而于"朝鲜"下但记其随行各员，是供我立石之役，非会同立碑之人也。如果会同立碑，则应书朴权、李善溥两人衔名，而不应书随行供役之笔贴式等官，此不待智者而知之矣。且按穆克登咨商文内，议于分水岭之中立碑，在康熙五十一年五月二十八日，朴权等咨复在康熙五十一年六月初二日。以年、月考之，尚在议立未立之时。而穆石上所书年月，系康熙五十一年五月十五日。岂有议立在后，而立碑在先耶？[①]则审视碑之非界碑，固不必哓哓置辩，即就石文而详绎之，已成铁案不磨矣。若以石文寄交荷兰、海牙、万国仲裁裁判所公断，当亦无词。

----

① 《长白丛书》中此段阙如。今依原本初录。关于时间，原本三处均为康熙五十年。此段是张凤台融会到刘建封《长白山江岗志略》中的《穆石辩》而成，刘建封原文均为康熙五十一年，可知是张凤台《长白汇征录》中脱"一"字。因补之。穆克登与朴权所改是于茂山、惠山相近处设立坚固的界碑事，时间在五月二十八日，这比在二水分水岭处立穆石晚十三天，证明穆石就是"审视碑"，不是"定界碑"。张凤台、刘建封所辩，旨要在此。

注　释

[1]　职方氏：《周礼·夏官》所属有职方氏，掌管地图与四方的职贡，唐宋与明清皆于兵部设职方司。

[2]　庥：音 xiū，庇荫，保护。

[3]　圣祖仁皇帝：即爱新觉罗·玄烨，1661 年至 1723 年在位，年号康熙。康熙五十年是 1711 年。

[4]　打牲乌拉：故址在吉林省吉林市北乌拉街。努尔哈赤灭乌拉部后，即以打牲乌拉为名，言其人以打牲（渔猎）为生。

[5]　仁庙：指康熙皇帝。

[6]　《魏书·勿吉列传》：《魏书》北齐魏收撰。一百三十卷，纪传体北魏史。撰于天保二年至五年间。受命修撰者虽有多人，实由魏收独立完成。《勿吉列传》为《魏书》列传之一。

[7]　《北史·勿吉列传》：《北史》唐李延寿撰。一百卷，记载从北魏到隋的历史，纪传体。《勿吉列传》为《北史》列传之一。

[8]　《八旗通志》：雍正五年开馆编纂，至乾隆四年成书。初集二百五十卷，续集二百六十卷。

[9]　《吉林外记》：十卷，道光时萨英额所撰志书。

[10]　曾惠敏：即曾纪泽，清朝末年外交官，曾国藩长子。1878 年曾出使英法。

[11]　崇约：崇指崇厚，清末内务府镶黄旗人，官至三口通商大臣。1878 年赴俄谈判交还伊犁问题，次年擅自签订丧失领土和主权的《里瓦几亚条约》。

[12]　《朔方备乘》：清何秋涛撰，八十卷，凡例目录一卷。记北边各事，自中国蒙古至中亚、东欧各地。

[13]　《圣武记》：清魏源撰。十四卷，叙述清朝建立至道光年间

的军事历史，并记述各项军事制度。其中一部分为镇压农民起义的记载。

[14] 《会典》：各代记载典章制度的书。明朝称之为《会典》，清朝相沿。康熙、雍正、乾隆、嘉庆、光绪凡纂辑五次。光绪《会典》凡一百卷。

[15] 兴祖：肇祖曾孙。名福满，生六子，名德世库、刘阐、索长阿、觉长安（即景祖）、包朗阿、宝实，环赫图阿拉分六处而居，称宁古塔贝勒。此即所称之六祖也。世祖追尊福满为兴祖直皇帝。

[16] 笔帖式：清代在各衙署中设置的低级官员。

卷三　兵　事

总　序

　　天不能有生而无杀，地不能有夷而无险，世不能有治而无乱，国不能有文而无武。此古今自然之理也。羲皇[1]承运，混沌初开，榆罔蚩尤起而构难，尚烦涿鹿阪泉之师[2]，况运会递降，种类日繁，岂无俶扰天常，如古之梼杌[3]穷奇浑敦[4]饕餮者乎。唐虞禅位，文教覃敷，重译来朝。肃慎氏闻风款阙，首先输诚，虞、夏、商、周贡献不绝。泥古之儒遂谓东方多君子之国，以文弱不以武胜，抑犹一隅之见也。周末文极而竞武，王纲不振，伯雄分驰，并于嬴秦，而纵横之习延蔓朔方。燕人满乃东渡辽塞，置吏筑障，役属真番，朝鲜各君长主盟海外，以辽东浿水_{在今海城盖平地方}为界，遂成独立之国。东北边割据之势实始于此，而兵机之祸以伏。自此以后，燕、齐亡命之徒，率皆逋逃盘踞，恃为渊薮。至汉元封二年，满子孙右渠勾引汉朝亡人侵掠边塞。武帝遣楼船将军杨仆、左将军荀彘等浮海出击，于是乎有朝鲜之役。继而分朝鲜为四郡，以杀其势，真番、临屯、玄菟、乐浪是也。旋复徙玄菟于辽西，罢临屯，真番以并乐浪，自王险_{即今平壤}至单单大岭以东悉隶乐浪，而朝鲜亡矣。而夫余之兵起矣。夫余王金蛙无嗣，祷于太白山即长白山而侍婢吞卵生子于鸭绿室中，曰朱蒙。以善射名，以弓矢刀矛为军器，英武绝伦，国人畏而服之，遂王夫余，易国号曰高句骊。而夫余微矣。而高句骊之兵遂横行于鸭绿江流域矣。安、顺之朝屡寇乐浪、玄菟。魏晋时，其子孙曰宫、曰钊，有勇力，好攻战。一败于毌丘俭[5]，一败于慕容元真[6]，兵威稍挫。越数世，广开境土好太王[7]天生神武，赫怒兴师，又东夷之铮铮佼佼者也。新罗、百济、三韩皆其甥舅兄弟之邦，畏威畏力，皆俯首于高句骊之庭。于此时也，倭人亦乘间西略，发愤为雄，然究不敢与高争。终五代之世，南北朝分崩离析，而国富兵强，囊括辽东五千余里，足与中原相抗衡者，厥惟高句骊。晋义熙年间，封为都督营州诸军事高丽王乐浪公，高丽之名至此而著，都平壤，号长安城。黑水靺鞨皆附焉。白山南北诸部落震其余威，唯命是从。隋则不遑远略也。唐太宗扫荡神州，武夫悍将所向克捷，适新罗遣使告急，是以有亲征高丽之举。当时如李勣、王道宗、薛仁贵、刘仁轨等，或由浿江横渡，或由鸭绿挂帆，夺马邑山，拔乌骨城，电扫雷奔，直趋平壤。高丽从此不竞矣。无奈天未厌乱，而万岁通天中，已有渡辽水，倚太白山，阻奥娄河，树垒养晦以自雄者，渤海氏之磨牙欲噬，盖已胚胎于太宗班师之日矣。嗣后英君豪长，改号改元，则有若大祚荣，有若大武艺，有若大钦茂[8]，蠕蠕蠢动，不奉唐朔。越至大彝震[9]崇修官阙，建五京十五府六十二州，层层钤制，声威赫濯，兵力之雄，实跨越三韩、三沃沮、新罗、百济之上。一时辽东七十余国，主齐盟而执牛耳者，非渤海其谁属哉？初不料猛虎在山，而猎人已伺其后也。当谭谟式微之时，契丹在西，铁骊^[10]在北，亦皆秣马厉兵以待，而耶律阿保机竟着先鞭，统兵南下，急取荆州，于是乎有忽汗城之捷，俘其王大谭谟^[11]。封为东丹国，而渤海灭矣。其余灰残烬，如爝火袅袅于盖马大山之间者，只有一高丽耳。抑谚语曰：蕞尔小国，契丹以为不足图也，乃以鸭绿江北之地尽予高丽，高丽筑六城聊以自固。辽太祖破龙州城后，又迁其人而空其地，仍以之予高丽，誓以鸭绿江为界，各不相犯。东北边兵燹之祸为之稍熄，此亦春秋弭兵之计也。然而中原多事矣。始而辽胜于金，凡鸭绿、松花两江之源皆为辽有。如乌舍即珠舍里，布库里即今布库里山，各国兵队，悉归调遣，八部之兵名震松漠。迄萧太后专制国权，遂大举入宋，而有澶州之役。继而金胜于辽，坚摧镔铁，瑞献黄龙，立马吴山^[12]，徽钦北狩。盖自辽金以后，中原之王气自南而北，渐钟于白山黑水之间，是为古今中外盛衰强弱之一大关键也。故用兵之道，亦以东北为最雄，史册有言曰：女真兵满万，便不可敌，兵威之雄，亦概可见矣。洎乎有元奇渥温铁木真，圣威天赐，用兵如神，不数年而灭宋灭金，奄有中原，殆亦汉高祖、唐太宗之流亚欤！自古以东北起兵，控驭西南，吞八荒而跨九州者，吾于元太祖首屈一指焉。历观辽海之部落，君长分争角立，忽焉而分，忽焉而合，与春秋战国之局，后先如一辙。揆形度势，论世知人。朝鲜、肃慎则辽东之鲁、卫也；夫余则宋襄也，高句丽则齐桓也，渤海氏则晋文也，百济、三韩则吴、楚也，新罗、三沃沮则郑、宋也，契丹则嬴秦也，室韦、铁骊则燕、赵也。兵连祸结，迄无宁岁。自辽、金两太祖崛起东陲，纵横扫荡数千里，已开一统之先声，卒以继世无人，不数传而相继沦亡。直待有雄才伟略，超越古今，如元太祖者一戎衣而东西朔南，始定于一焉。虽运会递嬗，兴亡靡定，总之兵强者存，兵弱者亡，此其大较也。辽、金、元三朝英主，皆志在中原，略近图远，内患潜滋，以致三姓构难，世相仇敌。辽、金末造，余烬复燃，天道循环，殷忧启圣，将降大任以开满洲之统。顾其时，干戈初动，杀伐犹未张也。明承元祚，建都金陵，鞭长不及辽沈。永乐年间增设辽东卫所，颇具远略，但仅示以羁縻之义，而武卫不严，边陲仍多扰攘。延至隆、万之朝，东海三部，扈伦四部，长白山两部，满洲五部争相雄长，戎马倥偬，又变为纷争之局。幸我太祖高皇帝承肇祖之余烈，为下国之缀旒，于前明万历十有一年，大兴挞伐之师，将满洲各部落以次削平。明犹不悛，扰荡边陲，我是以有萨尔浒之捷。兵事之有关国势也，顾不重哉。

传曰：天子有道，守在四夷，系就关锁时代而言。至门户洞开，则四郊多垒，非筹边不足以图存，非练兵不足以守边。腹地重文教，边疆重武卫，自古为然。现长郡孤峙大东，与敌人共一江之险，击柝相闻，枕戈待旦，此其时矣。列兵事门。

国朝本郡兵事

查东海三部,曰瓦尔喀、曰虎尔哈、曰渥集,皆在长白山东北。扈伦四部,曰哈达、曰叶赫、曰辉发、曰乌拉,皆在长白山西北。满洲五部,曰浑河、曰栋鄂、曰哲陈、曰苏克素护河,皆在长白山西南。惟完颜部在长白山之北。以上各部,虽相距远近不同,要皆与本郡毗连。其适当本郡之冲者,惟长白山之鸭绿江部与讷殷部。辛卯春正月,我太祖高皇帝乃遣兵略长白山之鸭绿江路,而尽收其众,是为我朝用兵本郡之始。考长白山有二部,在山南者曰鸭绿江部,在山北者曰讷殷部。鸭绿江部望风投诚,兵不血刃。惟讷殷部长有薂稳、色克什者[1],性颇狡悍,与珠舍里部裕额楞屡引叶赫诸部侵掠边境,旋改聚七寨种族占踞佛多和山佛多和译音柳树也,以今地理度之,即在柳河冈左近地方,与大兵相抗。太祖命额亦都等率兵千人直攻佛多和山寨,三月乃下,而讷殷部与珠舍哩部依次削平,山南江北皆隶版图,神武之功罩及遐方。定有八旗军制,录下:

满洲兵制,每出兵校猎,各随族党,屯寨而居。每人各出一矢,十矢领以一长,称为牛录。嗣因人数繁多,每三百人设一牛录额真后为牛录章京,即今佐领。寻复定五牛录设一甲喇额真后改称甲喇章京,即今参领。五甲喇设一固山额真即今都统。每固山额真设左右两梅勒额真后改称梅勒章京,今副都统。初只有四旗创制年月无考。旗以纯色为别,曰黄、曰白、曰红、曰蓝,至是增设四旗,参用

---

① 薂稳、色克什,是两个人,并非一人。《满洲源流考》中写为:搜稳、塞克什。音译之别。

其色镶之幅之黄白蓝者红缘，幅之红者白缘，共为八旗。

行军时，地广则八旗分八路而进，地狭则八旗合一队而行。队伍禁挽越，军士禁喧嚣，当兵刃相接时，被坚甲执长矛大刀者为前锋，被轻甲善射者从后冲击，俾精兵立他处勿下马，相机接应。凡儿童初生时即分报各旗，以备兵额，亦通国皆兵之遗制也。八旗兵威之盛，实基于此。

历代兵事

周秦以前兵事。《史记·虞帝纪》：南抚交趾、北发、西戎、析枝、渠庾、氐、羌、北山戎、发、息慎。长郡在肃慎南界，其云北发息慎者，是为本郡用兵之始。《尚书·序》：成王既伐东夷，息慎来贺。似又为兵威所慑，而谓上古之世专以文教服远人者，尚属迂阔之论。况肃慎氏楛矢之利，《汲冢周书》《孔子家语》[13]记载不绝，其地方尚武之风，不问可知。《晋书》：肃慎氏人性凶悍，以无忧哀相尚。父母死，男子不哭泣，哭者谓之不壮。种族尚武之性，亦可概见。肃慎为东北一大部落，又以弧弓雄天下，若仅以文教慑服之，恐三代圣主亦有所不能也。故特引《虞帝纪》《尚书·序》用兵之轶事，以补兵事之阙。

两汉兵事：汉时乐浪为本郡故壤。《册府元龟》：汉武帝元封三年，灭朝鲜，分置乐浪、玄菟、临屯、真番四郡。逮时本境虽经兵革，而汉史载之不详。《通考》：汉安帝永初五年，夫余王始将步骑七八千人入乐浪。《魏志》：汉殇、安之间，高句丽王宫在长白山南，数寇辽东玄菟。辽东太守蔡风、玄菟太守姚光以其为二郡害，兴师伐之。宫诈降请和，二郡不进。宫乃密遣军攻玄菟，焚烧堠城，入辽杀吏民。又顺、桓之间，高句丽复攻辽东，寇新安居乡，又攻西安平，于道上杀带方令，略得乐浪太守妻子。灵帝建宁二年，玄菟太守耿临讨之，斩首虏数百级，高句丽降，属辽东，又乞属玄菟。其后复攻玄菟，玄菟太守与辽东兵合击，大破之。按本境在玄菟之南，高句丽之北，戎马倥偬，本郡适当其冲，池鱼林木之殃，其能免乎。

魏晋六朝间兵事。《魏志》：汉武时，沃沮属玄菟，后改属乐浪。汉以土地广远，在单单大岭之东，分治东部都尉，治不耐城，别主岭东七县，时沃沮亦皆为县。汉光武六年，省边郡，都尉由此罢。其后皆以其县中渠帅为县侯，不耐、华丽、沃沮诸县皆为侯国。夷狄更相攻伐，唯不耐濊侯至今犹置功曹、主簿，诸曹皆濊民作之。沃沮诸邑落渠帅，皆自称三老，则故县国之制也。是魏晋间，沃沮为独立部落，本郡即其旧治。然其国小，迫于大国之间，臣属句丽。句丽尝加之以兵，岁责租赋。《毌丘俭传》：正始中，俭以高句丽数侵叛，督诸军步骑万人出玄菟，从诸道讨之。句丽王宫将步骑二万人，进军沸流水上，大战梁口，宫连破走，俭遂束马悬车，以登丸都，屠句丽所都，斩获首虏以千数。句丽沛者名得来，数谏宫，宫不从其言。得来叹曰：立见此地将生蓬蒿。遂不食而死，举国贤之。俭令诸军不坏其墓，不伐其树，得其妻子，皆放遣之。宫单将妻子逃窜，俭引军还。六年，复征之，宫奔沃沮，遂进师击之，沃沮邑落皆破之，斩获首虏三千余级。宫奔北沃沮，俭又遣玄菟太守王颀追之，过沃沮千有余里，至肃慎氏南界，刻石纪功，刊丸都之山，铭不耐之城，诛纳八千余口。本郡所遭兵燹，当以此役为最惨。晋及六朝，中原扰攘，异族凭凌，本境属在东北边陲，兵事较少，史文阙如，亦地势使然耳。

隋唐间兵事。《隋书》：靺鞨，在高丽之北。邑落俱有酋长，不相统一。凡有七种：其一号粟末部，与高丽相接，胜兵数千，多骁武，每寇高丽。以地势考之，当即本境区域。其国西北与契丹相接，每相劫掠。隋高祖时，因其使来，诫之曰：我怜念契丹与尔无异，宜各守土境，岂不安乐？何为辄相攻击，甚乖我意。使者谢罪，高祖因厚劳之，令宴饮于前。使者与其徒皆起舞，其曲折多战斗之容。高祖顾谓侍臣曰：天地间乃有此物，常存用兵意，何其甚也。及唐，渐次强盛，黑水白山等部皆役属之。《新唐书》：万岁通天中，契丹李尽忠杀营州都督赵翙反，有舍利乞乞仲象者，与靺鞨酋乞四比羽及高丽余种东走，渡辽水，保太白山之东北，阻奥娄河①，树壁自固。武后封乞四比羽为许国公，乞乞仲象为震国公，赦其罪。比羽不受命，后诏玉钤卫大将军李楷固、中郎将索仇击斩之。是时，仲象已死，其子祚荣引残痍遁去。楷固穷蹙，度天门岭，祚荣因高句丽、靺鞨兵拒楷固，王师大败，楷固脱身而还。于是契丹附突厥，王师不克讨。祚荣即并比羽之众，恃荒远，乃建国，自号震国王。地

---

① 奥娄河，非牡丹江，应为牡丹江支流沙河。牡丹江乃忽汗河。

方五千里，户十余万，胜兵数万，尽得夫余、沃沮、弁韩、朝鲜海北诸国。睿宗先天中，遣使拜祚荣为左骁卫大将军、渤海郡王，以所统为忽汗州，领忽汗州都督，自是始去靺鞨号，专称渤海。开元七年，祚荣死，子武艺立，斥大土宇，东北诸夷畏臣之。未几，黑水靺鞨使者入朝，帝以其地建黑水州，置长史临总。武艺召其下谋曰：黑水始假道于我与唐通，异时请吐屯于突厥，皆先告我，今请唐官不吾告，是必与唐腹背攻我也。乃遣弟门艺及舅任雅相发兵击黑水。门艺尝质京师，知利害，谓武艺曰：黑水请吏而我击之，是背唐也。唐，大国，兵万倍我，与之产怨，我且亡。昔高丽盛时，士三十万，抗唐为敌，可谓雄强，唐兵一临，扫地尽矣。今我众比高丽三之一，王将违之，不可。武艺不从。兵至境，门艺又以书固谏，武艺怒，遣从兄壹夏代将。召门艺，将杀之。门艺惧，儳路自归，诏拜左骁卫将军。后十年，武艺遣大将张文休率海贼攻登州，帝驰遣门艺发幽州兵击之，使太仆卿金思兰使新罗，督兵攻其南。会大寒，雪袤丈，士冻死过半，无功而还。其后武艺卒，传七世至仁秀，颇能，讨伐海北诸部，开大境宇，为海东盛国，建五京十五府六十二州，官府制度灿然大备。至北宋之末，其国犹存。然此数百年间之兵事，见于史乘者寥寥无几，惟《辽纪》称天显元年太祖亲征渤海，破忽汗城，获王大諲譔，遂并其地，改渤海为东丹国。此后则本境区域，入辽之版图矣。

宋、金、元、明间兵事：自宋迄明，本境不更兵革。虽辽、金、元起灭相代，亦不过兵及首都，余则传檄而定。即地方建置率皆沿袭前代旧制，不甚经营，明人尤未尝一履其地。故兵事差少，史亦略而不书。

长生堡兵事纪略　<small>附长生堡议结赔款章程①</small>

光绪二十七年四月二十日，胡首刘发<small>即刘瘸子</small>同贼目白姓，由汤河循十五道沟直趋长生堡之塔甸，分两股居住，共一百余名。居民在塔甸者供给米粮。与鸭绿江左岸韩民约：寸草不扰，彼此各勿妨害。至二十三日，韩岸惠山城上突放枪击贼，刘发恚甚，遂率众渡江击退韩人，入惠山城，烧毁房屋三十余家，并与韩人递战书，内有"汝韩人有何兵何将，请速来战，吾不惧也"等语。五月初一日，韩人遂督队自窑沟至乌云浦，沿岸皆韩兵，势颇壮。刘发见势，不敌而退，率其党奔岭后。韩兵乘机渡江右，将塔甸至十九道沟一带居民房舍共十二家焚掠一空。次日，韩兵又渡江攻我会房之兵，华民受伤者八名。时光绪二十七年五月间事也。光绪二十八年，华人王恩与徐庆发啸聚匪徒二十余名，由临江奔塔甸，入梨树沟，分两股，王恩带贼十余人趋岭后，徐庆发带贼十余名，在塔甸左右肆行抢掠，民人稍拂其意，则炮烙之，酷虐异常，旋亦从十五道沟奔岭后而去。光绪二十九年三月间，徐庆发、刘苗又从十五道沟奔塔甸抢掠，至潘家窝棚，围而攻之，华韩受伤者各二人。庆生堡殷练长带勇至塔甸

---

① 此十字为《丛书》所加。

解（散）[救]，徐、刘等情甘归正。十八道沟内有匪徒三十余名，徐、刘等率众剿办，生擒二名，余党远扬，两堡民户禀请临江县吴令批准，宽其既往，而贼匪为之一靖。是年五月有纪正罗者，做木排漂流韩岸，韩人盗劈无数。徐庆发赶至八道沟，韩人允为整理，旋即反复，禀明韩官，韩官派兵将纪正罗等捆去八名。徐庆发遂邀同华户，通知两堡巡警，均不知为何事也。至八月间徐暗约兵丁十八名，夜赴三水城，袭其城，城内人皆遁，擒其司书一名，夺后门枪三十四支，子母三千余粒。韩民畏而请和，欲以华人八名易司书。至期，华人皆还，而韩司书犹未回也。韩人愤而大举，夜绕半截沟山后，自九道沟至十五道沟风声鹤唳，皆韩兵也。天将晓，徐率敢死者十余名击退之，韩兵之逃窜者，将十五道沟上下民房烧毁无存，毙华民十八名，虏牛马一百余匹。旋经临江县吴令议有赔款在案。

附录　忠义军

光绪二十六年，拳匪肇乱，有刘单子者，啸聚党徒，号忠义军，分三队统领，第一队丁福堂，第二队张桂林，第三队冷振东。由岭后柳河县越汤河直趋通化，县令陈受其凌虐，不堪言状。伊时又有贼一股，贼首绰号十四阎王，亦与刘合股剽掠，而贼势益猖獗。二十七年春，贼股内王江达，绰号王老道，又分一股踞临江为巢穴，帽儿山巡检[14]陷入贼窝。不得已退至八道江。其贼党有悍妇杨姓，招集男妇二百余人，号六合团，人称为杨老太太，亦与王合党，约有一千四百余名，盘踞数月之久。左右居民供给粮草，稍有不备，则肆行抢掠蹂躏，无所不至。至十月间，王外委宝山率本队兵勇与卫沙河团勇合剿，至大梨子沟与贼战，贼败。十一月初一日，直攻其巢，贼窘而窜，击之于六道沟，贼又败，奔入二道沟，团勇乘胜而进，贼溃向岭后汤河而逸。二十八年，贼之余党有马姓者，悍而狡，绰号马老太太，实则无赖之男子也。绑票杀人，无所不至。王玉山带兵三十名，击之而退。

临江县长生保地方被韩兵越界滋扰议定赔结章程
光绪三十年

一　中韩邻邦交好三百余年，近自甲午以后，两边界民时有越界互相侵扰，惟临江县甫设县治，凡自光绪二十九年八月以前，彼此既未先期照会有文，应均予免究，以固邦交。

一　中国长生保居民无故被害，实深矜悯，虽由韩民无知先自构衅，究其致祸发难，先由队官崔丙赫纵兵抢掠，惨杀多命，而炮手头领延振宪助恶逞凶。将来应由韩国官员从严惩办。而匪徒徐庆发盗取三水枪械，亦干法纪，亦应由中国官员按法严治，以期情法两平。

一　韩民金秉珠等三名，在华种地，当其地东卢贵家属工人等六名投往避难，金秉珠等并不救护，反绑交韩国兵队，以致均遭惨杀，应由韩官查获重办，嗣后永不许再到中国界面。

　　一　中国长生保居民被抢牛一百二十五头，骒马三十三匹，现由韩官找获牛马六十头匹，先行交还，下余短六十五头匹，议明韩官赔偿韩平钱银四千两，订日交割。

　　一　长生保居民妇女幼孩，查明共被害者十八名口。按照华俄铁路章程，俄民致毙华民一名，恤华平银三百两，拟仿照俄章给恤。韩官不敢擅定，议俟报明韩国政府，听候朝旨再行议结。

　　一　长生保居民房屋，查明被焚大窝堡十七处，共二百间，拟每间赔偿修费银四十两。小窝堡四十处，共二百四十四间，拟每间赔偿修费银二十两。韩官不敢擅定，议俟报明韩国政府，听候朝旨议办。

　　一　长生保居民五十七家，查明被烧被抢烟土、银、钱、衣服、油磨、家具一切等物，约共计值银六千余两。韩官不敢擅定，俟报明韩国政府，听候朝旨议办。

　　一　长生〔保〕居民查明被烧粮食共计一千二百余石，按照时价，每石价银三两，共合价银三千余两。韩官不敢擅定，议俟报明韩国政府，听候朝旨议办。

　　一　韩国三水郡被徐庆发盗去快枪三十杆，弹丸一箱，俟恤款结清，即由临江县如数交还韩国，倘有短少，中国官赔补，以昭公允。

　　一　韩国平民凡在光绪二十九年八月以后，有被中国之人无故伤害者,亦由韩官查明当日如何衅情,照会临江县复查相符,亦照前章给银抚恤。倘系彼此开仗被杀,不在此例。

一 中国之民嗣后贸易种地,应由各国地方官随时保护,不准互相欺凌。倘有不法之徒,无论中民韩民,凡无故越界侵扰抢掠,应拿获交官,转送本国官按法惩治。此后沿江杂木,出自华商财产,倘有韩民捞取,一体严办。

一 中韩兵队嗣后各守疆界,如无公文先期照会,不准私自越界侵扰生事。倘有违犯及开放枪(锐)[铳]者,应准立时缉拿,如照会各本国地方官按法惩办。

一 韩官格外体恤灾民,先行给粮三十石,暂时接济。计奏报韩国公文往返须限四十日,以光绪三十年正月二十五日为期,各民遵守听候,不准私仇闹事。

一 据官原报徐庆发抢得快枪三十四杆,子母九千余,现在查得枪三十杆,子母一箱,其原失子母枪械与现在查数不符,必系徐庆发丢失,俟徐庆发到案,必为力追。

大清光绪二十九年十二月十三日

大韩光武八年十二月十三日

兴京抚民府孙长青 临江县吴光国 韩国甲山郡守李振丰 韩国三水郡守李敏堂 韩国检查官赵重锡 韩国陆军正尉赵基高 韩国陆军正尉金思稷

险　要

八道沟口_{距长白府三百余里}　长、临以此沟分界，西界桦皮甸，地极平敞。由临至长沿江共二十三道沟，惟八道沟最长，树海绿天，曲径回环，直接章茂草顶。再东走二百余里，接长白山西南角梯子河地方，潜师深入，踞章茂草顶之巅，则鸭江以北，势如破竹矣。拟驻兵。

大小冷沟子_{改名景和乡}　沟与韩国黑河对口。黑河即长津江，为咸兴南道最大之水。西即冲天岭，山势亦极雄伟，韩国新绘地图列为兵道，实南来之要津，日本设有宪兵分遣所，距黑河二里许，名新坮坡。兵家所谓冲地者此也。拟驻兵。

十五道沟口_{改名庚顺社}　沟绵长与八道沟相垺，由沟门深入，历新开龙华冈，迤逦而北，越章茂草顶，经老黑顶山之东，越竹木里之西，直接抚松之漫江营，若以一支兵横截其间，则南北消息不通矣。拟驻兵。

金华镇_{旧名半截沟镇}为长白府西屏，层峦叠嶂，环绕如围。去年新设市廛，商贾日增。《管子·地图篇》[15]有所谓镮辕之险者，此类是也。对岸即韩国上下江山峰，右岸接万宝冈，唇齿相依，重镇也。拟驻兵。

长胜冈　冈在署东一里许，西与塔山（詹）[瞻]白峰、观葡峰脉络衔接，左岸与韩国烟筒沟、盖膝沟紧对。登冈远瞩，直俯惠山镇之背，并可杜盖膝沟南来之路。去年禀修营房一所，即此冈也。拟驻兵。

三岔子地方　此地系二十道与二十一二道等沟交尾之所。日俄战时，日本军用木植即取给于此。修有轻便铁轨，长约十余里，四通八达，上接平顶山、红头山，下通鸭绿江。每冬春之间，亿万木把，麇集杂居。数年后，当益繁盛，实郡东股肱地也。拟驻兵。

双岔口　此口为中国暖江、韩国葡萄江合流之处，名为鸭绿江。由葡萄江而上，直接胞胎山即葡萄山之转音。由暖江而上直接长白山。一旦有事，中韩胜负之机即伏于双岔口。现因饷需支绌，部勒维艰，将来必须力着先鞭，以资防范。拟驻兵。

三江口　在拟设安图县南界，即红旗河下游，东南即石泰河。日人已在该处添造营房，地虽幽僻，而扼要异常，若乘间而入，岌岌可危。兵家云：障塞不审，不过八日而外贼得间。三江口东南，敌人已建兵房，实为必争之地，毋以其障塞而忽之也。拟驻兵。

两江口　在拟设抚松县西北界，即头道江与二道江汇流之处，总名松花江。奉、吉以此分界，冈峦重叠，众水交流。明季之讷殷部，即据此数十里山冈筑寨屯防，以抗额亦都之兵，乃抚松西北之屏藩也。拟驻兵。

以上各险要，皆沿鸭绿江岸与长白山岭。语云：培搂之邱[16]，渐车之水[17]，可以御敌。况汪洋如鸭绿，险峻如长白者乎！孙子有言：不知山林、险阻、沮泽之形者，不能行军。不用乡导者，不能得地利，夫既知山林、险阻、沮泽之形矣，而又必用乡导者，何也，盖知形者，研究于平日，乡导则用之于临时也。临时能得地利则胜敌，而不为敌所胜矣。鸭绿江、长白山屹如天堑，妇孺皆知，而变化无方，出奇制胜，仍存乎其人。如高句骊、三沃沮，初皆倚鸭绿江以为固，及其衰也，则投鞭可渡矣。渤海、辽、金据有白山黑水之险，自以为莫如我何也，不数传而强敌入室矣。顾祖禹之言曰：起于西北者，可以并东南。而起于东南者，又未尝不可以并西北。诚通论哉。顾天时不如地利，地利不如人和，系探本穷源之论。而当草泽英雄，跨州连郡之初，则又视地利之险要以决兵家之胜负。蜀、吴之争荆州，辽、金之争黄龙，非其明证耶。辽东一役，日俄皆重于珲春，而延吉之约，日人遂拟窃据上游，为高屋建瓴之势。地利所关，岂浅鲜哉。姑就本郡之险要，约举大凡，膺阃外[18]之权者，果能触类而旁通焉，则幸甚，盼甚。

附录　通筹东三省边防刍议

今天下大势，各省阽危，而东三省尤形危急。两强交哄，中立维艰，譬如虎哮门外，蜂起袖中，虽贲育[19]为之惊走，况孱且弱者，其何能支。传有之曰：疆场之事，慎守其一，事至而战。洵为千古笃论。顾战守犹后也，其能战能守之故，尤在乎兵分而使之合，地隔而使之通。知斯二者，方可与言战，可与言守。东三省幅员辽阔，计自奉省安东鸭绿江起，至吉省东南之珲春，东北之富克锦并黑省东北之瑷珲，西北之海拉尔一带，地方延长五千余里，地博兵单，防不胜防。顾兵无形也，以敌人之形为形。如由鸭绿江溯流而上，历九连城、浑江口、辑安、临江等处，又东至长白府，又东至红旗河入图们江口，处处与韩为邻，即与日为邻。此奉省东南边务之宜筹者也。由图们江溯流而下，至吉省东南之珲春，迤逦而北而西，历绥芬河，过（扯）［拉］字、喀字界碑，绕兴凯湖北岸密山府，再东至呢吗厅，又东北至富克锦，直抵黑龙江与乌苏里江合流之口，皆毗连于俄。此吉省东南与东北边务之宜筹者也。由富克锦迤北至瑷珲，至海兰泡，又西折历墨尔根之北之西，越小兴安岭之南，直抵海拉尔地方，西控蒙疆，北踞俄境。此黑省东北与西北边务之宜筹者也。就各省沿边形势而权其轻重，远近必须层层布置，节节联合，分为六重镇，辅以六后路，前茅后劲[20]，以资接应。奉省重镇设长白，长白踞鸭绿江上游，正当白山南下之冲，临江其后路也。西南则以安东为重镇，安东水陆交通，既可扼大东沟海军之冲，且以备日人由平壤而趋奉天之铁道，即以凤凰城为后路，摩天岭以北各军均可联络一气，是为奉省两镇防边之兵。吉省重镇设珲春，珲春距海参崴不过四百余里，西伯利亚铁路长驱直入，东洋元山海舰朝发夕至，实日俄交争之界，绥芬、延吉两府厅其后路也。大西北之富克锦，正当乌、黑两江交流之域，东与俄海滨省提督行辕遥遥对峙，添重镇于此，内以蔽松江之口岸，外以据乌、黑两江之上游，呢吗厅、密山府其后路也，是为吉省两镇防边之兵。黑省重镇设瑷珲，瑷珲踞黑龙江右岸，与俄阿穆尔省会衔接，江东即利亚铁轨经行之道，最为扼要之区，墨尔根其后路也。至西北海拉尔，即呼伦贝尔，为东清铁道入黑省第一站，西与外蒙古车臣汗部毗连，目前虽形寥落，嗣后必益繁昌，设重镇于此，显以防铁路匪徒之啸聚，阴以制蒙奸通俄之狡谋，即以东南小兴安岭作为后路，或增设县治，或添驻防军，是为黑省两镇防边之兵。就三省全局而论，沿边皆劲敌，划疆为守，犹需协力而谋，乃能自立于两大之间。势非统一军权，别无上策。拟请以珲春为中坚，安东为左翼，海拉尔为右翼，如犄角形，是谓三大镇，中间如临江、长白、绥芬、富克锦、海兰泡、墨尔根各路营制，仍以中左、中右并两翼左右之名统一，其事权畛域不分，旌旗一色，平时则查照陆军部合演章程变通会操。近者一季一会，远者两季一会，再远者一年一会。边军会操最为善策，将帅相亲可以明法，兵丁素识可以和师，跨山越岭可以习劳，四通八达可以出奇。一旦有事，羽檄交驰，瞬息千里，立赴戎机，中权[21]可以制胜，两翼悉听指挥，节制森严，亦无尾大不掉之虞。自古用兵之道，合则胜，分则败。唐以九节度使而溃于相州，明以四十万兵而歼于萨尔浒，是其明验。光绪三十三年，特设陆军一部，将综合全国之兵而归于划一。若一省之内而犹各自为风气，其何能军。军权之必须统一者，职此之由。案查设治卷宗，东边道一缺改为兴凤兵备道[22]，长白、海龙、临江二府一县，拟设道员一缺，名曰临长海兵备道，业经奏明在案。现又奉到督抚宪札开：

于宣统元年六月二十日具奏，议设珲春道、绥芬府、呢吗厅各缺，均已奉旨依议各等因，仰见我上台筹备边疆至周且密。

顾有边吏而无边将，是以边吏予敌也。有边将而无统一之权，是以边将予敌也。有统一之权，而不能精研地理，练习操法，是又以土地、士卒予敌也。故所拟划分镇路办法，果能次第施行，尚须查照陆地测绘章程，饬令各军测绘队兵学生，先将东三省沿边形势、山川险要、道里远近，详细履勘，绘具精审舆图，以便因地择要布置合宜，尤为筹边入手要义。顾亭林之言曰：地舆不熟，经济不生。惴哉，是言也。或曰：重镇宜设矣，奈无款何。查东三省陆军一镇两协巡防队四十八营，即就现在之军，分别调拨，移驻要害，授以防边宗旨，联合地方巡警，俾将帅兵民，时时有大敌当前之危惧，人人有枕戈待旦之精神，较之久在内地驻防精练洋操而不知御敌之形，驰骤平原而不耐穷荒之苦，岂不相去万万耶。练已成之军，筹未来之饷，复分派妥实干员调查三省物产，以木植为上，应如何砍伐销售，就地取材，不竭不尽，饷裕于森林。次则，边荒应如何交通开垦，地辟民聚，有土有财，饷裕于农业。至于矿产虽富，需款较巨。只此农林两项，与兵事相表里。林业尤两全之，始则招工伐木，继则以工为兵，终则驱兵于农，一举数善，储饷于不涸之源，增兵于无形之地，是为筹款之大宗。而不然者，无饷何兵，无兵何国。或又曰：重兵在边，惧酿交涉。按万国公例，两国交界，惟枪弹能及之地，不准建筑炮台，增驻战兵。若屯边而保治安，固公例所不禁。

况筹办木植山荒均关内政，例有自主之权。但须申明约束，严禁私斗，暗行抵制，毋涉张皇，外人固不得干涉也。抑尤有至要者，总督一缺，国初专为军政而设，整军奋武是总督应有之权。自日俄战后，内治外交头绪纷繁，就令精神百倍天下人，而万端猬集，势难兼顾。拟请将行政一切事宜分隶于三省抚宪，惟陆防各军暨财政交涉三大端，其权专归总署管理稽查。提纲挈领，循名责实，精神既有专注，内外自能交孚。励军政而振国威，胥于此乎。系且就全局而论，长春为东三省枢纽；日、俄铁轨南北横分，据我腹心，肆其鸩毒阴谋诡计，各不相下。膺阃外之权者，似应驻节长春，以资镇慑，居中调遣，既可握各军进退之权，就近经业，且以破两大竞争之局。委员曾摄篆斯郡，正当兵燹之余，审机度势，窃以为今日之长春如后汉之荆州，关系形胜，力争先着。即目前财力未逮，亦将来军政上之必须筹划者也。

兹谨将东三省边防应设重镇地址，开列如下。

奉省

安东　查安东在奉省之东南，距省四百余里。日本平壤铁路由安东而奉天，而长春。西扼大东沟海口，东据鸭绿江下流，北枕凤凰城、摩天岭等处，南与朝鲜义州毗连。中、日、韩三国之民麇集杂居，实奉省之东一大都会也。

临江县　光绪二十九年设治，与韩岸中江洞相对。西接通化、兴京，中隔老爷岭，现已开通，名荡平岭。北通海龙、柳河，与拟设之抚松县治中间冈岭险绝，尚须凿修。东与长白府毗连，由临抵长，东北冈驼道已开，名龙华冈。

长白府　自府西三百余里之八道沟与临江分界，至二十三道沟沿江与韩国黑海口、新加坡、惠山镇、烟筒沟、深浦里等处对岸角立。拟设之安图县治，红旗河以下之三江口，与日本设有驻兵之石泰河左岸相接。且红旗河入图们江口地方，东北通珲春，西北沿鸭绿江上源直抵长白山。实奉、吉两省东南之屏藩。附本郡分防地方：府西十二道沟、金华镇、府东二十二道沟、鸭葡双岔口、长白山东三江口。

吉省

珲春　珲春在吉省东南一千余里，南踞图们江，东接海参崴，俄国火车、日军海舰皆麇集于此，西即延吉厅，为日本指为间岛地方。旧有都统驻防，现设珲春东南路兵备道，与俄沿海州紧接，实为吉林延吉厅之外屏，奉吉两省边疆之枢纽。

绥芬　现设绥芬府，紧靠绥芬河，为东清铁路与西伯利亚铁路接轨之第一车站，循铁轨西上历抵宁古塔、哈尔滨等处，西折而南直抵长春。飞轮千里，瞬息可至。后代铁路站口与山川关隘同一险要，不可不备。

延吉　延吉在长白山东北，即我朝鄂多里旧域，为东北形胜之区。凭高驭下，抚西南之脊背，缘龙冈而西，则桦甸、柳河、海龙、通化一带无完土。国初收复辉发、叶赫及白山、鸭绿诸部，皆造攻于此。

蜂蜜山　现设密山府，南临八百余里之兴凯湖西界。咸丰十年，议约所立之喀那喀马各界碑。查喀字碑原在卡伦，拉字碑原在河身，已被俄人潜移别处。守边无人，殊为可虑。东北与松阿察河、呢吗厅地方相接，俄人诡计侵占，几无终极。

呢吗　现设分防厅，旧为黑（片）[斤] 达子部落。胡匪横行，逼近俄人车站，如挠力沟、穆棱河一带，内匪外寇交集于此，尤关交涉。

富克锦　现设富锦县，北控黑龙江，南接乌苏里江，西蔽松花江。对岸即俄东海滨省会，驻有俄提督兵队。击柝相闻，实为吉林东北一大关隘。目前，库帑支绌，暂设县治，将来尚须扩张其权，以资抵御。

黑省

瑷珲　东靠黑龙江，俄国西伯利亚铁路由阿穆尔省辗转而南，直趋海参崴，其东界为铁轨必由之境，北有海兰泡，西障墨尔根。

墨尔根　国初吉林省会原设在墨尔根地方，嗣因兴安岭划归俄人，遂移驻齐齐哈尔，即今省会。就防边论，省会既移，应驻重兵，以为瑷珲之后劲。

海拉尔　即呼伦贝尔，因境内有呼伦、贝尔两湖，故名。旧有呼伦贝尔副都统。光绪三十四年议设呼伦道并呼伦厅，治在内兴安岭迤西，与兴东道唇齿相依，其中间咽喉尤在东清铁路穿过之内兴安岭，为东西两道极须注重之地。

内兴安岭　岭名随地互易，东南为隔索岳尔济山，东北为伊额呼尔山，西南为雅克山并厄伯尔山，皆其支脉，绵亘千数里，实黑省西北之屏障，呼伦贝尔之后盾也。

满洲里　里距海拉尔三百七八十里，为黑省西北极边之地，北连俄萨拜喀勒省，南控海拉河与呼伦池，地虽荒僻，正界俄、蒙之交。光绪三十年中日条约，东三省开放商埠十六处，海拉尔、满洲里皆在其内，日人用意之深已可概见。

长春府　府东距吉省二百四十余里，南至奉天，北至哈尔滨，轮车皆一日可达，是为陆路之要冲。松花江在府东南，由江道至伯都讷，沿呼兰城至佛斯亨山，抱混同江口，是为水路之要冲。咸丰八年，已与俄定约，准两国民人在松花江行船。同治七年，又要求由松花江至伯都讷。现延吉草约第六条内又载有吉长铁路接展至延吉等语。是为日俄交注之要冲。康熙年间，于吉林创建船厂，练习水师，专为备俄而设。今日俄注视长春较吉省尤重。松花江流域之险要，如伯都讷、哈尔滨、三姓等处，皆与长春为犄角形，实有密切之关系。筹东省防务者，应以长春为根据地，而以松花江流域为水路进军之地，以珲春、延吉为中路，以安东为右翼，以瑷珲为左翼，以奉天为后盾。此其大略形势也。至平时应如何布置，临时应如何变通，运用之妙，存乎一心，是在膺阃权者，因时因地以通其变耳。

注　释

[1]　羲皇：即伏羲氏。

[2]　涿鹿阪泉之师：涿鹿阪泉是古地名，相传黄帝与炎帝战于阪泉之野。其地，一说在今河北涿鹿东南，一说在今山西运城盐池附近。

[3]　梼杌：古代传说中的怪兽名，常用于比喻恶人。又为史书别称。

[4]　浑敦：亦作浑沌、糊涂，不明事理。

[5]　毌丘俭：三国曹魏时人，字仲恭。青龙中，明帝为图讨辽东，以俭有干策，徙为幽州刺史，加度辽将军，使持节，护乌丸校尉。后与司马宣王定辽东，以功封侯安邑。

[6]　慕容元真：即十六国时前燕国君慕容皝，字元真，鲜卑族，咸康三年（337 年）称燕王。

[7]　广开土境好太王：即高句丽的广开土王谈德（374—412 年），其全称是"国冈上广开土境平安好太王"。

[8]　大祚荣、大武艺、大钦茂：是渤海国的一、二、三代王。

[9]　大彝震：渤海的十一代王。

[10]　铁骊：古族名，汉称零丁，后变音为狄历、敕勒、铁勒等。因所用车轮高大，亦称高车。

[11]　大諲譔：渤海国的十五代王，末代王。

[12]　吴山：名城隍山，又名胥山，在浙江杭州市西湖东南。左带钱塘江，右瞰西湖，为杭州名胜。金主完颜亮慕其山色风景之美，有"立马吴山第一峰"之语。

[13]　《孔子家语》：书名，原书二十七卷，《汉书·艺文志》曾著录，久佚。今本十卷，系三国魏王肃辑佚、伪托。

[14]　巡检：官名，始于宋，明清州县均有巡检，多设司于距城稍远之处。

[15] 《管子·地图篇》：相传春秋时期管仲撰，实系后人托名。《地图篇》是此书中的一部分。

[16] 培搂之丘：培搂亦作"附娄""部娄"，小山丘。

[17] 渐车之水：渐即沾湿，浸渍。渐车之水是说有漫润车子之水。

[18] 阃外：阃（kǔn）门槛。古代指郭门以外，后因称军事职务为阃外。

[19] 贲育：指战国时勇士孟贲和夏育，后以泛称勇士。

[20] 前茅后劲：前茅指先头部队，古代行军时前哨斥候，以茅为旌，遇敌举旌以警告后军。后劲指行军时在后面担任警戒或阻击敌人的精兵。

[21] 中权：指主将所在的中军，引申以指政治中心，犹言中枢。

[22] 兵备道：明制于各省重要地方设整饬兵备之道员，称为兵备道。清代沿置。

卷四　风　俗

总　序

诗三百而列国风，礼三千而从民俗。风俗者，政教之原，法制典章所由出也。古者太史观风，遒人[1]问俗，因革损益，精义存焉。各国厘订宪政，皆以民间习惯为主。习惯者，即风俗所积而成，故能参酌咸宜，垂为令典。风俗所关，顾不重欤。长郡僻介东陲，风俗人情与腹地迥殊。即就一隅而论，沧海变迁，谷陵幻相，风移俗易，先后几难同揆。而人心朴茂，地气雄浑，秉白山之孕，钟鸭水之灵，扶舆磅礴之气，犹千载如一辙焉。谨缀史乘所载与耳目所及，列风俗门。

弧　矢

北方风气刚劲，振古如兹，而东北尤胜。长郡承肃慎遗风，楛矢石砮，历夫余、新罗、百济之兵燹，而此习未改。揆厥原因，日在深山大泽之中，伍鹿豕耦虎豹，非素娴技艺，无以自卫。汉唐以降，兵威不及东北，诸部落纷争角胜，自为风气，即以弧矢之优劣决部长之雄雌，而民气亦为所转移焉，地势使然也。

故辽、金、元崛起东陲，遂挟其尚武之精神，以统一寰区。洎乎我朝肇祖原皇帝造攻于鄂多里城，建都于赫图阿拉，以及太祖高皇帝七恨兴师大告，武成于萨尔浒一战，类皆得力于骑射者居多。厥后吉林军以骑射雄天下，南征西伐与有功焉。今长白一带，采猎打牲之徒，超越山林，驰逐鸟兽，虽不以骑射而以枪械，顾其强悍骁勇之习，犹有东海之雄风焉。恭录御制诗二首：

斐 兰[①]

汉语榆柳，小弓也。小儿以榆柳为弓，荆蒿为矢，鸡翎为羽，取以习射。

榆柳弯弓弦㝷丝，剡荆作箭雉翎翅。

壮行幼学率由旧，蓬矢桑弧匪袭为。

揖让岂知争君子，阖抨惟觉惯童儿。

曾闻肃慎称遥贡，可惜周人未解施。

阖抨：阖音恺，《说文》开也。抨，音怦，《说文》掸也，射时用拇指钩弦而抨掸之也。

斐 兰[②]

桑蓬弧矢举惟男，示有事胥自幼谙。

榆柳为弓驿角未，荆蒿作箭雉翎堪。

① 此诗为乾隆《吉林土风杂咏》十二首之四，参见张福有辑笺《长白山诗词选》第454页。

② 此诗为乾隆《盛京土风杂咏》十二首之四，参见《长白山诗词选》第464页。时代文艺出版社，1998年8月版。《长白汇征录》未列标题，补之。

二三卿士节权略，日夕儿童戏以耽。

即此箕裘应共勖，进之观德更名谈。[2]

按：关锁时代重文，竞争时代重武，皆古今帝王将相补偏救弊之权。东北幼年子弟驰马试剑习与性成，遂养成健儿性格。语云：边庭出名将。诚笃论哉。

读御制箕裘共勖，进之观德一联，想见祖训昭垂，文武兼重，诒谋宏远矣。

庐 舍

东山本部落故墟，不宇不庐。汉唐各书称其倚山开户，穿穴接梯，不无过甚之词。顾地湿天寒，迄今如昔，荆榛弥望，矮屋萧疏，砌石为基，泥土为墙，架以木，葺以草，名曰窝铺，或曰窝棚。剥桦皮为壁为盖者，曰桦皮房。皆以土为（坑）［炕］，穴其内煴以火，以御潮湿。刳中空之木竖檐外，通炕洞引烟使出，木上覆荆筐以避雪雨，名曰呼兰。自辽金以迄国初，未之或易，砖瓦之制，自今年设治始。恭录御制诗六章：

拉 哈①

汉语柱也。缀麻以圬墙也。拉哈墙壁之上据中竖柱，以承梁，左右留二孔出气，谓之嘛木哈图拉图。至今木把入山砍木如此式者甚多，土人称之曰马架，音同而字异。

---

① 此诗为乾隆《吉林土风杂咏》十二首之八。

乘屋居闲事索绹，经营妇子共勤劳。

御寒塞向诸凡预，施缦编麻要取牢。

出气天窗柱左右，通烟土锉炕周遭。

室家幽馆风犹在，惭愧宫庭雉尾高。

拉　哈①

层层坏土砌为墙，缀以沤麻色带黄。

妇织男耕斯室处，幼孳壮作旧风蔓②。

底称凿遁颜家阖，漫喻操嬉圬者王。

故俗公刘传芮鞫，九重此况慎毋忘。[3]

按：于茅索绹，豳岐故俗。陶复陶穴，芮鞫遗风。而周家八百年基业实始于此。我朝肇基长白，垂三百年，而庐旅之风如故也。想我列祖列宗崛起尔隅，冰山雪窟，备历艰辛，卒能奠丽中原，追踪丰镐，其草昧创业之艰超轶千古。

读御制"惭愧宫庭雉尾高""九重此况慎毋忘"两句，宫阙巍峨，犹存茅绹心思，猗欤休哉，洵与唐尧白屋，夏禹卑宫，后先媲美矣。

呼　兰③

汉语灶突也。截中空之木，竖于檐外，与灶炉通，以引烟外出。今长白居民，

① 此诗为乾隆《盛京土风杂咏》十二首之八。《长白汇征录》未列标题，补之。

② 蔓，máng，勤勉。

③ 此诗为乾隆《吉林土风杂咏》之二。

比屋皆然。

中空外直求材易，暮爨晨炊利用均。

曲突徙薪诚上策，焦头烂额更何人。[4]

疏烟土锉烹蒸便，夜雨荆筐盖覆频。

却有千年辽海鹤，蓦疑华表化前身。

呼 兰①

幽岐家室屡为迁，时处恒依旧俗然。

水火每资叩昏户，爨炊常看引朝烟。

疏风避雨安而稳，直外通中朴且坚。

玉食寄言惟辟者，莫忘陶复九章绵。

按：东山森林甲天下，可称木界省分，凡物皆以木制。呼兰，本引火之具，而亦以空木为之，其木材之盛已可概见。炊爨得焦琴，巨室求大木，良材妙选，不择地而生。

读御制"曲突徙薪诚上策"②"焦头烂额更何人"之句，九重辟门吁俊求材若渴之衷，溢于言表。现在烽火遍疆圻，而边才不数觐，诵此诗者感慨系之矣。

周 斐③

汉语桦皮房也。桦皮，性坚而质柔，历久不坏，最耐冰霜。土人盖木房，缠

---

① 此诗为乾隆《盛京土风杂咏》之二。
② 原本"曲突、徙薪"，徒误，应徙。
③ 此诗为乾隆《吉林土风杂咏》十二首之十二。

缘缠檐皆用之。

巢处遗风藉桦皮，上檐倒壁总堪为。

端夸不漏还胜瓦，岂虑频迁等弈棋 [1]。

瓮牖绳枢犹未备，夏凉冬暖且相宜。

五侯第宅皇州遍，芮鞠先型尔尚知。

周　斐 [2]

野处穴居传易传，桦皮为室鲜前闻。

风何而入雨何漏，梅异其梁兰异梦。

占吉檐头鹊常报，防寒墙角鼠还薰。

称名则古惟淳朴，却匪斐然周尚文。

按：桦树皮厚体轻，覆屋不漏，逐兽则移，最便山居。制实陋于板屋，形更便于韦室。

读御制“芮鞠先型尔尚知”“却匪斐然周尚文”两句，于崇实黜华之中，隐寓刻桷丹楹之戒。现值门庭洞开，竞尚浮华，睹桦屋之旧制，抑亦矍然知儆矣。

饮　食

游牧部落，膻腥牛乳，不洁不精。辽金以后稍知研求食物，而调剂之品，仍沿旧习。和菜捣糜，炙股烹脯，聚族而食，虽

① 弈棋，原本与《丛书》皆误为奕，迳改。
② 此诗为乾隆《盛京土风杂咏》十二首之十二。

非茹毛饮血，犹有污樽抔饮之遗风焉。今长白一带，居民谷食则米、麦、秫、稻，肉食则山羊、野猪、鹿脯、狍脂。以粱酿酒，以豆为油为酱，风犹近古。尝见有获一猪、一狍、一鹿、一熊，而远近山民席地聚食，和以盐剂，以葱以蒜齑辛，尽欢而罢。盖山居野处之民，与内地判若霄壤矣。

按：《北盟录》载，北方宴食有猪鹿兔雁，馒头炊饼白熟之类铺满几案。油煮面食以蜜涂拌，名曰茶食。以极肥猪肉或脂阔切大片，置盘上，插青葱三四茎，名曰肉盘子。我朝入关以后，饮食渐殊旧习，而馒头、炊饼、茶食、肉盘之名，犹传播于民间。东山之民尤近古风。

读太宗文皇帝翔凤楼谕群臣云：若废骑射，宽衣大袖，待他人割肉而后食，与尚左手之人 [5]，何异耶？想见我列祖列宗，宵旰忧勤，虽皇帝宗室，犹割肉执舞以为食，其创业之艰，实与公刘迁豳之始，执豕用匏，匪居匪康，后先媲美矣。

衣　服

东山服制，承百济、新罗之旧，尚白、尚素、尚洁，御寒则布袍革履，作事则短衣轻装。自汉魏以来，各有异同，男子皮裘褐裤，妇人布裙长襦，皆质而不文。金兴尤俭，舆服志禁女真人不得学南人衣装，惧涉奢华。我朝开国之初，凡衣服之制均以便骑射，崇俭朴为宜。近日边徼穷氓不知古制，无所谓服色也。蓝缕山林，身则短衣，足则乌拉，首则皮帽，仿佛先代衣冠习俗使然耳。惟韩侨服制，颇为近古，另详韩侨风俗内。

恭录御制长宁寺恭瞻太宗所贻冠服诗二首[①]：

> 羹墙有志难为睹，冠服重瞻仰圣灵。[6]
>
> 应现吉祥云作盖，千秋万载护长宁。

> 戎衣汗马躬劳苦，继述常怀列祖灵。
>
> 俭朴心钦发箧始，微言那藉李邦宁。

按：我朝太祖高皇帝，尝冬猎遇雪，撷衣而行，侍卫等私语曰：上何所不有，而惜一衣耶？太祖闻之笑曰：吾岂为无衣而惜之，与其被雪沾濡，何如鲜洁为愈，微物必惜。汝等正当取法耳。太祖躬行俭德，永垂家法。洎我太宗文皇帝绍闻衣德，于崇德元年御翔凤楼，集诸王贝勒八旗大臣等，而谕之曰：先时儒臣达海等，有劝朕改满洲衣冠效汉人服饰者，朕不从。试设为比喻，如我辈于此聚集宽衣大袖，左佩弓、右挟矢，忽遇硕翁科罗巴图鲁劳萨挺身突入，我等能御之乎？骑射不可废，宽衣大袖不不可效。

睿虑至深且远矣。乾隆十七年敬述此谕，立勒卧碑于箭亭，镌示子孙臣庶遵守勿忘。以故读御制全韵诗有云：宽衣大袖坐，劳萨忽挺身。其孰能御之，何以尚左人。在朕定变更，所以示子孙。煌煌祖训昭，世守应无悛。卧碑勒箭亭，乾隆壬申春。

仰见列祖列圣勤求郅治，法度详明。于服色一节尤从简便，不肯稍涉浮华。今东山民人短衣皮靴，辎辂无华，虽边庭僻陋

---

① 这二首七绝是乾隆的。

使然，抑亦祖宗俭朴之风犹有存焉尔。

器 用

东山无陶器，皆以木代，粗笨异常不雕不凿，朴素而坚，依然鸿荒之世。刳木为舟，剡木为耒，故观于东山之器用，而益信古圣人开务成物之功，敻乎远矣。恭录御制诗：

威 呼①

汉语小船也。刳巨木为之舷，平底圆唇锐尾，长剡木为（浆）[桨]，运棹甚灵。土人谓之木槽。

取诸涣卦合羲经，舴艋评量此更轻。
刳木为舟剡木楫，林中携往水中行。
饱帆空待吹风力，柔橹还嫌划水声。
泥马赊枯尤捷便，恰如骑鲤遇琴生。

威 呼②

造舟周室昔为梁，开国规模百务详。
奢匪黄龙及青雀，利资雨泛与烟航。
制坚质朴提携便，圆底平舷坐起康。
何必楼船称伐越，威呼久矣武惟扬。

① 此诗为乾隆《吉林土风杂咏》十二首之一。
② 此诗为乾隆《盛京土风杂咏》十二首之一。

按：木槽之制，自通化、临江以至长白，凡渡江渡河皆用之。小则以独木为之，可渡八九人。大则并两木槽，平面钉以木板，可渡车马，是因其制而变通者也。鸭绿江硝多水猛，舟楫难通。去年长郡仿造鸭嘴船式，创造大小江艚六艘，试行无阻，再设法开修航路，筹备江防。

光绪三十四年，陆军部咨商东三省总督，议开鸭绿江石硝，振兴航业，是又变通而骁张之者也。现欧亚列强均以水师战舰角立争雄，读御制"楼船伐越""武惟扬"之句，当时触物兴怀，聊动鼙鼓将帅之思。今则对岸是敌风帆牙樯，益令人望洋而叹矣。

赛　斐①

汉语匙也。以木为之，长四寸，曲柄丰末。民间至今犹用之，国俗然也。

质古惟称以木为，曲长且椭进餐宜。

鼎中底用轻染指，座里应教笑朵颐。

无下奢哉嗤彼箸，有救便矣藉兹匙。

青泥坊底芹香处，杜老居然得句时。

赛　斐②

有捄早是咏周雅，异地同风古制存。

不改木为非玉作，常资朝食与晡飧。

---

① 此诗为乾隆《吉林土风杂咏》十二首之五。

② 此诗为乾隆《盛京土风杂咏》十二首之五。

失时巧计传昭烈，投处仙方讶葛元 [7]。

何似两忘供日月，大东四鬴足村村。

按：羹匙，微物也。每饭必需。于民何涉，而于朝食晡飧之余，犹感《周雅》有捄之咏，己溺己饥，上廑宵旰，故大东小东之诗不作于圣明之世矣，猗欤休哉！

施 函①

汉语木筒也。斫木为之，酿酒盛水皆宜。

谁云瓠落不中材，虚受天然器量恢。

泉贮重浆消旧渴，春匀石冻酿新醅。

早嗤轑釜催人去，何用修筒引水来。

可供瓶罍谢梁栋，孰非造物善栽培。

施 函②

枯木荒山那计年，虚中贮水借天然。

弗愁瓶罄为罍耻，可佐樽盛用缶旋。

厨下风无虑落叶，林边雨尚忆鸣泉。

不材材际全其质，善注南华二十篇。

按：以木为筒，以筒盛水盛酒，亦东山常事耳。而于天然虚受之器，悟天下无不中之材。于瓶罍可供之时，知造物有栽

---

① 此诗为乾隆《吉林土风杂咏》十二首之七。
② 此诗为乾隆《盛京土风杂咏》十二首之七。

培之德。搜群材，凝天命，恤民生，皆于是乎系圣怀，谦挹千载 [8] 下如见之矣。

法 喇①

汉语爬犁也。似车无轮，似榻无足，驾马驾牛利行冰雪，冬春之间最宜。

驾木施箱质莫过，致避引重利人多。

冰天自喜行行坦，雪岭何怨岳岳峨。

骏马飞腾难试滑，老牛缓步未妨蹉。

华轩诚有轮辕饰，人弗庸时奈若何。[9]

法 喇②

服牛乘马取诸随，制器殊方未可移。

似榻似车行以便，曰冰曰雪用皆宜。

孤蓬虽逊风帆疾，峻坂无愁衔橛危。

太液柁床龙凤饰，椎轮大辂此堪思。[10]

按：爬犁不宜平地，一届冬令鸭绿冰坚，由安东、通化、临江运货至长白者，皆用之。碾冰踏雪轧轧有声，尽一日之力可行一百五十余里，运满载之货可装一千二百余斤。东道不通，利用此物，不文不饰，虽笨而坚。读御制之诗，谓华轩轮辕当不如椎轮大辂之适于用也。洋洋圣谟昭兹来许，躬亲而目睹者，

---

① 此诗为乾隆《吉林土风杂咏》十二首之三。

② 此诗为乾隆《盛京土风杂咏》十二首之三。

益信此制之不虚。

额　林①

汉语搁板也。架木板于楣栋间，置瓶瓮奁篋诸器具，以作几案柜椟之用。

庋楣横板当中厨，家计精粗个里俱。

鼠闹欲投还忌器，爵飞同量不妨觚。

灶间那识薪为蜡，几上常看皮是乌。

淳朴遗规恭俭德，风声傥使遍皇图。

额　林②

横施木板置楣栿，家计精粗毕具陈。

菽粟为文莫忘古，雕几作器漫求新。

寒衣饥食劳中妇，耕九余三廛主人。

咨尔后生勤数典，更希寰宇普还淳。

按：东山于役，借宿田家窝铺，每见其楣栋之间，锅碗瓶罐皆横置木板上，以代几案，家计毕陈。厨烟缭绕，耕男馌妇，鸡黍[11]家风，较诸仆仆道涂者，实别有一般意味也。读御制"菽粟为文莫忘古""雕几作器漫求新"之句，凡世之竞奇斗巧者，亦当知所返矣。

---

①　此诗为乾隆《吉林土风杂咏》十二首之六。

②　此诗为乾隆《盛京土风杂咏》十二首之六。

霞绷①

汉语糠灯也。蓬梗为干，抟谷糠和膏，傅之以代灯，俗呼糠灯。恭录御制诗两首：

蓬梗糠枇膏傅涂，茅檐夜作每相需。

绩麻乍可呼灯婢，耽奕非关诮烛奴。

最爱焰辉一室朗，那辞烟染满窗乌。

葛灯笼是田家物，勤俭遗风与古符。

霞绷②

抟糠涂梗傅之膏，继日相资夜作劳。

土障葛灯应忆朴，驼头凤脑漫夸豪。

未知勤读邻凿壁，且佐服田霄索绹。

此日旧宫试燃者，称先何异土风操。

按：糠灯之制，近日长郡尚不多觏，惟东山地湿蚊多，又有较蚊小而毒者，俗唤小蚊。每当盛暑之时，飞绕山林，受其嗫者面目辄肿，行人每以疏布缝如帽形蒙其面，名曰蚊帽。农人则捻蓬蒿为绳，一头如髻形，燃以火，烟飞袅袅，一头分两股，由额颅系胫后，且熏且耕。初以为戏，询之则熏避蚊毒也。土人谓之蓬灯。

---

① 此诗为乾隆《吉林土风杂咏》十二首之九。
② 此诗为乾隆《盛京土风杂咏》十二首之九。

罗 丹^①

汉语鹿蹄腕骨也。儿童妇女掷作戏具，视偃仰为胜负，以薄圆石击之，名曰帕格。恭录御制诗两首：

> 投石军中以戏称，手弹腕骨俗相仍。
>
> 得全四色方愉快，何必三枭始绝胜。
>
> 闺秀争能守炉火，儿童较远骤寒冰。
>
> 无端胜负分忧喜，獐鹿那知有许能。

罗 丹^②

> 鹿腕骨非无用物，以为戏亦有时需。
>
> 中原漫喻人人逐，一具远看面面殊。
>
> 偶语何须较土木，采名乍欲拟枭芦^[12]。
>
> 帕格真足方投石，何用从来如此乎。

按：罗丹之戏，今亦罕见，惟有以骨为箸，以角为架者。时势变迁，戏具亦互异耳。

豁 山^③

汉语纸也。夏秋捣败苎楮絮，沤之成，毳暴为纸，坚韧如革，谓之豁山。恭录御制诗两首：

---

① 此诗为乾隆《吉林土风杂咏》十二首之十一。
② 此诗为乾隆《盛京土风杂咏》十二首之十一。
③ 此诗为乾隆《吉林土风杂咏》十二首之十。

捣沤苎麻亦号笺，粘窗写牍用犹便。

百番徒讶银光薄，万杆还轻越竹坚。

但取供书何贵巧，便称铺玉讵能贤。

高丽镜面寻常有，爱此淳廉旧制传。

豁　山[①]

沤苎弗殊用敝麻，以为纸乃朴无华。

不知有汉蔡伦合，漫数惟莱左伯嘉。

纪事传言胥贵实，销金铺玉那求奢。

卷筒金粟常临帖，敢忘斯哉惜自嗟。

按：豁山制纸，今亦不传，惟东山桦木性柔而坚，好麻性棉而韧，可以造纸。高丽人有用之者，华民无之。

语　言

历代部族文字已失传，语言亦互异，汉魏诸书所载夫余、挹娄、百济、新罗各国语言谓有类秦语者，谓有类汉语者，谓有沿金辽旧称者，言庞语杂，字音不免混淆，土语方言，方今向难考证。我太祖高皇帝创制国书，精核详明，而所传女真字母一书，早已散轶无存。特命儒臣巴克什等，以满蒙字音语音联译成文，颁布国人，究竟通晓者尚属寥寥。现长郡居民强半山东流寓，率皆各操土音，间有通高丽语者，以与韩侨习处故也。

① 此诗为乾隆《盛京土风杂咏》十二首之十。

其习惯相沿之语，会意谐声亦有暗与古合者。摘举一二如下：

牛官猪官　东山居民凡雇工牧牛者，谓之牛官，牧猪者，谓之猪官。

按：此官非官长之官，即管理典守之谓也。考《三国志》：夫馀国，皆以六畜名官，有马加、牛加、猪加、狗加等名，如今蒙古典牛者曰和尼齐，典马者曰摩哩齐，典驼者曰特默齐。此即《周礼》牛人、犬人、羊人、兽人之制。长郡两堡，皆山东人移垦至此，无所谓官，亦无所谓国语也，惟牧牛曰牛官，牧猪曰猪官，适与夫馀牛加、马加等名先后相符，加即家字之误。安图、抚松一带，凡会房会首有职事者，土人辄称之曰正当家、副当家，与三国所载夫馀国凡邑落皆主属诸家，有敌则诸加自战，下户担粮饮食之，与会房情形大致相同。会首称正副当家，语虽俚俗，亦即诸家之遗意，但字音以讹传讹，习焉而不之察耳。东山皆夫馀、百济、新罗之故墟，相去数千百年，语言之间不相沿而适相同者，此类是也，风俗移人深且远矣。

恭录御制《夫馀国传订讹》：

近阅四库全书内元郝经[13]《续后汉书》所作《夫余国列传》，其官有马加、牛加之名，讶其诞诡不经，疑有舛误，因命馆臣覆勘其说，实本之《后汉书》及三国魏志《夫馀传》之文。于是叹范蔚宗[14]陈寿[15]之徒不识方言，好奇逞妄，贻误后人。而更惜郝经之失于裁择也。其传曰：国以六畜名官，有马加、牛加、猪加、狗加，诸加别主四出，道有敌诸加自战，下户担粮饮食之。信如其言，则所谓诸加者何所取义乎。史称夫馀善养牲，则畜牧必蕃盛，当各有官以主之，犹今蒙古谓典羊之官曰和尼齐，和尼者，羊也。典马者曰摩哩齐，摩哩者，马也。典驼者曰特默齐，特默者，驼也。皆因所牧之物，以名其职。特百官中之一二志夫余者，必当时有知夫馀语之人，译其司马、司牛者为马家、牛家，遂讹为马加、牛加，正如《周礼》之有羊人、犬人，汉之有狗监耳。若必以六畜名官，寓相贬意，则剡子所对少皞氏[16]鸟名，官为鸟师，而鸟名又何以称乎。蔚宗辈既讹家为加，又求其说而不得，乃强为之辞，诚不值一噱。总由晋宋间人与外域道里辽阻，于一切音译素所不通，遂若越人视秦人之肥瘠，率凭耳食为傅会，甚至借恶词丑说以曲肆，其诋毁之私，可鄙孰甚。且蔚宗以附彭城王义康谋反伏诛，陈寿索米为人作佳传。其人皆不足取，其言又何足据。第《后汉书》《三国志》久经刊行，旧文难以更易，因命于《续后汉书》中改加为家，并为订其踳谬如上。

附录《满洲源流考》按语

谨按：马加、牛家之说，始于范蔚宗、陈寿，历代史志袭谬承讹，至郝经《续后汉书》犹沿用之。盖当时音译未通，曲为傅会，更千百年未有能知其妄者。恭读御制《夫馀国传订讹》，指加为家字之误，近例之蒙古典羊、典马之官，远征诸《周礼》羊人、犬人之掌。设官分职，至理所存，古今一揆也。蔚宗辈之贻误后人，盖非浅鲜矣。臣等敬录冠简端以示万世折衷之准，其自后汉以下诸书，凡有关夫馀事实者，仍以次条列云。

按：《夫馀国传订讹》及诚谋英勇公阿桂[17]等按语，均据

《周礼》与蒙古官名驳范蔚宗、陈寿著书之谬，考据精确，直使范、陈两贼愧煞九原。今据东山牛官、猪官及会房正副当家之称，虽系乡间谚语，实足与古制相发明，益信圣学宏博超越汉唐矣。

宗　教

东山无宗教，孔教包罗万有，不以宗教名。天主、耶稣、回回、喇嘛等教亦未延蔓东土，惟在礼者居多。其教以不饮酒、不吸烟为宗旨，类皆由直隶、天津流传至此。询其所供奉者，则尹老先师与白衣大士。其符祝者，则观世音菩萨，尹老先师即关尹子，道家者流。萨者，情也。菩者，觉也。能觉悟一切情障而逃入于禅释家者流。惟在礼二字费解，恐传斯教者椎鲁无识，讹舛滋多。兹查其经揭所载，援古证今，辩如下：

按：中土三大教，曰儒、曰释、曰道，以孔孟为宗，释祖佛，道祖老。老子乘青牛过函谷关，教遂流于西土，佛则隐姓名不传。而天竺诸国其教盛行，并延蔓于欧西。新疆、甘肃之回回，西洋之天主、耶稣，皆佛老之支派也。耶稣以活人赎罪为宗旨本乎天主，天主本乎（麋）[摩]西以事真主禁偶象为宗旨，以敬父母、不杀人、禁奸淫、偷窃、妄证、贪婪为教例。摩西本乎犹太，犹太之教逼近佛老，一以存真祝福为主。至回部穆罕麦德崛起于耶稣五百七十年之后，力持一主创造天地万物，主外无主之说，与天、耶两教名异实同。惟回经所载二天使一曰门克耳，一曰那克耳 末日复活杖头挝魂之论，诞妄异常，遂至变本加厉，以刀剑为天堂地狱主管钥，而杀伐之机潜伏于无象无形之内，是佛老之教至穆罕麦德之说兴，而宗旨一变。汉兴崇信黄老，张角等假黄老之名，符水疗疾病，祠天蛊人心，与回回教有相同者。明之徐鸿儒，嘉庆年间之李文成、林清等均以八卦邪教，又改名天理教，纠众倡乱，而黄巾、白莲之祸遂流毒于无穷，是佛老之教至张、徐、林、李之徒起，而宗旨又一变。道德之后流为刑名，因委穷源，历验不爽。三韩、百济、新罗故俗拜天，拜日月，拜星辰，与欧西宗教大致相同。今长白一带虽属三韩、百济、新罗之故墟，而此习一革。只有在礼一教，无论男妇服从者十之八九，询其原因只拟戒酒、戒烟，不作恶事。至此教之宗旨若何，流弊若何，彼固不得而知也。第就其经揭而论，所称元关九窍轮回三皈各等语，似又调停于佛老之间，而其传教之徒又斤斤以戒贪、戒淫、戒酒肉，为超地狱而升天堂之梯级，仍坠入于犹太、回回之魔障。总之，各项宗教论祸福，不论道理，故流弊滋多。孔孟之教以道理为主，而祸福因果置之不论，故行至千百年而永无弊，此释道所以不及儒宗万万也。

祭　祀

旧俗崇信鬼神。设祭之时，歌舞饮酒昼夜不休，尤好祀山神，遇有盟会必先祀山谷之神，而后歃血。此俗至今犹存。每出游至深山绝涧，类皆架木板为小庙，庙前竖木为杆，悬彩布置香炉，供山神位，亦有供老把头者，大约因山多猛兽，祈神灵以呵护之也。乡俗信神，固无足怪。

按：东俗敬山神，在三韩、百济、新罗时代已有此俗，沿及今日，穷山邃谷之中比比皆是。长白有王姓名诚者，由山东到长三十余年，擒虎七，未为所噬，年近古稀，无家无妻子，以垦荒余资自修小庙一座。世俗信山神，即此已可概见。查山神之封始于金大定十二年，封长白山神为兴国灵应王，明昌四年又封为开天宏圣帝，我朝康熙十六年，册封为长白山之神。自此以后，民间相沿成风，而山神之祀，遂遍东山矣。

职 作

东山草昧，陵谷沟堑险阻异常。土人不重耕织，以木植为上，采参次之，打牲又次之。凡倚此为业者，均谓之山利乐。即乐其乐，而利其利之谓也。此外则酿秫酒，榨豆油，沤麻为绳，割皮为鞋，刨细辛，铲木耳，亦东民之职业也。

按：食为民天，大利归农，民岂不重五谷，无奈草木鸿荒，稼穑维艰。为东山计，振林业以锄木障，则山荒可辟矣；招商民以兴工艺，则利权在握矣。参茸皮张以及各项物品，精粗备具，一加制造，利益无穷。以东山之物产，而参考管子《牧马》《高山》诸篇，并《汉书·食货志》《史记·货殖列传》，因时因地，取精用宏，使小民之职业日进于完全，天地之菁英不弃于瓯脱。读御制盛京土产杂咏十二首详物产一门，循环盥诵，益信白山绿水生殖繁昌，足与邰室[18]生民、豳风流火腾光史策矣。

增录　土风两条

　　小儿卧具　按：卧具，削木为之，两头圆形，微窄而仰，中腰微宽，约长二尺许，如匣式，漆其表，绳其两端，系梁上。置小儿于其中，啼则以手推之，如秋千。余由奉赴长，沿途尖宿，每见妇女绣女红时，小儿呱呱，辄抱之以置卧具。初以为戏，问之土人，亦曰此戏具也，恐妨女红耳。余亦不之察，及读御制《三韩订谬篇》，乃知国初旧俗。儿生数日，即置卧具，命儿仰寝其中，久而脑骨自平，头形似扁，此为辽东之习惯，藉以矫汉人侧卧头狭、蒙人束带股箕之弊，并非徒为戏具而设也。又查《后汉书·三韩传》，称辰韩人儿生欲令头扁，皆押之以石，其说本诞妄不经，宜乎御制之驳其谬也。有学问无阅历，识必不通，有阅历无学问，语必不雅，卧具其一端耳。

　　楛矢石砮　按：肃慎氏楛矢石砮之风，自周至魏晋时犹驰名于史册。《说文》：楛，木也。《禹贡》：惟菌簬楛，三邦底贡厥石。注：楛，中弓干，以楛为矢，取其坚也。义无可疑，独以石为砮，石性虽坚而脆，何以砮为？反复求之，不得其解。遍查诸节，亦略而不详。惟吴汉槎兆骞《宁古塔记》有云：石砮出混同江，相传松脂入水千年所化，厥色青绀，厥理如木，厥坚过铁石，土人以之砥刃。知为肃慎砮矢之遗。携归京师，赠友人，王士禛载之《池北偶谈》[19]。由此观之，格物之功，非亲验其物，终难深明其理也。天下间无物不有，如此类者甚多，百闻不如一见，其信然欤！

附录 韩侨风俗

序

朝鲜国自我太祖高皇帝萨尔浒一战告成，朝鲜都元帅姜功烈率所部诣降。太祖优礼赐宴，士卒悉留赡养，是为韩人侨寓东山之始。沿及康熙年间，韩国穷黎之在惠山、茂山等处者，越江结舍垦田，络绎来往。仁庙讦谋远识，眷注边陲，于是乎有穆克登查边之役。旋因朝鲜接伴使朴权、李善溥等百端尼阻，致令筑土聚石树栅之议，卒成疑案。嗣后越垦者日益加多，长白山南北区域，虽在奉旨封禁之列，奈守边之吏鞭长莫及，其潜移越垦者防不胜防。直至光绪初年，吉林将军铭安、督办边务吴大澂奏准，将韩国垦民分隶珲春、敦化管辖；韩王又奏恳刷还流民。奉旨准予限一年，以示体恤。此议果行，斩去多少葛藤。乃未几，而光绪九年，韩经略鱼允中混指豆满、图们为两江，冀稍缓刷民之令。又十一年，而朝鲜安镇府使李重夏又拟指长白山东石乙水为界，而刷还韩民之说，更置为缓图。此韩侨占居华界者所以日多一日也。光绪二十五年，中韩条约第十二款内载有，边民已经越垦者听其安业，俾保性命财产，以后如有潜越边界者，彼此均应禁止，以免滋生事端等语。自此次订约后，韩侨在鸭江右岸者，遂相生相习。与华民以耕以佃，耦居无猜，顾仍操土音，而沿旧俗，身居中土，籍隶韩邦。现又韩护于日，滋出无穷交涉之案，不得谓非朝廷字小之恩以至此极也。兹姑将韩侨风俗，附录如下：

房舍 架木结茅，就地为炕，墙壁皆木，门户不分，户外无院落，屋内无桌凳，牛马同居，臭秽逼人。华民特名之曰高丽窝铺。

饮食　嗜酒，喜肉食，无远志，不务储蓄，为牛为马为奴隶，稍有余赀，辄饱口腹。米粥皆粗粝，尤嗜冷食，牛羊野兽，不择而食，生腥所弗计也，脾胃之壮过于华人。

衣服　平民衣服皆白，小儿或红或绿。衣博而短，袭衣更小。妇人着白布裙，以两幅围腰间。无论男女皆白巾缠头。有戴纱眼帽者，以马尾制之，高耸玲珑，价颇昂，非儒即医，或风宪与代表人，其品级然也。

器用　编柳为筐，凿木为筒，农具极粗拙，利于山田，不利平地。惟镰钩与铜斧最利，以备斩伐柴薪之用。至于铜盂瓦缶，皆朴而坚，制颇古。运物则以牛以马驾爬犁，否则男负以背，女顶于首，肩挑者少。

语言　《汉书》谓辰帏人名国为邦，弓为弧，贼为寇，行酒为行觞，相别为徙，诸如此类，义旨相同。其里塾所读皆孔孟书，顾文虽同，而语言不相习，只可笔淡。

礼仪　拜谒之礼，以两手据地为敬。婚葬俱用歌舞。亲丧腰系麻带，三年内每食设主致祭。婚姻，则指腹以定。男未婚则披发满头，婚则束之如髻形。女未嫁则以衣遮乳，嫁则两乳垂，望而知为已嫁娘也。宴宾以酒敬老，以肉馈送，以鸡鸭鱼为礼，绰有古风。

职作　凡居华界者，非雇工即佃户，耕渔猎牧，别无生业。

按：朝鲜承箕子遗教，俗尚白，夫馀、百济、新罗时代此俗未革，金辽以后稍趋浮华，而朝鲜人如故也。饮食起居一以质朴为主，性情鄙吝，民智不开。初以为山居野处，地势使然。旋有自钟城、稳城、会宁府来者，亦大略相同。自肃慎氏以来，朝鲜一国，率皆依附列强，而无自主之权，良有以哉！

注　释

[1]　遒人：传达命令的官。古代每岁孟春，遒人摇铎（大铃韵一种）对众宣示。

[2]　箕裘：《礼记·学记》："良冶之子，必学为裘，良弓之子，必学为箕"。意为子继父业。后因以"箕裘"比喻祖先的事业。

[3]　公刘传芮鞫：出自《诗·大雅·公刘》，诗云："止旅乃密，芮鞫之即。"密为安，芮是水边，鞫，尽头之义。意为，周族首领公刘带领部族由邰迁到"涧水之内外"（豳地），安居下来并发展农业。

[4]　曲突徙薪：突，烟囱。薪，柴。《汉书·霍光传》："臣闻客有过主人者，见其灶直突，傍有积薪。客谓主人，更为曲突，远徙其薪，不者且有火患。主人嘿然不应。俄而家果失火，邻里共救之，幸而得息。于是杀牛置酒，谢其邻人，灼烂者在于上行，余者以功次坐，而不录言曲突者。人谓主人曰：'乡使听客之言，不费牛酒，终亡大患。今论功而请宾，曲突徙薪亡恩泽，焦头烂额者为上客耶？'主人乃寤而请之。"后用以比喻防患于未然。

[5]　尚左手之人：古代以右为尊，皇太极对群臣训谕所说的，当指中原一带的汉人。

[6]　羹墙：《后汉书·李固传》："昔尧殂之后，舜仰慕三年，坐则见尧于墙，食则睹尧于羹。"以羹墙表示对已死前辈的追念。

[7]　葛元：即葛玄，三国时吴人，字孝先。从左慈（东汉末方士）得太清、金液、九鼎等丹经。道教尊为葛仙翁，又称太极仙翁。

[8]　谦挹：谦卑退让的意思。

[9]　华轩：旧指富贵者乘坐的车子。

[10]　大辂椎轮：大辂，大车；椎轮，以圆木为轮的原始车子。谓大辂是从椎轮逐步演变而成。

[11]　鸡黍：《论语·微子》："[丈人]止子路宿，杀鸡为黍而食之。"后因以"鸡黍"指招待宾客的饭菜。

[12] 枭卢：古时博戏，樗蒲的两种胜采名。幺为枭，最胜，六为卢，次之。

[13] 郝经：元代泽州陵川（今属山西）人，字伯常。入忽必烈（即元世祖）王府，甚受信任。曾力劝忽必烈北还争位。后又以翰林侍读学士使宋，为贾似道所扣留。得释北还后病死。著有《续后汉书》等。

[14] 范蔚宗：即范晔，南朝宋史学家。字蔚宗，顺阳（今河南淅川）人，曾任尚书吏部郎，宣城太守。后迁左卫将军，太子詹事，掌管禁旅，参与机要。元嘉二十二年（445年）末，因孔熙先等谋迎立彭城王义康一案牵涉被杀。著有《后汉书》，成纪传八十卷。

[15] 陈寿：西晋史学家，字承祚，安汉（今四川南充北）人。少好学，师事谯周，在蜀汉为观阁令史，因不愿屈事宦官黄皓，多次遭谴黜。入晋后，历任著作郎、治书侍御史。晋灭吴后，集合三国时官私著作，著成《三国志》。

[16] 少皞：一作少昊。传说中古代东夷族的首领，名挚（一作质）。一说号金天氏。

[17] 阿桂：清满洲正白旗人。章佳氏，字广廷，一字云崖，乾隆举人，历任伊犁将军、兵部尚书、吏部尚书，累官至武英殿大学士兼军机大臣。他为高宗所倚重，曾参与平定准噶尔部和天山南路的战争。后屡任统帅，用兵大小金川。镇压西北回民起义，又多次察看黄河、江浙海塘工程。

[18] 邰室：古邑名。在今陕西武功西南。相传周族祖先自后稷到公刘定居于此。《诗·大雅·生民》："即有邰家室。"

[19] 王士禛：载之《池北偶谈》 王士禛，清诗人。死后因避雍正（胤禛）讳，改称士正，乾隆时，诏命改称士祯，字子真。山东新城（今桓台）人。顺治时进士，官至刑部尚书，谥文简。著有《带经堂集》《渔洋山人精华录》《池北偶谈》等书。

卷五　物　产

总　序

　　《周礼》：草人掌土化之法，以物地相其宜而为之种，所以物土宜而兴农业也。司虣[1]掌宪市之禁令，凡斗嚣者，扰乱者，出入相陵犯者，皆禁之。所以严搏戮而保民生也。国之贫富在民，民之贫富在物，物之盛衰在地。东三省地博物饶，甲于各省，而长郡孕白山之精，浥鸭江之秀，嘉禾异种，珍禽奇兽，簇簇牲牲，取精用宏，固有葩经[2]所不及载，禹贡所不及详者。管子之治齐也，富强冠列邦，论者推为天下才。究其牧民之策，固本之谋，仍兢兢于艺五谷，树桑麻，育六畜，备瓜瓠荤菜，竭天地自然之利，储国家于不涸之源，以是知动物植物相生相长于山林之间，舍之则为害，取之则为利。其有关于国计民生者，至繁且备也。列物产门。

植 物 类

谷 类

麦　麦类分大麦、小麦。小麦名来，又作秾。《尔雅》：小麦，秾。《广雅》[3]：来，小麦也。《本草》[4]：麦字，从来，从夊，来象其实，夊象其根。苗初生如韭，长成似稻，高二三尺，实居壳中，生时色青，熟时色黄。大麦，亦名牟。《尔雅》：大麦，䵘。《广雅》：牟，大麦也。《本草》：麦之苗粒大于来，故得大名，牟亦大也，茎叶与小麦相似，但茎微粗，叶微大，壳与粒相黏，未易脱。小麦磨面为用甚广，大麦本质少粗，均以秋种夏熟方佳，亦有春种夏获者。长白地气极寒，冬春地冻不生活，春末夏初方可播种，秋末成熟。麦面不如内地，本境种小麦者多。

粟　粟，梁属，名曰谷，脱壳名曰小米，普通食品。秆高三四尺，中空有节，叶似芦穗，似蒲，颗粒成簇，种色甚夥，有宜早宜晚之分。长郡种谷不分早晚，夏种秋熟，苗硕大，收获颇丰。

蜀黍　一名蜀秫，种自蜀来，故以蜀名。其黏者近秫，故借名为秫，又名高粱，亦梁属，高且大也。茎高丈余，状似苇荻，而内实，穗大如帚，粒大如椒，壳有红白各色，米性坚实而不精细。《农政全书》[5]谓：蜀黍于五谷中为下品，不宜麦禾者，乃种之。长郡种此者，多用以酿酒或饲畜牲。

玉蜀黍　一名玉高粱，一名戎麦，一名御麦。干叶与蜀黍相类，但肥而[倭][矮]，苗心直上开花，成穗，节间别出一苞，如樱鱼形，苞折子见，颗颗攒簇，子粒如芡，实大而莹白，磨面可作饼饵，并可煮饭作粥。土人名为包米、玉米，此物最宜北地，为辽东食物大宗，长郡居民家家蓄积。

黍　黍者，暑也，待暑而生，暑后乃成也。一名秬，一名秠，有黄、白、黎三色，米较粟微大，北人呼为黄米，其性黏，其味甜，可煮粥，可酿酒，作饴糖。孟子云：五谷不生，惟黍生之。最宜长郡，收获较早。

稻　稻有紫芒稻，赤芒稻，青芋稻，盖下白稻。梗之红白大小不同，芒之有无长短不同，米之坚松软硬不同，性之温凉寒热不同，味之香甜浓淡不同。北稻凉，南稻温，赤稻热，白稻寒。又有水种、旱种两大区别。本境多旱种，其种色有来自关内者，有购自高丽者。米尚洁白，较南方佳种，不及远甚。

荞麦　一名乌麦，一名莜麦，一名花麦。茎色红青，翘然而蓬茂，开小白花，甚繁密，花落结实，形成三棱，嫩时色青，老时则乌黑，去其壳可磨作面，但色黑而腻，逊于小麦面云。

稗　《本草》：稗乃禾之卑贱者，故字从卑。陈藏器[6]曰：稗有二种，一黄白色，一紫黑色，北人呼为乌禾。《尔雅》：稗与稊，二物也，皆有米而细小。按：稗亦粟属，苗叶似穄子，稍头出扁穗，结子如黍粒，味微苦，每一斗出米三升，水旱皆宜，足救荒岁。

豆　《群芳谱》[7]：豆者，荚谷之总名也。约有数种，曰黄豆、绿豆、黑豆、豇豆、豌豆，可食可酱，可豉可腐，榨取豆油以佐食，有令其生芽充菜者，名曰豆芽。按：豆类皆蔓生，茎叶蔓延，叶圆有尖，开花成簇，结荚有大小，熟而折之，（播）〔剥〕其荚，豆乃出。辽东以豆为大宗，本境种黄豆者，实占多数。

菜疏类

萝卜　一名莱服。有长圆两种，红白青紫各色，茎高尺余，叶大如掌，皆可采食，根蒂所结方为萝卜。可生可熟，可菹可菹，味辛甘食，含水质，盐渍之可制为酱。其汁可取作糖，乃蔬中之易生而用广者。开黄花，结子粒如芥。长郡萝卜形椭圆，且硕大，但性辣，质硬，土人云地脉恒然。

白菜　一名菘，有春菘，有晚菘。《本草》：最肥大者曰牛肚菘，凌冬不凋，四时常有，根盘结不可食，茎扁而厚，叶薄大拱抱，高矮不等，高大者一株可数十斤。本境白菜茎叶粗大，味亦浓厚，其脆嫩不及内地。

蔓菁　一名芜菁，一名葑，一名须。根大而白，茎叶一如萝卜，味辛含甜质，食用与萝卜同。

茄子　株干高三四尺，叶大如掌，开紫花，有蒂，蒂包为茄，茄大有瓤，瓤有子，生熟皆可食。有紫、青、白各色，紫者形圆而小，殊鲜嫩。青白者，形长而大，不及紫色之美。王氏《农书》：一种渤海茄，色白而实坚，最肥大。本境所种形长大而色白，种与渤海茄相类。

南瓜　附地蔓生，茎粗而空，叶大而绿，引蔓甚繁，一蔓可延十余丈，节节有根，近地即著。开黄花结瓜，有花而不实者，其结实者，先实后花，花后而瓜益长大，大者可十数斤，煮饭作羹味甜淡，不可生食。种出南番，故又名番瓜。

北瓜　一名倭瓜。蔓生，形类哈密，种自倭国来，故名。长白此瓜最多，食用与南瓜同。

黄瓜　一名胡瓜。张骞使西域得来此种，故名。又名王瓜，有其为瓜中之首见者也。蔓生，茎叶类南瓜而柔细，开小黄花，瓜形椭长，附瓜有刺如针，质脆嫩，多汁浆，瓜有长数寸者，有长一二尺者，愈小而味愈佳。长属地寒，发生较迟，味仍脆美，生食熟食皆可，并可用盐渍，留以御冬。

丝瓜　《通雅》[8]：架而垂生，茎细叶绿，瓜长尺余，名曰纺丝瓜。按，本境此瓜有长至三四尺，可熟食不可生食。

菜瓜　北方名苦瓜。蔓生，瓜味淡脆，可入菜，品色青而形长，有白纹界之如溜，并可生食。

冬瓜　俗名东瓜。蔓生，经霜后皮白如粉涂，故《本草》亦名白瓜，亦菜瓜之类也。

葱　一名茐。《本草》：草中有孔，故字从孔。初生曰葱针，叶曰葱青，衣曰葱袍，茎曰葱白，根曰葱须。《清异录》云，葱名和事草，言用以调和众味，若药剂中多用甘草[9]以和解之也。味辛，无毒，为用甚广。长属所产，较齐豫诸省其味少逊。

韭　《说文》：一种而久获，因谓之韭，象形在一之上，一者地也，又名懒人菜，以其不须岁种，故名。丛生丰本，长叶青翠，茎名韭白，根名韭黄，花名韭菁，均可食，其味辛，其性温补。长白韭甚肥大，皆夏种秋食，冬则根死，地寒故也。

芥　芥菜味辣，可作俎，冬月食者呼为腊菜，俗名辣菜，性温无毒，茎叶似菘而有毛，花黄而味香，子小而色紫，根叶皆可食，子粒可研末，泡为芥酱。

蒜　一名葫，以来自番中，又称胡蒜。栽种，苗生叶如兰，茎如葱，根盘结分瓣如水仙，苗心起薹名曰蒜薹，皆可食，味辛解毒，有百益而不利于眼，食多者恒得眼疾。

菠菜　一名菠斯草，一名赤根菜，一名鹦鹉菜。茎柔脆中空，叶细腻，直出一尖，傍出两尖，似鼓子花叶之状而稍长大，色甚绿，而味颇清腴，愈嫩愈佳，老则由中心起薹高尺余，开碎白花，丛簇不显，而分雄雌者，结实有刺状如蒺藜，雄者不结实。此物至南省，经霜雪味尤美，长地苦寒，诸物不能耐冬。

蒝荽　许氏《说文》：荽作葰。《本草》：云，即香荽，又名胡荽。茎青而柔，叶细而花，根软多须，味清香，可通心窍和脾胃，大有将之作用，

薇　一名野豌豆，一名大巢菜。《本草》：项氏曰巢菜。有大小二种，大者即薇，乃野豌豆之不实者。《尔雅》：薇，垂水注生于水边，疏似藿。《群芳谱》：生麦田及原隰中。按：薇菜茎叶气味皆似豌豆，作蔬入羹皆宜。

蕨　陆机[10]诗疏：山菜也。周秦曰蕨，齐鲁曰虌《埤雅》：状如大雀拳足，又如其足之蹶也，故谓之蕨。俗云初生亦类鳖脚，故曰虌。长白山中处处有之。初生时，拳曲，状如儿拳，长则宽展如雉尾，高三四尺，茎嫩时无叶，采来加以热汤去其涎滑，

晒干作蔬，味甘滑，肉煮甚美，姜醋拌食亦佳。其根色微紫，类薇而细，亦救荒之野菜也。

同蒿　一名蓬蒿，以形气相同，故名。茎叶肥绿甘脆滑腻，起薹高二尺余，开花深黄色，状如单瓣菊花，一花结子百十粒，成球，宜水地，最易繁茂。

芹　一名水英，一名楚葵。《尔雅》楚葵注：今水中芹菜。《群芳谱》有水芹、旱芹。水芹生江湖陂泽之涯，旱芹生平地，有赤白二种。本境芹菜多生山上，土人呼为野芹。其苗滑泽，其茎有节有棱而中空，其叶对节而生，采取用盐醋拌食最佳，气清芬，醒人眉目，解郁闷之气，乃菜中之雅品也。

地豆　一名朱薯，一名番薯，《群芳谱》所谓甘薯是也。蔓生，茎叶延十数丈，节节生根，其根扑地，如山药甘芋之类，形圆而长，肉紫皮白，质理腻润，气味甘滑，可以益气力健脾胃。此物耐寒易生，辽东种者极多，土人用以煮饭及蒸食，名为地豆，从俗也。

披辣　茎叶与萝卜等，而纷披扑地不可食，可食者惟根，形圆色白，味辣质硬，不及萝卜之甘脆，土名披辣，或即芜菁之别种欤。

云豆　蔓生，开紫花，结荚，长者至四五寸，嫩时炒食煮食均可。子色黳黑，而大如拇指，煮饭食甚美，较偏豆、眉豆之属肥而大。土人名为云豆，亦不知种自何来。《拾遗记》[11]：乐浪之东有融泽生挟剑豆，其荚形似人挟剑，横斜而生。《群芳谱》

谓挟剑豆即刀豆。长白古乐浪所产云豆，故类此。

瓜果类

西瓜　蔓生，叶尖而花，花后结实，味甘多液。胡峤《陷虏记》云：峤征回纥[12]得此种，故名西瓜。《本草》云：可解暑气，故夏令人多食之。有用其皮瓤杂入酱豉中，味殊甘美。瓜子亦果品，以子大而仁满者佳。长白节候不齐，熟时已及秋中，形质较内省少小，而味亦稍逊云。

甜瓜　一名甘瓜，性寒滑，不宜多食，以甜而脆者为佳，可生食，未能熟食。亦蔓生，茎叶与黄瓜相仿。

松子　《本草》苏颂曰：松岁久则实，中原虽有，不及塞上之佳。马志曰：海松子之状如小栗，三角，其仁香美，东夷当果食。李时珍曰：海松子出辽东及云南，其树与中国松树相同，惟五叶一丛者，球内结子如巴豆大，而有三棱，至马志谓如小栗，殊失本体。按：长白松树，树极多，而结子颇少，土人云惟红松结子形如莲子，仁极香脆。

榛子　树低小如荆，丛生，而枝干疏落，质颇坚硬，开花如栎花，成条下垂长二三尺，叶之状如樱桃，多皱纹，边有细齿，子形如栗子，壳厚而坚，仁白而脆，味甘香，无毒。其皮软者其中空，谚曰十榛九空。长属盛产此味，每岁三倍于松子。

山梨　野生，即诗所谓甘棠也，北人谓之杜梨，南人谓棠梨，《尔雅》注疏云：其在山之名曰檖，人植曰梨。长白此树多生山上，土人谓之山梨。其树如梨而小，叶似榛子叶而大，亦有圆者，三叉者，边皆有锯齿，色黔白，结实如楝子，霜后可食，但味颇酸涩少汁，且梨小而子大。此其野生之本质然也，如用佳种接之，当可化莠为良云。

木 类

松 《郡芳谱》：松，百木之长，犹公，故字从公。磈砢多节，盘根樛枝，皮粗厚，望之如龙鳞，四时常青不改，柯叶三针者为栝子松，七针者为果松，又有赤松、白松、鹿尾松，秉性尤异。按：长境森林，松居多数，土人象形命名，率无所考，然皆具有取义，其色黄而有纹者谓之黄花松，色白而有光彩者谓之白松，胶多味恶名为臭松，质坚色赤名为红松。最上等而少见者，为石砬中所出抱松，此松坚硬如金石，有纹盘旋，如刺绣，其枝曲，其针短，其体干微小，不过拱把之大，盖生于嵯峨山半间，为巉岩怪石所障蔽，郁不得伸，如楛如槁，如死灰，几无生理，仰赖春雨秋阳之涵滋，发而为偃蹇，奇特之灵质，名为抱松，取其为山石拱抱，旷世挺生，而非木之本性也。此外如裸松，沙松，赤柏松，鱼鳞松，五叶二叶，各松皮相悬拟，名色亦别云。

柞 《释名》[13]：即凿木。以其木坚细，可为凿柄。陈藏器曰：柞木生南方，今之作梳者是也。李时珍曰：此木山中往往有之，高者数丈，其木及叶皆针刺，经冬不凋，五月开碎白花，不结子，木理坚细，色微白，皮味苦辛，无毒，入药品。长地此木高十数丈，大而且多，松树之外，柞木占一部分焉。

椴　皮厚，质坚，叶最大，有类团扇者。《群芳谱》云：其皮可以当麻，取制渔网，牢固异常。本境椴木大者数围，其作用不亚于松，有用皮葺房以代瓦者。

桦　桦木似山桃，皮上有紫黑花，可燃作烛炬。桦，古作㮶。李时珍云：画工以皮烧烟熏纸。又云桦木生辽东及临洮诸地，其木色黄，有小斑点，皮厚而轻，匠家用衬靴里及刀靶之类，谓之暖皮，其皮并可入药品，性温暖，无毒。

楸　《本草》李时珍曰：即梓之大者也，生山谷间，与梓树本同末异。《尔雅》：椅梓，郭璞[14]注，即楸也。诗云：北山有楰，陆机注疏谓，楰即楸。江东人谓之虎梓或谓苦楸。《齐民要术》[15]以白色有角者为角楸，又名子楸，黄色无子为椅楸，又名荆黄楸，俱以子之有无为别。按：此树长白土人名刺楸，皮色黄白，上有斑点，高十数丈，木湿时甚脆，干时则坚，可为什器。

榆　一名零。《本草》：榆荚飘零,故曰零榆,一名莍荎。《尔雅》注：即今之刺榆。《群芳谱》：榆有数种，今人不能别，惟知荚榆、白榆、刺榆、榔榆而已。其木坚细，未叶时枝上生瘤，累累成串，及开则为榆荚，嫩时色青，老时色白，形圆如小钱，故又名榆钱，中有仁，微苦。叶长尖，似山茱萸叶。长地榆树枝干弯曲，无甚伟大者。

柳　《本草》：柳，一名小杨，一名杨柳。陈藏器曰：江东人通名杨柳，北人都不言杨。李时珍曰：杨枝硬而扬起，故谓之杨。柳枝弱而垂流，故谓之柳。盖一物而二种也。按柳树易生之木，折枝植地，颠倒皆生，俗云倒植则枝条下垂，谓之杨柳。亦不尽然。其树于天气稍暖，则生柔荑，层层鳞起，如粟之附穗，老则败落，散而为絮。性质宜水不耐干燥，木理细腻柔脆，未能经久，盖其生长最速故也。长地严寒，木质之坚不及南省，柳质尤逊。

黄杨　木质细致，颇难生长，每岁只长一寸，闰月年反缩一寸，谓之厄闰。《尔雅》谓桐与荍菔皆厄闰，不独黄杨。其叶圆大而有尖，光润而厚，色青微黄，未叶先花，累然如柳絮，但长大色成红紫，其老而落也，亦如柳絮之弱不禁风。《群芳谱》云：取杨木应于阴晦夜无一星时取之，木方不裂。《本草》：杨木坚细，作梳，剜印最良。

抱马子树　木理坚硬，入土不朽，以火炙之，砰然有声，如爆竹。叶似桃柳，叶色微黑，土人谓其叶味香微苦，可作茶，曰抱马子，亦从俗名之也。

荆　《本草》：杜荆，又名黄荆，又名小荆。李时珍曰：古者，刑杖用荆，故字从刑。按：荆丛生而疏，作科不作蔓，枝节坚劲，叶如麻，开花成穗，红紫色，结子如胡荽子，落地即生，多有采荆作薪者，诗云：错薪束楚即此也。

棘　棘心赤而外有刺，共刺有直者，有弯曲成钩者，枝干花叶俱如枣，结实形圆而小，味甘而酸，俗名酸枣，丛生成科，其木颇坚。长境多山，此物最夥耳。但屈曲未易成材，山间陌上，往往有之。

夜光木　树老根朽，水浸之久，夜则有光，土人谓之夜光木，或曰雷击木。潮湿处多有之，河边尤夥。

花　类

冰花　地冻初开，天气稍暖。此花翘楚群芳，挺然开放，单瓣短须，状类杭菊，赤日当午则槁，早晚独盛，为时不久，未见其子。其根盘结多毛，茎色青紫，高五六寸，弱不禁风，长境盛产此花，土人名为冰凌花。按：与欵冬花之赋性相同，而形质异。

淡泊花　花容雅淡，似黄似白，五瓣丛生，微有幽香，根深尺许，茎细如针，花谢后即为众草所没，隐约难窥矣。

紫囊　草本，丛生，叶大而尖，花色紫而中空如囊，大如鸡卵，微有皱纹，上有口，口上有一瓣倒覆口旁，复列两小瓣如牙，花心吐一蕊如舌累，累下垂，耐久无香。又一种开花如豇豆壳，形亦似之。

青袋　花形长方，中空如袋，每茎数花，大如拇指，最娇嫩，折之则槁，根短小，而茎高二三尺，亦草本之奇品也。

野丁香　长地多丁香，酷类丁香，而香味稍薄，由于天然，故名曰野。

山梨花　即杜梨。结实入果品，花白而香，多生山畔，但枝干短小，未见高大成材者。

芍药　叶似牡丹而狭长，开花有红黄紫数色。刘攽[16]《芍药谱》云：花之红叶黄腰者号金带围。崔豹[17]《古今注》云：芍药有二种，有草芍药、木芍药。按：本境野生草本，花单薄而色多粉白，仲夏始开，抑辽东地气使然耳。

玫瑰　灌生，细叶，茎紫色，多刺，花类蔷而色淡紫，青囊，黄蕊，娇艳芬芳，花谢后结实如海棠果，皮薄，子多，味甘，稍涩。按：本境野生质味虽不及内地美，山阳水淀在在多有，如采取以制糖、制油、制胰皂之属，亦当居出产之一。纷纷堕地，长人无掇取者，惜哉！

山丹花　一名红百合，即百合之类也。但其根体小而瓣少，味不甚纯。其叶长尖，颇似柳叶，开红花，六出无香。按《群芳谱》云：百合有三种，苗高三尺，干粗如箭，叶生四面如鸡距，开白花，长五寸许，六出四垂，其根如蒜瓣，而味甘腻者，百合也。一种干高四五尺，开红花带黄，上有黑斑点，花瓣反卷，叶形长尖，根亦似百合，而不堪食用者，名为卷丹，与本草所载山丹一种相类。本境所出，长人呼为百合，亦取其色相耳。

步步登高花　花如鸡爪，色红而艳，叶长尖，旁有锯齿，茎长尺许则开花，花谢后茎由花心复出，稍高则开花，仍旧花萎茎生，茎长花放，待茎高数尺，而花亦续开五六层矣。至秋则结子如芥，以此命名，亦从俗之称也。

草　类

乌拉草　蓬勃丛生，高二三尺，有筋无节，异常绵软，凡穿乌拉鞋者，将草锤熟垫藉其内，冬夏温凉得当。故谚语云：

关东有三宝，人参、貂皮、乌拉草。其功用与棉絮同，土人珍重之，辽东一带率产此草，出自白山左近者尤佳。

安春香　茎高尺许，叶似柳叶，供香可供祭祀，俗呼安息香。生山岩洁净处，产长白山上者尤异。

七里香　枝叶似安春香，惟叶大而厚，生于长白山上，别处无所见。

倒根草　白山左近沟渠中有草红色，根浮水上，叶褊而长在水下，名倒根草。长人谓性温行血，分治红白痢并一切吐泻等症。此草尚待研究，未敢列入药品。

松香草　味香，研为末，配做香料，可敌藏香之味，产东山一带。乌拉总管每年照例入贡。

通烟袋草　节细而长，性绵而直，吸烟草者，藉以通袋管，故名。长人名为通烟袋草。

动　物　类

鸟　族

鸿　即雁也。以其多集江渚，故曰鸿。鸿字从江从鸟。诗疏云：小曰雁，大曰鸿，鸿者大也。状似鹅，而羽翮疏长，善飞，遍身漆黑如乌。汉唐书载有五色雁，今则罕见之。按师旷[18]《禽经》：鴚鹅，张华[19]注云皆音雁。冬则适南，集于水干，故字从干，春则向北，集于山岸，故字从岸。雁为阳鸟，冬南翔，夏北徂，皆从阳也，故孳育于北，而终年飞振不休。古人絷以为媒礼敦奠雁，今则否。

鹄　鹄鸣声咕咕，故谓之鹄。大于雁，羽毛白泽，其翔极高，所谓鹄不浴而白，一举千里者是也。李时珍曰：有黄鹄，丹鹄，出辽东及湖海江汉之间。《释名》谓鹄为天鹅，天者亦大之义也。

鹰　鹰以膺击，故谓之鹰。其顶有毛角，故又名角鹰，性爽猛，故又名鶆鸠。《禽经》云：小而鸷者皆曰隼，大而鸷者皆曰鸠。《尔雅翼》云：在北为鹰，在南为鹞。一云大为鹰，小为鹞。梵书谓之嘶那夜。李时珍曰，鹰出辽东者为上等，北方及东北者次之。北人取雏豢养，南人媒取其大者，用以围猎撄击兔属，其毛色苍黑，嘴爪皆如利钩，飞扬神速，所至披靡，莫能当其锋焉。

雕　鹏似鹰而略大，尾长翅短，悍戾异常，空际盘旋，无微不睹，能搏鸿鹄犬豕之属，人莫可驯致之，时亦弋获，用羽制扇。长白山谷中，往往有之，春秋则翱翔腾击，冬则伏。

鸥　即诗所谓鸢也，其声叱咤，故谓之鸥。似鹰而稍小，尾如舵，善高翔，捕雀而食。《尔雅》谓之茅鸥，俗呼老鸥。

鸮　鸮与鸥二物也。周公合而咏之，后人遂以鸮鸥为一鸟，误矣。按：鸮枭，猫眼狗脸，毛色黄杂，状如母鸡而小，昼不见物，夜则飞行捕鼠雀食，性狠恶，生而食其母，鸣声格格如笑，不祥鸟也。即人于夏至殛之，故其字从鸟从木，首在木上，取见则杀之之义。

鹗　鹗状可愕，故谓之鹗，亦雕类也。李时珍曰：鹗土黄色，深目好峙，雄雌相得，交则双翔，别则异处，能翱翔水上，捕鱼食，江表人呼为食鱼鹰，亦啖蛇。诗云雎鸠即此，并言其视雎健，故谓之雎。长白江洲间多有此鸟。

莺　嘴尖，眉黑，爪色红青，遍身黄如甘草，羽及尾有黑毛相间，拂柳穿花，鸣声圆滑。《本草》云：冬月则莺藏蛰，入田塘中以泥自裹如卵，至春始出。《荆州志》云：农人冬月于田中掘二三尺，得土坚圆如卵，破之则鸟在焉。无复羽毛，春始生羽，破土而出，故莺身之味颇臭。曰苍庚，曰商庚，曰鸧黄，曰离黄，曰鹂鹠，曰鹂庚，曰黄栗留，曰楚雀，曰黄袍，曰搏黍，曰黄鸟，曰黄鹂，皆莺之名称也。长属地寒，节候较内省为迟，此鸟发声最晚。

燕　《释名》：乙鸟。乙者，其鸣自呼也。《说文》：玄鸟。玄，其色也，大如雀而身长，笯口丰颔，布翅歧尾，鸣声上下，飞舞不停，营巢避戊己日，能知休咎，春社来，秋社去。其来也，衔泥巢于屋宇之下；其去也，隐身蛰于窟穴之中。或谓其秋后即渡海，谬甚。长属之燕，仲夏始见，节候使然。

乌　乌字篆文象形即鸦也，一作鸦。《禽经》云鸦声哑哑，故谓之鸦。此鸟初生，母哺六十日，长则反哺六十日，故有慈乌孝乌之称。李时珍曰：乌有四种，身黑嘴小反哺者慈乌也；似慈乌而嘴大，腹下白，不反哺者鸦乌也；似鸦乌而大，白项者，燕乌也；似鸦乌而小，赤嘴，穴居者，山乌也。按：乌种色稍殊，性皆贪鸷，鸣声哽咽不朗畅，故人多恶之。长地之乌，较内地为稀，地寒故也。

鹊　鸣声喳喳，故谓之鹊，一名飞驳乌，一名喜鹊，一名干鹊。其色驳杂，故曰驳灵。能报喜，故曰喜鹊。性恶湿，故曰干鹊。大如乌而长尾，尖嘴，黑爪，白腹，背含有绿毛相间。上下飞鸣，以音感而孕。至秋初则毛毧[20]头秃，俗云牛女会于七夕用鹊填河汉之桥，其说荒诞，盖鹊经暑热而后，毛有鼎革故耳。

翠鸟　大如燕，喙尖而长，足红而短，背毛翠色，翅尾黑色，亦有斑白者。俱能水上取鱼，《释名》谓水狗、鱼狗。《禽经》谓鱼师翠碧鸟，盖谓此鸟能害鱼，故以此类命名。李时珍曰：处处水涯有之，亦翡翠鸟之类也。长属濒江所产翠鸟，其文彩亦斐然可爱。

雀　短尾小鸟也。字从小，从隹。隹音锥，解作短尾。《释名》谓瓦雀、宾雀，盖以雀息檐瓦之间，如宾客然。俗呼老而斑者为麻雀，小而黄者为黄雀。其性最淫，卵生，群飞田间，于禾稼熟时为害尤甚。

野鸡　《释名》：即雉也。汉吕后名雉，高祖改雉为野鸡，其实鸡类也。直飞若矢，一往而堕，故字从矢。斑色绣翼，雄者文采而尾长，雌者文暗而尾短。故《尚书》谓之华虫，《曲礼》谓之疏趾。长地野鸡极多，猎取烹食，味嫩而美，冬令尚可售之他方。

鸡　鸡者，稽也，能稽时也。卵生，短羽，不能高飞。雄者感时而鸣，雌者应时而卵。至于老鸡人言者，牝鸡雄鸣者，雄鸡生卵者，乃赋气不正。《本草》谓其忌有毒，不可用以入药。

马志曰：入药取朝鲜者最良。李时珍曰：鸡类甚多，五方所产大小形色往往亦异。朝鲜一种长尾鸡，尾长三四尺，辽阳一种食鸡，一种角鸡，味俱肥美。南越一种长鸣鸡，昼夜啼叫，南海一种食鸡，潮至即鸣，蜀中一种鹍鸡，楚中一种伧鸡，并高三四尺，江南一种矮鸡，脚仅二寸许也。长白鸡亦无异，属境韩侨虽多，未见蓄长尾鸡者。

鸭　《释名》即鹜也。其鸣呷呷，故曰鸭。舒而不疾，故又名舒凫。似鸡而大，翅短，尾秃，不能飞。雄者绿头纹翅，雌者黄斑色，亦有纯黑纯白者，又有白而乌骨。性质木喜水，能游泳水中，捕鱼虾食。雌者生卵较鸡卵为大。长属濒江蓄鸭者无多，盖此物盛产于南省云。

凫　《释名》野鸭。诗疏谓野鹜、沉凫，即俗呼水鸭是也。短羽高飞，江海湖泊中皆有之。似鸭而小，杂青白色，背上有纹，短喙，长尾，卑脚，红掌，水鸟之谨愿者也。此物喜暖，盛产于南省，长境虽地濒鸭绿，间而有之。

兽　族

牛　牛在（蓄）［畜］属土，有坤道焉。性柔缓，多力，歧蹄而戴角，鼻大可穿。《说文》云：其耳聋，其听以鼻，其齿有下无上，食物则利用其舌。长白畜类牛占多数，且有用韩产者，耕田运物最为得宜。

马　《说文》云：马，怒也，武也，其字体象头尾四足之形，色类甚多，以出云中者为上。本境马多弱劣，高丽所产之马尤小，未能驾车任重，韩侨用以骑载，类中土川省所产云。

骡　骡大于驴，而健于马，其力在腰，股后有锁骨，故不孳育。《说文》云：驴父马母，性纯阴。《本草》谓骡有五种：牡驴交马而生者骡也；牡马交驴而生者为駃騠；牡驴交牛而生者为馲䭾；牡牛交驴而生者为䮪𩥇；牡牛交马而生昔为駏驉。今则通呼为骡云。

驴　驴，胪也，力在胪也。长颊，广额，磔耳，修尾，夜鸣应更，性善驮负，有褐、白、黑三色。《正字通》云：女真辽东地出野驴似驴，而色驳尾长，人恒食之，今罕见。

猪　猪在卦属坎，以性趋下而喜污秽也。骨细筋多，皮肉肥厚，牡曰牙，牝曰彘，蠢蠢无知，只供食品。近人讲生理学者，用显微镜察其肉含有寄生虫最多，食之无节，损人脾胃。本境畜猪往往成群，其种与关内稍异，有头蹄白色者，耳小而体亦不大，罕过百斤，味薄寡脂，盖因牧以草刍故耳。

羊　羊，详也，字体象头角尾足之形，性柔顺，刍食，喜群，肉味膻而温补，皮毛之用甚广。长地牧羊之家不及畜猪十分之一云。

犬　犬，高四尺曰獒，多毛曰龙。《尔雅》注云：田犬善猎，家犬善守。长人多畜犬，有用其皮者制衣褥御寒。

猫　《释名》，家狸也。鸣声苗茅，故曰猫。有黄黑白杂各色，狸身而虎面，长尾而细齿，其眼睛按时轮转，作圆形、椭圆形、直线形，光闪灼可畏。体最轻便，善捕鼠，喜肉食，乃小兽中之贪黠者。长境畜猫者颇多，以长地多鼠兼可避蛇云。

虎 《说文》：虎，百兽之君也。《风俗通》谓虎乃阳物，百兽之长。按：虎状如猫，大如牛，黄质而黑章，锯牙而钩爪，须健而尖，舌长大，倒生芒刺，目光若电，吼声如雷，风从而生，百兽震恐。《易卦通验》云：立秋虎始啸，仲冬虎始交，或曰月晕时乃交，又云虎不再交，孕七月而生子。白山一带产虎为多，据日本调查谓与孟加拉地方之虎同种，自头至尾长九尺余。猎者以其皮骨输出远方，颇获厚资云。

豹 《本草》引禽虫述云：虎生三子，一为豹，按豹似虎而略小，俗谓能食虎，盖其性暴，敢与虎斗也。毛亦黄，间有黑色，其纹尖长如艾叶者曰艾叶豹；有黄纹如线者曰金线豹；冬至后黑斑内生有黄毛，外圆而中空如钱者曰金钱豹。其皮质稍薄，不及虎之美。长人终岁获之数与虎等，惟价值次之。

熊 熊大如豕，而猛憨多力，虎亦畏之，遇人则人立而搏噬，故俗谓之人熊。竖目黄睛，睫毛遮蔽如不见物，土人因名黑瞎子。庞然蠢物，重可千斤，然升树攀岩异常轻捷，冬时蛰伏树孔中，不出觅食，饥则舐其掌，俟春暖则横出攫搏，喜食松子、蜂蜜及含有甜质之物。土人于禾稼成熟时，苦熊为甚，盖熊性贪残而褊急，群入蜀黍田中，意扬扬在吞尽而止，以左右爪互相攫取，挟于腋下，然伸臂物坠，则不计也。自谓满载，而出顾所获者仅三五，因而愤怒复入田间，连茹拔茅，肆行践踏，折落一空，害何可堪。态之愚，于此可见。按：熊胆入药最良，有

长白汇征录

138

铜胆、铁胆之分。熊掌味最美，居八珍之一。其皮革厚，猎户见之，未敢轻于一发云。

罴 类熊皮色微黄。陆机谓罴为黄熊是矣。头长脚高，动作一与熊同，或云罴即熊之雄。长白熊多而罴少。

鹿 《释名》即斑龙。按《乾宁记》云：鹿与游龙相戏，必生异角。则鹿之称龙，或以此欤。马身羊尾，长项高脚，性淫而乐群，食则相呼，行则同旅，居则环角外向，卧则口朝尾闾，喜食蘽，能别良草，清洁自爱，不与恶畜伍，《埤雅》所谓仙兽者是也。其贵在角。《本草》云：牡者有角，夏至则解。大如小马，黄质白斑，俗称马鹿。牝者无角，小而无斑，毛杂黄白色，俗称麀鹿。孕六月而生子。今人谓黄色白斑为梅花鹿，其茸角最佳。色苍无斑者，为马鹿，其茸角次之。统以近夏五日获之为良。至于鹿胎、鹿尾、鹿鞭均入药品，为用甚广。长白猎户岁入以此为大宗，计终所获牝牡，价值约四千余金。

麋 鹿属也。《本草》云：麋似鹿而色青黑，大如小牛，肉蹄，目下有二窍，为夜目。南方淮海边最多，千百为群。牡者有角，十月取之。鹿喜山而属阳，故夏至解角。麋喜泽而属阴，故冬至解角。按日本调查谓满洲出麋，本境猎户则不知有十月取之说。

豺 《埤雅》[21]云；豺，柴也，俗称，体瘦如柴是矣。其形似狗而色颇白，长尾细体，前矮后高，毛象摹髦，健猛多力，食小兽并喜食羊，其肉腥臭不可食，皮质薄，无甚用处。

狼 《释名》称毛狗，谓其毛色如狗也。锐头，尖喙，白额，骈胁高前广后，腰细而小，性最贪，喜肉食，皮厚毛长，可作御寒之物。惟产虎豹之区，狼则远避，故长人所猎，岁值不过数百余金。

獐 《释名》：即麋也。《本草》苏颂曰：獐类甚多，麋乃总名，有有牙者，有无牙者，有牙出口外者，均不伤人，秋冬居山，春夏居泽，似鹿而小，无角，黄黑色，皮细软，胜于鹿皮。或曰獐亦有香如栗子，能治恶疾。李时珍曰：獐无香，有香者麝也，谓獐有香误矣。

麝 麝之香气远射，故谓之麝。其形似獐而小，黑色，常食柏叶，又啖蛇蝎。其香在阴茎前皮内，别有膜袋裹之。或谓其香在皮，或谓其香在脐。长白所获，岁值无几，盖麝以南省西地为良，长产无多，其香亦次。

野猪 形如家猪，然肥大可千斤，牙长出口外，性憨力猛，群行觅食。猎人惟敢击其最后者，后者殪，则前者趱行不顾，若击其在前者，则群相散搏以伤人。其肉色微赤，味胜家猪，牝者尤美，皮革亦坚厚，为用甚广。

山羊 《释名》：即野羊。《图经》谓羱羊。其角有节，殊疏大，不入药品。有谓山羊为羚羊者。按：羚羊之贵在角，山羊之贵在血。《本草》谓其角有卦痕者为羚羊，无者为山羊。李时珍曰：山羊有二种，一种大角盘环，体重至百斤；一种角细者，谓之堇羊。本境山羊较家羊为大，其血最热，有散淤、止痛、滋阴、补血之功用，近今价值颇昂。惟长属所产无多，猎者所得岁值约三四百金，盖山羊以滇、蜀、粤产为良，辽产惟销本省。

獾 《释名》：狗獾，蜀人谓之天狗。穴土而居，形如家狗而脚短，食果实草子之属，肥大多脂，其脂油能疗治烧疮，肉亦甘美，皮质脆而光泽，有用作褥者，然暖度则少差焉。

獭 獭状如犬，颈长似马，四足俱短，头与尾皆褐色，若紫帛，然大者自头至尾长三尺余。有山獭、水獭、海獭数种。《正字通》[22]云：山獭性淫毒，山中有此，牝兽皆避去。又海獭生海中，毛入水不濡。李时珍云：今人取其毛为风领，亚于貂。水獭生溪边，食鱼，居水中，亦休木上。王氏《字说》云：水獭于正月十月两祭鱼，一说谓獭取鱼以祭天也，皆报本反始之意。长白所产无多，有山獭水獭否之分，二种均不多觏。

狍 一作麅，《说文》云麕属。麕，大鹿也。按：狍形似鹿而无角，毛色苍黄，皮可障潮湿，肉味平甘，可作脯，亦野味之一也。

貂 许慎《说文》云：貂鼠，尾大而黄黑，出零丁国，即今辽东高丽诸地。其鼠大如獭，而尾粗如狐，毛深寸许，用皮为裘帽、风领等物，最能御寒，遇风更暖，著雪即消，入水不濡。《本草》谓尘沙眯目，以裘袖拭之即出。诚毛革中之奇品也。白山左近森林荫翳，产貂尤佳，有黑色、赤鲜、褐色数种，以毛皮之浓淡分价值之高低，且亦因其居处异其毛色。按：产于松杉之林者，毛带黑色，品格最贵；栖于白杨之林者，色稍鲜明，而品格次之；产落叶松及五叶松之林者，毛皮极鲜明而品格为下。

其次于貂鼠，而毛皮亦重贵者为栗鼠，然类貂，惟多见者能辨之。《释名》谓貂鼠即栗鼠。《尔雅翼》注谓貂鼠即松狗。均系笼侗言之，尚未辨及纤微云。

灰鼠　似鼠而尾大毛长，色如土灰。制裘甚轻，然暖不及狐。生山谷中，群出觅食，鸷鸟悍兽，往往见而搏噬焉。长属甚产此种，惟皮质较吉、江两省少逊云。

狐　尖鼻，大尾，后腿长而行速，腋毛纯白谓之狐白，皮毛制裘轻暖，故世尚狐裘云。

狸　《释名》谓野猫，穴居埋伏之兽也。黄质黑斑，毛甚脆嫩，其肉味臭，食虫鼠及草根，以其状类虎，故俗称虎狸是矣。

猞猁狲　猿属而体小，如猫脸，如狗嘴，尖似狐。毛色微黄，含有白针，极其滑泽，较狐皮尤佳。产于三姓为多，长白间或有之。

兔　篆文象形，一云吐而生子，故曰兔。有苍白黑各色，大如狸，然皮毛质脆，可制笔，用以御寒不甚坚致也。

山狗　身长尺余，毛色黄者最多，形类小犬，行则成群，足捷善走，山兽皆畏之。每遇兽，则一呼嘷皆至，围而食之，须臾食尽，余则埋之。土人唤为山炮手，亦曰豺狼狗子，长郡左近最多。

鳞介族

鲤　鳞有纹理，故曰鲤。无大小皆三十六鳞，色鲜味美，为诸鱼之冠。长白地濒鸭绿，鱼类甚夥，所产之鲤不及内省为多。

鲂　《释名》谓鳊鱼，小头缩项，高脊阔腹，扁身细鳞，其色青白，腹内有肪，味最美。肪音房，脂也，肥也。按鸭绿江中肥而美者，为鲂鱼。

鲫 《埤雅》云：鲫鱼旅行，以相即也。形似小鲤，色黑而体促，腹大而脊隆，大者只至三四斤，喜偎泥，不食杂物，其肉美厚，补人脾胃。

鲢 《释名》谓即鲢鱼。好群行，相与也。头小，形扁，细鳞，肥腹。其色最白，失水易死，故亦谓之弱鱼。

鳙 鱼之庸常以供以馐食者。汉郑康成作溶鱼，味溶淡故也。其目旁有骨，名乙骨。《礼记》云食鱼去乙，即指鳙鱼而言，或谓海上鳙鱼，其臭如尸，海人食之，是或别有一种欤。

鱖 一名水豚。《本草》李时珍曰：鱖，蹶也。其体不能屈曲，如僵蹶。鱖，纹斑如织花之罽，味如豚，故名水豚。春时食之，最肥美。

鳢 《本草》李时珍曰：鳢首有七星，夜朝北斗，有自然之礼，故曰鳢。能蛇交，性至难死，犹有蛇性也。形长体圆，头尾相等，细鳞，黑色有斑点，有舌有齿，形状可憎。南人有珍之者，北人恶绝不常食，道家指为水厌，土人所谓七星鱼是也。

鳗鲡 《释名》谓白鳝。《本草纲目》谓蛇鱼，干者为风鳗。按：此鱼有雄无雌，以影漫于鳢鱼，其子附于鳢鬐而生。故许氏《说文》谓鲡与鳢同，其漫于鲤而生者曰蛇，曰鳝，象形也，而究非鳝鱼也。

鳝 《释名》黄鲴，腹黄故也。形似鳗鲡而细长，亦似蛇而无鳞。鸭绿江中有青黄二色，青质黑章，体多涎沫，色虽恶，而味殊美，又有一种蛇变者，名蛇鳝，有毒害，人用者当细审之。

鳗 《本草》李时珍曰：鳗生江湖中，体圆厚而长，似鳠鱼而腹稍起，扁额，长喙，口在额下，细鳞，腹白，背微黄色，亦能啖鱼，大者二三十斤。按：长郡多韩侨，韩人所售之鱼多类此，但无甚大者。

鳟 《说文》：赤目鱼也。孙炎云：鳟好独行，故字从尊。身圆而长，赤脉贯瞳，青质赤章，好食螺蚌，善于遁网。土人云鸭绿江中有红目鱼，然鱼肆陈列多模糊莫辨，按其体则似有鳟鱼云。

青鱼 《本草》李时珍曰：青亦作鲭。大者名鲩鱼，生江湖间，南方多有，北地时或有之。身长而色青，其头中枕骨疏落而坚硬，南人有用作梳篦者。

蝲蛄[①] 形如螃蟹，前爪甚长，尾短而细，如蝎虎状，味美可食。

蜜蜂 蜂尾垂锋，故谓之蜂。蜜蜂之锋不甚毒，长股短翅，飞声作响，冬居穴中，春出采花蕊甜质以酿蜜，作用甚宏。辽东产蜜盛行内省，长境山岩林木间往往有之。土人如能加意收养，当更繁衍而获厚资焉。

蚊 一作蟁，从昏，从虫，以虫之昏时出现者。《说文》云：蚊长吻如针，啮人飞虫也。本境蚊虫较关内为大，土人呼为小咬，喙最毒，所啮之处，肌肤高肿，数月不消，故人多燃桦油以防之。

蛇 纤行婉蜒，色类甚夥。《尔雅翼》云：蛇草居，常饥，

---

① 原本与《丛书》皆作蛤蛄，误。应为蝲蛄。

饱食则脱壳,《埤雅》云:蛇以眼听。本境蛇多黑色,丛林中有大至丈余,围可盈尺者,草甸冈坡在在多有,冬蛰春出,毒恶为甚。

蝎 《说文》云:虿尾虫也。葛洪云[23]:蝎前为螫,后为虿。按:蝎尾垂芒,其毒在尾,辽地严寒,此物少生,不如内地为多。

蛱蝶 美须大翅,栩栩纷飞,有媒介诸花之用。《博物志》云:蝶之发生,分三期,第一期从卵孵化,第二期成蛹,第三期成虫。一名蝴蝶,有草蝶、水蝶之分。长境当仲夏之交,山岩多花,蝶亦繁盛,种色之佳不减内地,亦边荒特色也。

矿 产 类

矿与磺同。《周礼》卝人注:卝之言矿也,金玉未成器曰矿。磺,古文亦作卝。《说文》:铜铁朴石也。黄帝时以铸为开,虞夏因之,而重谷不重金,至周始设专官,寓取于禁,利在民,守在官,颇得理财之要。秦汉以后,官家弃之于地,惟元魏时稍事经营,而置采伐之善法,明则疲于矿税,国初乃视为厉禁,而外洋侵占之谋,遂因之而起。矿产之盛,以东省为最。东省以黑省为最,吉林次之,奉天尤次之。如东山一带,河金、沙金、线金、银、铁、煤石、硫磺各矿皆有之矣。惟闻淘金者于溪谷中,掘地七八尺至丈许,挖出金苗筛于木板上,由上流溦以水,沙之汰之,俗所谓河里淘金者是也。计每日所得之利不敷一日之花费,银铁煤石亦如之,以故开采者甚少。兹特就长郡及安抚属地所产各矿,分记如下:

金　长属梨树沟十二道沟及十九道沟均产砂金；抚属石头河、万里河，产河金；安属娘娘库河亦产河金，较沙金颇富。

银　抚属双沟子产银，未经开采，苗质厚薄不得而知。

煤　东山民人以木代炭，现木权外溢，生齿加繁，非煤矿不足以济穷。郡署西万宝冈左近查有煤矿，拟派人开采而无识者。

硫磺　署西南十里许有温泉，温泉即矿泉也。水色黄，近泉处硫磺之气扑人，其发源处有硫磺矿已可概见。

石　署东五里许大马鹿沟产五色石，光润异常，相传十数年前开采者甚多，旋改禁止，并将所掘之窖次第填平。今年又派人掘采，间有一二温润光泽者，镌章篆字，足供玩览，亦文房佳品也。

附录　马鹿岩石矿记

宣统元年，设长白府治于鸭绿江之右，地有古塔座，因名塔甸，北距长白山二百七十里，郡东五里许有马鹿岩，产石矿，地僻鲜居人，无采取者。是年秋七月署内僚属闲游岩下，拾一二小方石，视之莹然，磋为章，坚而丽。往视之，则碎石纵横，检其色纹美者，囊之而归，挈之摩之，雕之篆之，斑驳陆离，可珍可玩。按：金石家称绝佳者，曰灯光冻。此石自前代已稀，近更无闻焉。又鸡冠昌化，其真大红色者殊不多见。降格以求，则曰青田，青田中有映雪冻者，诚希世珍，至杂色晶莹秀润之品，赏鉴家亦为心醉。今鹿岩之石，晶莹秀润，雕而为章，使人爱不忍释。岂数千百年山川之蕴蓄，天地之精华，必待人而发耶！

自秋及冬，四阅月磨而成章者，共百余方，搜奇质于荒山穷谷间，而物华之显豁呈露亦有时数，存乎其间耶。丰镐之乡，地老天荒，五金之美甲于全球，顾安得瑰琦磊落之人，出而搜索之，品题之，甄陶鼓铸蔚为国华，斯固守边者所顶祝以待也。夫石矿犹其微焉者耳，是为记。

注　释

[1]　司虣：地方官，司市，掌管禁止暴乱事。

[2]　葩经：即《诗经》。

[3]　《广雅》：共十卷，三国时魏国张揖撰，依《尔雅》旧目，采《说文》《方言》等书增补而成。

[4]　《本草》：我国历史上记载中药的著作（包括图谱之类）所通用的名称，如《神农本草经》、明李时珍的《本草纲目》等。

[5]　《农政全书》：明代徐光启（1562—1633）编著的我国古代农学的百科全书。

[6]　陈藏器：唐代医学家，生活于 8 世纪，四明（浙江鄞县）人，编成《本草拾遗》。

[7]　《群芳谱》：书名，明代王象晋撰，成书于 1621 年，本书按天、岁、谷、蔬、果、茶、竹、桑、麻、葛、棉、药、木、花卉、鹤、鱼等十二个谱分类，对每一植物，都详叙形态特征及栽培方法。

[8]　《通雅》：五十二卷，明代方以智撰，辨证词语训诂，考证古音古义，论及方言土语。

[9]　《清异录》：词书，共二卷，宋代陶谷撰，采唐及五代新颖之语，分三十七门，逐条解释。

[10]　陆机：陆机为西晋文学家，著有《文赋》。陆玑为三国时吴人，著有《毛诗草木鸟兽虫鱼蔬》。本书所指显系陆玑，吴郡人，曾作乌程令。

[11]　《拾遗记》：志怪小说集，东晋王嘉（字子年）撰。

[12]　回纥：中国古族名。我国古代丁零人的后裔，今维吾尔族的祖先。原居色楞格河和鄂尔浑河流域，唐在漠北设六府七州，封回纥首领吐迷度为怀化大将军兼瀚海都督，公元 840 年，回纥部内乱，部众西迁，遂散居在今天新疆南部。

[13]　《释名》：共二十七篇。东汉刘熙撰。体例仿《尔雅》，以音同音近的字解释意义，推究事物所以命名的由来。

[14]　郭璞：东晋文学家、训诂学家，字景纯，闻喜（今山西）人，博学，好古文奇字，曾作著作佐郎、记室参军。

[15]　《齐民要术》：北魏贾思勰所著农学著作，全书共十卷，包括粮、菜、果木的栽培方法、畜牧养鱼技术、食品加工和家庭手工业等等，总结了农业生产经验，内容十分丰富，可贵。

[16]　刘攽：宋代史学家，与司马光同修《资治通鉴》，官至中书舍人。

[17]　崔豹：西晋渔阳（今北京市密云县西南）人，著有《古今注》，为考证名物之书。

[18]　师旷：春秋时晋国乐师，字子野，善弹琴，辨音。著有《禽经》。

[19]　张华：西晋大臣，文学家，方城（今河北固安）人，学业优博，曾为渔阳太守，中书令、太子少傅，右光禄大夫，著有《博物志》。生于232年，卒于300年。

[20]　毛毨：新生的毛整齐。

[21]　《埤雅》：二十卷。宋代陆佃撰。此书初名《物性门类》，后改今名，取辅佐《尔雅》之意。分《释鱼》《释兽》《释鸟》等八类。

[22]　《正字通》：十二卷。明末张自烈撰。共收字三万三千余字，照《字汇》体例加以增订而成。

[23]　葛洪（284—364年）：东晋道教理论家，医学家，炼丹家。著有《抱朴子》。

卷六 药 品

总 序

緊昔轩辕氏[1]尝百草，制医药，咨岐伯、俞跗[2]作内经，究息脉，民气大和。草木之精与生人之性，实相贯注。以故本草一篇，药性一赋，蒐罗考证，古有专书。兹编列药品一类，缘府治左濒鸭绿，北控龙冈，山水钟灵，芬芳吐蕊，劚赤箭于云根，探骊珠于水底，杏林妙品因董奉而益珍，桔井香泉非苏耽其谁掬，推而至丹砂玉札待用无遗，牛溲马勃收藏不弃，木石为伍，鹿豕同游，青囊一肩，拾遗于博物。旧志紫书三卷，附载于乡土新篇，皆有益于卫生，尚待研于哲学。

药 品 目 录

草部

黄耆	人参	参条	参须
人参子	贝母	沙参	桔梗
荠苨	薄荷	黄精	萎蕤
苍术	贯众	淫羊藿	紫草附茸
防风	独活	天麻	赤箭

还筒子　　升麻　　　苦参　　　龙胆草

细辛　　　白薇　　　赤芍药　　泽兰叶

益母草　　茺蔚子　　夏枯草　　漏芦

木贼　　　马兰花　　紫菀　　　女苑

地肤子　　紫苏　　　车前子　　扁蓄

蒲公英　　紫花地丁　柴胡　　　牛蒡子

苍耳子　　菟丝子　　五味子　　马兜铃

金银花　　木通　　　卷柏　　　马勃

辽党参　　牵牛子　　香青蒿　　藜芦

瞿麦

木部

黄檗　　　枸杞子　　天精草　　地骨皮

蔓荆子　　安息香

果部

松子　　　榛子　　　山楂　　　山核桃

谷菜部

荞麦　　　山百合　　山丹　　　薤

蔓菁子　　蘑菰蕈　　木耳

金石部

金　　　　银　　　　浮石

鸟兽部

雉　　　　虎　　　　虎骨（附：肉、血、肚、肾、胆、鼻、牙、爪、皮、

须、屎、屎中骨、油、魄）

豹 　　 豹骨（附：肉、脂、鼻）

熊 　　 熊掌（附：肉、脂、脑、胆、髓、血、骨）

鹿 　　 鹿茸（附：角、齿、骨、肉、脂、髓、脑、精、血、肾、胆、靥、皮、粪、胎、乳饼、胫骨）

麋（附：茸、角）

獐 　　 麝香 　　 野猪 　　 山羊血

狐 　　 貉 　　 獾（附油）豺

狼（附脂） 兔 　　 （明月砂） 獭（附肝）

猕猴（附经） 貂鼠

鳞介昆虫部

蛇脱 　　 真珠 　　 蜂蜜 　　 黄蜡

草 部

黄耆[①]

《纲目》名黄耆，《本经》名戴糁，药性论名王孙，李氏时珍曰：耆者长也，为补药之长，俗通作芪。《本草集解》：根长二三尺，独茎，丛生，枝干去土二三寸，其叶扶疏，作羊齿状，如蒺藜苗。时珍谓黄耆叶似槐叶而微尖小，如蒺藜叶而阔大，青白色。开黄紫花，大如槐花。结小尖角，长寸许。根长二三尺余，以紧实如箭干而绵者良，出绵上及泉乡者为上，惟土黄耆味苦而坚，

---

① 黄耆，现多书为：黄芪。

不适于用。性甘温补中，用炙达表用生，深秋初冬采根，阴干；亦有仲春采者。长属每岁所产，足售远方。

人参

古木作蓡，《别录》名神草，名土精，《广雅》名地精。时珍曰人蓡，年深浸渐长成根如人形者，有神，故谓之人参。集解：人参生上党山谷及辽东，仲春初夏中秋采根，竹刀刮，暴干，勿令见风。根如人形者良。人参赞云：三丫五叶，背阳向阴。人来求我，椴树相寻。椴树似桐，甚大，荫广则参生。初生小者三四寸许，一丫五叶，始生有三叶者，四五年后生两丫五叶，未有花茎；至十年后生三丫；年深者四丫，各五叶。中心生茎，俗名百尺杵。三月四月有花，细小如粟蕊，如丝，紫白色。秋后结子，或七八枚，如大豆，生青熟红，自落，亦可收子。于十月下种，如种菜法。高丽参者居多，来中土互市，江淮间亦产土人参，味极甘美，力不足与辽参敌。辽参以种黄白而润，纹质紧实者佳。伪造煮沙参、荠苨、桔梗根亦足乱真，其似人形者尤多赝伪。真者生甘苦微凉，熟甘温，大补肺中元气，能回生气于无何有之乡。伪者误用流毒不浅，今辽东伪者甚夥，并有山参、秧参之分，不可不辨。长属所采所种，行销内省，每岁所收价值约万金。

按：中土岐黄家不知参苗所产，通称高丽参，或曰辽参。究竟真赝悬殊，高丽参不及中参远甚。中参以临江迤东，白山迤西一带冈岭所产称最上品，汤河左近即拟设抚松县治。参园甚夥，名曰秧参，以十二年成参为上品，次则八年或四、六年。一年参纹一道，确有明验。每年六七月间，高丽人辄向汤河参户以布匹纸张易参，而转售于中土，获利颇重。今年缘新开龙华冈回长，行至十五道沟掌尝遇高丽数十人，纱帽白衣，牵黄牛十余头，驼布匹纸张等物如业商者。然询其所之，则曰赴汤河。问何业，则曰以纸布易参也。以是知高丽所售之参，确系汤河秧参无疑。

刨参土俗

土人名参为榜棰，象形也。每年至七月间入山刨参，名曰放山。身佩红线绳数条，绳头系铜钱一个，手拄小木杖一根，披荆拨草蹒跚而行。一见参苗特出，则疾趋，向前大声呼之曰榜棰，以红线绳系之，青铜钱镇之，并伏地叩头以谢山神。然后四围掘坑，宽至四五尺，深至五六尺不等，缘参苗以须为贵，恐损其须故也。掘出后以土包之，如大瓮形，售之参商，再加以蒸练法。

参条

从新云辽参之横生芦头上者，力已薄，只可用以调理常症，价值亦廉。

参须

从新：参之横生芦头上而甚细者，性与参同而力薄，贫乏者往往用之，今市中皆由分别出售云。

人参子

《拾遗》云：如腰子式，生青熟红。近日贩客从辽东带归内省者，多青绿色，如豆大，以北地霜早，入山采取不及熟红也。售价颇昂，发痘引浆，无痒塌之患。按：苏人呼极小生参为子参，亦名太子参，即辽参之极小者，近盛行于吴中。参叶，初，归客带入内地，饷遗代茶，生津润肺。苏州市中渐有货者，价值日增，特补录以广销售。近时有用参子催生，佥云有效。

贝母

《尔雅》名莔。陶氏宏景[3]曰：形似聚贝子，故名贝母。时珍曰：诗云言采其蝱，即贝母。一作莔，根状如莔也。集解：贝母，生晋地，十月采根，暴干。叶似大蒜叶，四月蒜熟时采之，若至十月，苗枯根亦不佳。出润州荆襄者佳，川省及江南诸州多有之，豫皖各省均产贝母。苏颂云：二月生苗，茎细，色青，叶似荞麦，七月开花，碧绿色，形如鼓子，八月可采。陆机《诗疏》云：莔，贝母也，叶如栝蒌而细小，其子在根下，如芋子。郭璞《尔雅注》谓：花白叶似韭，此种今罕见矣。雷敩[4]曰：贝母中有独颗团满不分两片，无皱纹者，号丹龙精，不入药品，误服令人筋脉不收，惟黄精、小蓝汁可解。足证种类不一。性微寒苦，泻心火，辛散肺郁，解诸疮毒，亦外科中之佳品。长地所产颇堪适用，销售价值约在东钱四千串之谱。

沙参

《别录》[5]名铃儿草，名虎须，又名苦心。宏景曰：此与人参、苦参、元参、丹参是为五参。其形不尽相类，而主疗颇同，故皆有参名。《集解》：沙参生河内川谷，二月八月采根，暴干。

又淄、齐、潞、随、江、淮、荆、湖，皆有之。时珍曰：沙参，处处山原有之。二月苗生，叶如初生小葵叶，而圆扁不光。八、九月抽茎，高一二尺，茎上之叶，尖长如枸杞叶，小而有齿。叶间开小紫花，长二三分，如铃铎状，五出白蕊，亦有白花者。结实大如冬青实，有细子，霜后苗枯。根生沙地者长尺余，大一虎口，生黄土中则短而小，茎根皆有白汁。八、九月采者白而实，春采者黄而虚。伪造者紫蒸压实，以乱人参，但体轻松，味淡短耳。性甘苦，微寒，专补肺气，宜肺热，不宜肺寒。《备要》云：人参补五脏之阳，沙参补五脏之阴。肺热者用之以代人参。产北地者良，故近有辽沙参之名。

桔梗

时珍曰：此草之根结实而梗直，故名。分甜苦二种，《本经》以荠苨为甜葶桔梗，至《别录》始发明荠苨条，分为二物，其性味、功用有同有不同，当以《别录》为是。《集解》：桔梗，今在处有之，根如小指大，黄白色，春生苗，茎高尺余。叶似杏叶而长椭，四叶相对而生，嫩时亦可煮食。夏开小花，紫碧色，颇似牵牛花，秋成结子，八月采根，暴干。性苦辛而平，肺经主药。《本草》谓有小毒，经诸家辩之，仍以苦辛平为宜。长属所产，行销颇远。

荠苨

《图经》名杏参，《纲目》名甜桔梗。时珍曰：荠苨多汁，有济苨之状，故以名之。济苨，浓露也。其根如沙参，而叶如杏，故河南人呼为杏叶沙参，俗名亦呼甜桔梗。《别录》分而晰之，

《备要》谓似人参而体虚无心，似桔梗而味甘不苦。荠苨、桔梗以有心无心分之，皮色亦稍异，惟奸贾伪造以乱人参，不可不辨。性甘寒，无毒，利于肺。长属亦间有之。

薄荷

长地所产，气味甚浊，不适于用。土人采之，不成价值，即奉省行销者，以南来为上。

黄精

《拾遗》名救荒草。《瑞草经》名黄芝。宏景曰仙人余粮。蒙筌名野生姜。俗名山生姜。《集解》：黄精生山谷，二月采根。处处有之，二月始生，一枝多叶，叶状如竹而短，根如鬼臼，柔而有脂。《备要》云：以其得坤土之精，久服不饥，植物中钩吻类，黄精惟叶尖有毛，不可不辨，误服伤人。黄精性甘平，无毒，治法必九蒸九晒为宜，长产只销本省。

萎蕤

《别录》名玉竹，《本经》名女萎。时珍曰：此草根长多须，如冠缨下垂之緌，故以名之。《集解》：处处山中有之，根横生，似黄精，差小，服食家亦有用之者。叶青黄色，相值如姜叶，三月开青花，结圆实。性味甘平，可代参耆。仲春、初秋皆可采，竹刀刮皮，阴干。

苍术

时珍曰：苍术，古名山蓟。处处山中有之，以茅山出者为佳。苗高二三尺，其叶抱茎而生，稍间，叶似棠梨叶，其脚下叶有三五叉，皆有锯齿小刺，根如老姜，苍黑色，肉白有油膏。采时以深冬为良，二三月，八九月亦可采，米汁浸后，焙干，同芝麻炒以制其燥。《集解》：古方不分苍白二术，经陶隐君发明，自宋而后，始言苍术，性苦辛，气芳烈，与白术之性苦甘气和平，各适其用，后人主之。白术以皖、浙产者为佳，即苍术亦以茅山、嵩山为上品，东境之术芳烈稍逊云。

贯众

《本经》名贯节、贯渠，《纲目》名黑狗脊，图经名凤尾草。《本草注》：叶茎如凤尾，其根一本而众枝贯之，故叶名凤尾，根名贯众。时珍曰：多生山阴近水处。数根丛生，一根数茎，根大如筋，其涎滑，叶则两两对生，如狗脊之叶而无锯齿，青黄色，面深背浅，其根曲而有尖嘴黑须，丛簇亦似狗脊根而大，状如伏鸥。性苦微寒，有毒，能解邪（熟）[热]之毒，二三月及八月采根，阴干，浸水，可避时瘟。

淫羊藿

《唐本草》名仙灵脾。宏景曰：服之使人好为阴阳。西川北部多羊，一日百合，服此所致，故名淫羊藿。时珍曰：生大山中，一根数茎，茎粗如线，高三尺，茎三丫，一丫三叶，叶长二三寸，如杏叶及豆蔻，面光背淡，甚薄，细齿有微刺。《集解》：四月开白花，花分白紫二色，五月采叶，晒干。《蜀本草》言：生处不闻水声者良，湖湘生者其叶经冬不凋，其性辛香甘温，根叶皆可用，辽产次之。

紫草

《尔雅》作茈草。(猺獞)[瑶侗]人呼为鸦衔草。花紫,根紫,可以染色,故名。《集解》:生砀山山谷及楚地,三月采根,阴干。又云所在皆有,二月开花,八月熟实。时珍曰:种紫草,三月下种,九月子熟,春社前后采根,阴干,其根有毛如茸,当未花时采者佳。《备要》:古方用茸,取其初得阳气,以类触类,用发痘疮,今人不达此理,惟品其性曰甘、咸,气寒一概用之,误矣。

茸

《拾遗》云紫草茸,以西藏采制者为佳,辽东之紫草茸仍来自内地,辽产紫草售之本省市中而已。

防风

《别录》名屏风。时珍曰:防者,御也。其功疗风最要,故名屏风。防风者,隐语也。《集解》:汴东州县、江、浙、淮、青、齐一带产者良,正月生,初叶紫红色,渐分青绿色,似青蒿而短小,五月花,有黄白二种,六月结实,采根以二月、十月为宜,季春季夏亦可采,取根,暴干。性甘辛,微温,为祛风瘟之要药,长白所产,行销本省。

独活

《本经》即羌活。宏景曰:一茎直上,不为风摇,故名独活。《别录》云:此草得风不摇,无风自动,又名独摇草。古方惟用独活,后人谓独活为羌活之母,是一类二种,遂分用。《备要》亦分为二。注云:节疏,色黄,为独活;节密,色紫,气猛烈者为羌活,并出蜀汉。又云：自羌中来者为羌活。《集解》云：春生，苗叶如青麻，六月开花作丛，分黄紫色，结实时，叶黄者，是夹石所生；叶青者，土脉中所生。二月八月采根，暴干，以出蜀汉者良。辽产亦佳，足行销内地云。

天麻

药性名赤箭芝，有风不动，一名定风草。《集解》：四五月八月采根，暴干。叶如芍药而小，中抽一茎，直上如箭，茎端结实，状如续随子。至叶枯时，子始黄熟。其根连一、二十枚，犹如天门冬之类。形如王瓜，亦如芦藘，大小不定，以生于齐郓者独佳，他处虽有，多不适用，长属所产，辽市并售之。

赤箭

即天麻根茎。《本草》：性辛温，无毒。《集解》谓：赤箭与天麻主治不同，（明）[宋]太史沈括尝为辩论，惟古方用天麻不用赤箭，用赤箭不用天麻，又是为一物矣。时珍曰：《本经》止有赤箭，后人称为天麻，足征一物。至主治不同之说，按苏颂《图经》谓天麻自表达里，赤箭自里达外，性味悉属甘温，后人遂分为二，医家亦依以为据矣。

还筒子

《本草纲目》：即天麻子，功用性味悉同天麻。

升麻

时珍曰：其叶似麻，其性上升，故名。《集解》：升麻生益州山谷，二月、八月采根，暴干。宏景曰：旧以宁州为第一，其形细黑坚实。出益州者细削青绿，色亦佳。拾遗云：升麻以绿色者为佳，性甘辛，微苦，用之散表风邪，北部多有，实不堪用，贾人亦妄售焉。

苦参

时珍曰：苦以味名，参以功名。《别录》曰：生汝南山谷及田野，三月、八月、十月采根，暴干。宏景曰：近道处处有之，叶极似槐叶。春生冬凋，花黄白色，子作荚，根味至苦恶。《集解》云：其根黄色，长五七寸，粗如骈指，三五茎并生，秋日结子，如小豆子，惟河北生者无花子，五月、六月、十月采，其性苦寒入肾，肾虚者忌之。长地所产尚堪适用。

龙胆草

《纲目》：叶如龙葵，味如苦胆，因以为名。《集解》云：根状似牛膝，味甚苦。苗高尺余，四月生叶如嫩蒜，茎细如小竹枝。七月始花，如牵牛花，青碧色，冬后结实，其叶有经霜不凋者，亦同类而别种也。性大苦，大寒，泻肝胆之火。旧说生齐朐山谷。宏景亦谓以吴兴者为胜，今辽东所产行销内地。

细辛

《纲目》：出华阴者真，根细而味极辛，故名。宏景曰：今用东部临海者，形段亦好，而辛烈不及华阴。高丽产，亦可用，须去头节。《集解》:细辛如葵，亦黑，一根一叶相连。今处处有之，不及华阴之真良也。草中有杜蘅、鬼督邮、徐长卿，皆足乱之，不可误用。采时拣去双叶者。辽东所产甚夥，行销内省，长属所采，每年亦足售千金。

白薇

《别录》名薇草。时珍曰：微，细也。其根细而白也。《集解》：白薇生平原川谷，三月三日采根，阴干。宏景曰：近道处处有之。茎叶俱青，颇类柳叶。六七月开红花，八月结实，根黄白色，类牛膝而短。性味苦咸而寒，治阴虚火旺，生痰，尤宜妇人，古法以三月三采，今人多八月采之。

赤芍药

《纲目》：名将离。《图经》：赤者名木芍药。时珍曰：芍药，犹绰约也，绰约，美好貌。此花容色绰约，故以为名。《集解》：芍药处处有之，淮南者胜。春生红芽作丛，茎上三枝五叶，似牡丹而狭长，高一二尺。夏初开花，有红白紫数种，结子似牡丹子而稍小。秋时采根，暴干。扬州芍药甲天下。十月生芽，至春始盛，三月开花。其品凡三十余种，有千叶、单叶、楼子之分，入药用单叶者之根，今药中所用仍以淮南者为佳。性味苦酸，微寒，主治与白者同，惟泻邪行血少利耳。长地所产惟赤色者，行销辽东，每岁所得价值约三百金。

泽兰

宏景曰：一名都梁香，吴人呼为水香草，俗名孩儿菊。生于泽旁、山谷，亦生今药家，不分泽兰、山兰，同而采之。兰草、泽兰一类二种，俱生下湿，紫茎素枝，赤节，绿叶，叶对节生，有细齿，但以茎圆节长，叶光有歧为兰草，茎方节短，叶有毛者为泽兰，不难辨也。此草浙、闽、江、皖、鄂、湘为最胜，性味苦甘辛香，为女科要药。旧说以三月三日采取阴干，今人多七月八月采之，惟长白节候尤迟，百物发生不能应时，因地适宜，万勿胶柱可也。

益母草

《本经》名茺蔚，《会编》名野天麻，《外台》名夏枯草，因其夏至后即枯。另有名夏枯草者，别一种也。时珍曰：此草及子皆充盛密蔚，故名茺蔚。性味辛甘，微温，无毒，又云辛微苦寒，能明目益精，为经产良药，其功宜于妇人，故名益母。陆机云：《尔雅》名蓷。蓷，益母也，故曾子见之感思。《集解》云：茺蔚生海滨池泽，又云处处有之，今之园圃及田野尤多，叶似荏方，茎类麻，花分白紫，生节间，节节生花，实似鸡冠子，其色黑，益母以五月采之，九月采实。

茺蔚子

《备要》：即益母草实，主治略同，久服有子。长属所产甚夥，惜此物不成价值云。

夏枯草

《纲目》：此草夏至后即枯，盖禀纯阳之气而生，得阴气则枯，故有是名。《集解》：夏枯草处处有之，原野间甚多，苗高一二尺许，冬至后生，叶似旋覆。三四月开花，作穗，紫白色，似丹参花，结子亦作穗，五月便枯，四月采之。

漏卢

时珍曰：屋之西北黑处谓之漏，凡物黑色谓之卢。此草秋后即黑，故有漏卢之名。《集解》：此药亦名荚蒿，茎叶似白蒿，花黄，生荚，长似细麻之荚，大如箸许，有四五瓣，七八月后皆黑，异于众草。今曹、兖、沂、秦、淮、海所产，花色不一叶颇相类，但秦海生者叶作锯齿状，一物而殊类也。如此入秋，叶茎皆黑者为真。《备要》云：闽中茎如油麻，叶黑如漆者尤佳。医家常用茎叶，性味苦咸而寒，软坚泄热用根者鲜。陈氏藏器曰：南人用苗，北人用根。《别录》八月采根之说，不为无据。长属所产，行销未广。

木贼

时珍曰：此草以之治木，磋擦光洁，犹云木之贼也。（掌）[尝]禹锡《嘉祐本草》[6]谓：木贼出秦、陇、华、成诸郡近水地，苗长尺许，丛生，每根一干，无花叶，寸寸有节，色青，凌冬亦不凋，四月采之。《集解》：所在近水处多有之，采无定时，其节中空轻扬，形同麻黄而粗过之。性温味微甘，少苦，能治目疾，辽产亦佳，行销内省。

马兰花

时珍曰：俗称物之大者为马，马兰其叶似兰而大，花似菊而紫，故名。《集解》：马兰生泽旁，如泽兰而气臭，北人呼其花为紫菊，以其似单瓣菊而紫也。性味辛平，叶皆可用，破血甚良，惟备要不载，医家偶有用者，行销亦滞。

紫菀

《纲目》名返魂草。许氏《说文》作紫菀。时珍曰：其根色紫而柔宛，故名。《集解》：紫菀生汉中，房陵山谷及真定、邯郸、沂兖、皖省皆有之。宏景谓：近道处处有之。其生布地，花紫色，本有白毛，根甚柔细。陈自明云：紫菀以牢山出者良，今人多以车前、旋覆根染以赤土伪充，贻害肺病，不可不慎。真者性味辛温，润肺也。采之以二月三月为时宜，阴干，根叶悉入药，长产惟销本省。

女菀

《纲目》即紫菀之白白者，功与紫菀相似。自紫菀行，而医家用者鲜矣。市中混入紫菀者有之。

地肤子

《本经》名地葵，《别录》名地麦，宏景云一名扫帚，药性名益明，北人名涎衣草。时珍曰：地葵，因其苗味似也；麦，因子形似也。益明子能明目也。茎可为帚，故名扫帚。涎衣者，以叶细极弱不能胜举也。初生薄地五六（十）［寸］，根形如蒿，茎赤，叶青，大如荆芥。三月开黄白花，结子青白色，性甘苦而寒，可入补剂，八月采实阴干。

紫苏

时珍曰：苏性舒畅，行气和血，故谓之苏。苏亦荏类，特味辛如桂耳，故《尔雅》谓之桂荏。宏景曰：苏叶紫色而气甚香，非紫色似荏不香者谓之野苏、白苏，皆不堪用。《集解》：紫苏，夏采茎叶，秋采子，子与叶同功，润心肺，下气，定喘。《备要》云：叶发汗散寒；梗，顺气，安胎；子，降气，开郁，各有功用。长地所产，价值岁约三四百金。

车前子

《本经》名当道。按《尔雅》云：芣苢、马泻、牛遗、车前，皆指此。陆机云：此草好生道边马迹中，故有车前，当道各名。《诗疏》谓之牛舌。《集解》：车前，江、湖、淮、汴及北地处处有之。春初生苗，〔叶〕布地如匙面，累年者长及尺余，中抽数茎，作长穗如鼠尾。花甚细密，青色微赤。结实如葶苈，亦黑色。故性味甘寒，利水。今人五月抽苗，八月采实，旧说五月五日采取，阴干。车前根北人采之暴干，伪作紫菀，不可误用。

扁蓄

时珍曰：许氏《说文》作扁筑。筑与竹同，故宏景谓为扁竹。《纲目》曰粉节草，以节间有粉也。《集解》：此草处处有之，春中布地生道旁，苗似瞿麦，叶细绿如竹，赤茎如钗股，节间生花甚细，青黄色，亦有细红花者，根如蒿根，性苦平，能杀虫疥，以四五月采苗阴干。

蒲公英

《纲目》名黄花地丁，入菜部，以其苗嫩可食也。《拾遗》载：白鼓钉即此。《备要》入草部，叶如莴苣，花如单瓣菊花。四月开花，花残，飞絮断之，茎中有白汁。郑方升曰：一茎两花，高尺许者，掘下数尺，根大如拳，旁如人形拱栿。捣汁和酒治膈噎如神。

性味甘平，李氏东垣[7]曰：苦寒，肾经君药，通淋妙品，不止解毒消痈也。此草处处有之，功用甚大，不可谓物以罕珍，置之常品也。

紫花地丁

时珍曰：处处有之，其叶似柳而细微，夏开紫花，结角，平地生者起茎，沟壑边生者起蔓。性味苦辛而寒，主治痈疽，发背，恶疮，无名肿毒，草中佳品也。有白花者，时珍谓别一种，故近世尚不以白花为良云。

柴胡

《纲目》作茈胡。茈，古柴字。《集解》：关陕、江湖间近道皆有之，以银州者为胜。二月生苗，甚香。茎青紫坚硬，微有细线。叶似竹叶而稍紧小，亦有似斜蒿者，亦有似麦门冬叶而短者。七月开黄花，根淡赤色，似前胡而强过之。生丹州者结青子，与他处者不类。其根似芦头，有赤毛如鼠尾，独窠长者良。时珍曰：银州即延安府地。二八月采根，暴干，采银柴胡用银刀，削去赤薄皮，以粗布拭净，勿令犯火。凡病非柴胡不可者，银柴胡一付可愈，南方者须三付。南产根软，所谓软柴胡也。软者治虚热独良。北地今人谓之北柴胡，入药亦佳，观此用药以道地为妙矣。

牛蒡子

《别录》：古名恶实，名鼠粘子。《纲目》名大力子。时珍曰：其根叶皆可食，因状恶多刺名恶实、鼠过子，堕粘不可脱，亦名鼠粘。《集解》：处处有之，叶大如芋，子壳似粟，实细长如芜蔚子。性辛平，润肺解热，根苦寒。竹刀刮净，汁和蜜，治中风、恶疮。长属所产实夥，到去价廉，不能远销。

苍耳子

名见《尔雅》，本经名枲耳，《诗经》名卷耳，《纲目》名猪耳。宏景云：俗名羊负来。记事珠名进贤菜。本草以耳名者，因实得名也。陆机《诗疏》：其实如妇人耳珰，今人又谓之耳珰。郑康成谓为白枲。幽州人呼为爵耳。《博物志》：洛中有人驱羊入蜀，胡枲子多刺，粘缀羊毛，遂至中（国）［土］，故名羊负来，如鼠粘子之类。《别录》：枲耳，生安陆川谷及六安田野，实熟始采。《集解》：今处处有之。时珍曰：按《救荒本草》云：叶青白色，类粘糊菜。秋间结实似桑椹，短小而多刺。嫩苗水浸熟食可救饥。子苦甘性温，善发汗散风湿，古方根叶皆入药，长属所产惟销本省。

菟丝子

《别录》名赤网。《尔雅》名玉女，又名唐蒙。《吕氏春秋》云：菟丝无根。根不属地，茯苓是也。《抱朴子》云：菟丝之草，下有伏菟之根。无则丝不得生，茯菟抽则菟丝死，恐不尽属也。旧说菟丝初生之根，其形似菟，掘取，割其血以和丹服之，立能变化，则菟丝之名因此也。宏景曰：下有伏苓，上有菟丝，不必尔也。朱震亨[8]谓菟丝未常与伏苓同类，女萝附松而生，不相关涉，皆承讹而言也。意谓《抱朴子》所云今未见，岂别一类乎！按孙炎《释尔雅》云：唐也，蒙也，女萝也，菟丝也，一物四名。《本草》：唐、蒙为一名。诗曰：茑与女萝。毛氏苌云：女萝，即菟丝也。《本草》：菟丝无女萝之名，岂二物皆寄生同名，而《本草》脱漏乎？《别录》：菟丝子生朝鲜川泽田野间，蔓延草木之上。九月采实，暴干。色黄而细者为赤网，色浅而大者俗名菟累，功用并同。《集解》：近道处处有之，夏生苗，初如细丝，布地不能自起，得他草梗则缠绕而生，其根渐绝于地而寄空中。他草多被缠枯，始开花结子，子如碎黍米粒，或云无根假气而生，信然。性味甘辛和平。入秋采子，暴干，得酒更良。主治强阴益精，祛风明目。辽产行销内地，长属所产，亦足售远方。

五味子

《尔雅》名荎藸。五味，肉甘、酸，核辛、苦，都有咸味，五味具也。时珍曰：五味分南北产，南产者色红，北产者色黑。性味属温，风寒在肺宜南产，入滋补剂以北产为良。《集解》：生齐山山谷及代郡。八月采实，阴干。蒲州、蓝田、河中府皆产之，今河东、陕西州郡尤多，杭越间所产，即南产地。宏景曰：五味第一出高丽，多肉而酸甜；次出青、冀，味过酸。又产建平者，肉少味苦，亦良。五味，春初生苗，引赤蔓于高木，其长六七尺，叶尖圆类杏叶。季春初夏开黄白花，状类莲花。七月成实，丛生茎端，如豌豆许大，生青熟红，或紫黑，种类不一，大抵相近。采时蒸干，长属界高丽，所产宜良，行销内地，每岁所得价值次于人参。

马兜铃

寇宗奭曰：蔓生附木而上，叶脱时其实尚垂，状如马项之铃，故得名也。《集解》：马兜铃，今关中、河东、河北、江淮、夔、浙诸州郡皆有之。春生苗，作蔓绕树而生。叶如山蓣[9]叶，而厚大过之，背面白色。六月开黄紫花，类枸杞花。七月结实如枣大，状似铃，作四五瓣。其根名云南根，微似木香，大如小指，亦黄色。七八月采实，阴干。性味苦寒，主治肺热。长属亦产，行销未广。

金银花

《纲目》名忍冬，一名金银藤。宏景曰：处处有之。时珍曰：忍冬附树延蔓，茎微紫色，对节生叶。叶似薜荔，色青有毛而涩，三四月开花，长寸许，一蒂两花二瓣，一大一小，如半边状，长蕊。花初开色白，经二三日，则变黄矣。新旧相映，故呼金银花，气甚芬芳。四月采花，阴干；叶四季皆可采，阴干为宜。性味甘寒，亦苦酸，热解毒，长属所产甚夥，惟销本省。

木通

《备要》：古名通草。又通脱木，一名通草，宋本草混而为一，时珍分而明之。宏景曰：产近道，绕树藤生，茎有细孔，吹之两头皆通者良。此物大者径三寸，每节二三枝，枝有五叶。夏秋开紫花、白花，结实子长三四寸，核黑瓤白，食之甘美。正、二月采枝，阴干。旧说泽、潞、汉中、江淮、湖南州郡悉产之。性味甘淡，雷公云味苦，甄权[10]云味寒，以苦寒得平。辽产亦良，长属所采售值亦等于五味云。

卷柏

《纲目》名长生不死草。宏景曰：近道多有，丛生石上。用时，去在下近沙石处。《别录》：生山谷石间。五、七月采，阴干。宿根紫色，多须。春生苗，似柏叶而细，拳挛如鸡足，高三五寸。无花子，性最耐久，俗呼为万年松，生用辛平破血，炙用辛温止血。长属亦产此物，以常山、关陕、兖沂诸州为多。

马勃

《别录》：马勃，生园中久腐处。宗奭：生湿地朽木中，状如狗（肝）[肺]，紫色虚软，弹之粉出。夏秋采之，有大如斗者，小如升（勺）[勺]，韩退之所谓牛溲、马勃，俱收并蓄者是。性辛平，清肺解热，惟市中行消销未广也。

辽党参

《拾遗》引《本经》谓产山西太行者，名上党参，虽无甘温峻补之功，却有甘平清肺之力，不似沙参性寒，专泄肺气味也。《百草镜》云：党参，一名黄参，黄润者良，出山西潞安、太原等处，有白色者，总以净软实壮味甘者佳。从新引《古本草》云：参须上党者佳。真党，久已难得，市中党参种类甚多，多不堪用。翁有良辩误云：党参以山西出者为胜，陕西次之，川党盖因陕西毗连，移种栽植，皮白味淡，形类桔梗，不堪适用。长属亦产，较晋省所产形状相同，惟皮色稍粗，药人售之可知物亦不以地囿也。性味功用尚待品评焉。

牵牛子

《纲目》名黑丑。《备要》云此药汉前不入本草，故仲景[11]方中无此；《别录》载宋后始多用者。宏景谓此药始出田野人牵牛谢药，故以名之。有黑白二种，名黑丑、白丑者，盖以丑属牛而隐语也。《集解》：处处有之，二月种子，三月生苗，蔓绕篱墙，高二三丈。叶青，生三尖角花，微红带碧，亦有紫色带白者，八月结实，白皮裹球，内包子四五枚，大如荞麦，形生三棱，九月采之。性辛温有毒，黑者力能速于攻下云。

青蒿

《集解》：叶似茵陈而背不白，高四五尺，仲夏采，暴干，入药。诗云：呦呦鹿鸣，食野之蒿，即此。沈括[12]《梦溪笔谈》：青蒿一类二种，分青黄二色。《本草》独取青蒿，自有别也。青蒿深秋不黄，其气芬芳，入秋花黄，花细香远，实结细子。《备要》：性苦寒，二月生苗，得春木少阳之气最早，治骨蒸劳热。凡药苦寒伤胃，惟青蒿香芬入脾，宜于血虚，有热之人毫不损胃。叶、茎、根、子功用并同，惟用时使子勿使叶，使根勿使茎耳。此药随处有之，亦药中之佳品也。

藜芦

《别录》名山葱。时珍曰：北人谓憨葱，南人谓之鹿葱。集解：藜芦处处有之。三月生苗如初出稷心，叶如车前，其大逾之。花肉红色，茎似葱白，青紫色高五六寸，上有黑皮；采根，阴干。性辛寒至苦，有毒，入口即吐，风痫症多用之。

瞿麦

《尔雅》作蘧麦,一名大菊。《别录》名大兰。《日华本草》名石竹。《纲目》名南天竺草。宏景曰:子似麦,故名瞿麦。(韩)[陆]佃《解韩诗外传》云:生于两旁谓之瞿。此麦之穗旁生故也。时珍曰:叶似地肤而尖小,又似初生小竹叶而细窄,其梗纤细有节,高尺余,稍间开花。田野生者,花大如钱,红紫色。人家种者,花稍小而妩媚,有细白、粉红、紫赤斑烂数色,俗呼为洛阳花。结实如燕麦,内有小黑子。宏景曰:按经云采实。雷敩用蕊壳,勿用茎叶。《备要》亦渭用蕊壳。性苦寒,利小肠,治五淋之要药,梗叶尤利下部,恐使人小便不禁也。

木　部

黄檗

时珍曰:名义未详,旧说谓木可染色。《本经》言檗今用皮,古时岂木与皮通用乎。檗字,俗省作柏。《别录》:生汉中山谷及永昌。宏景谓:出邵陵者薄而色深。出东山者厚而色浅。《集解》:按蜀《本草图经》云,树高数丈,叶如吴茱萸,如紫椿,经冬不凋。皮外白,里深黄色。共根结块,如松下茯苓。今所在有之,他处生者树小形同石榴。又一种小而多刺,以川产肉厚、色深者为上品。性苦寒微辛,生降实火,炙不伤胃,炒黑能止带崩,以五月采皮,阴干。辽亦行内地,长属所产足售远方。

枸杞子

枸杞,古作枸檵。《尔雅》:檵,音计。《别录》作枸忌。《诗疏》作苦杞。《抱朴子》名天精。《图经》名甜菜。《本草》名西王母杖。一名仙人杖。旧说枸、杞,二树名。此物棘如枸之刺,茎如杞之条,故兼名之。道书言千载枸杞,其形如犬,故得枸名,未悉然否。《集解》:生常山平泽坂岸及诸陵壑,今处处有之。春生苗,叶如石榴叶而软薄,堪食,其茎干高三五尺,作丛。六七月生小紫红花。结红实,形微长如枣核。其根名地骨。时珍谓古时枸杞、地骨以常山为上,后世惟取陕西,而又以甘州者绝佳。今兰州、灵州、九原以西并成大树,叶厚根粗。河西甘州者,子圆如樱桃,暴干,紧小,少核,干亦红润,甘美如葡萄,可作果品,异于他处。沈存中《笔谈》亦言:陕西极边生者,其高逾丈,可作柱木,叶长数寸,无刺根皮如厚朴,入药应以河西为上也。《备要》谓南方所产高数尺,西北所产并成大树。《本草》云其性苦寒,《备要》言甘平,入滋补剂。辽产输出无多,其品亦次。

天精草

《备要》:即枸杞叶。性味甘苦而凉,清上焦心肺客热,代茶治消渴。古方叶、根、子并重,今用者鲜矣。

地骨皮

《纲目》:枸杞根,味苦寒。《备要》云:淡甘而寒,治五内邪热,兼补正气。《别录》:枸杞根大寒,子微寒。冬采根,春夏采叶,秋采茎实。

蔓荆子

时珍曰：其枝小弱如蔓，故曰蔓荆。《集解》：蔓荆生水滨。苗茎延蔓，长丈余。因旧枝而生小叶，五月叶成似杏叶。六月有花，红白色，黄蕊。九月有实，黑斑大如梧子而轻虚。叶未凋以前采实。性味辛苦而寒，治头面风虚之症，用时蒂下有白膜一重，去膜打碎。

安息香

时珍曰：其香辟恶安息诸邪。按：段成式《酉阳杂俎》[13]云：安息香树出波斯国，呼为避邪树。长亦有二三丈者，皮色黄黑。叶有四角，经寒不凋。二月开花色黄，花心微碧。不结实。刻其树皮，胶出如饴，六七月坚凝乃取之。焚时通神避恶，名安息香。《吉林外（志）[记]》谓长白山一带出安椿香，即安息香。安椿者土名也。

果　部

松子

时珍曰：松子出辽东，云南，松须毬五鬣内结子。《集解》：松子状如小栗，三角，其中仁味香美。亦有南北之分，产华阴者形小壳薄，有斑，极香。塞上者肉香味美，性甘温，润肺胃，除风，散水，治咳嗽。长属所产，行销内地，每岁约价值千余金。

榛子

《集解》：生辽东山谷。高丈许，子如小栗，军行食之，当粮止饥。郑玄云：关中甚多。惟新萝者榛子肥白，最良。时珍曰：榛树低小如荆。冬月开花如栎花，成条下垂。三五相间，一苞一实，生青熟红，其壳厚而坚，其仁白而圆，大如杏仁，亦有皮尖，然多空者，谚云：十榛九空。陆机《诗疏》云，榛有两种，有大小之分，性味甘平，调中开胃。长属之榛，行销关内，价值约三倍于松子云。

山楂

《唐本草》名赤爪子。《图经》名棠梂子。《食鉴》名山里果。《俗本》俗作山查。时珍曰：赤爪、棠梂、山查一物也。古方罕用，故《唐本草》虽有赤爪，后人不知即此，丹溪朱氏始著山楂功效，而后遂成要药。其类有二种，一种小者可入药用。树高数尺，叶有五尖，桠间有刺。三月内开五出之小白花，实分赤黄二色，形如小林檎，如指头，九月乃熟。性味酸甘咸温，消积散气。长地所产，价值约东钱四千串云。

核桃

《纲目》：性甘平而温。苏颂曰：性热，不可多食。皮涩，敛肺定喘，固肾涩精，有金樱莲须之功。长属山中所产甚夥，惟皮厚而大坚，多肉少［穰］，其壳甚厚，椎之方破。与刘恂《岭表录》所载山胡桃同入药，恐非上品也。

谷　菜　部

荞麦

详见本志谷类备要。性味甘寒，降气宽肠，治肠胃沉积，炼五脏垢秽，敷痘疮，解汤火伤。虚寒之人勿服。《纲目》谓甘、平、寒。思邈曰：酸，微寒，食之难消，久食动风。叶，下气，利耳目。秸，烧灰淋汁，蜜收膏，烂痈疽，蚀恶肉最良。辽产甚夥，随麦豆高粱，亦行销外处云。

山百合

《拾遗》：此百合之野生者，瓣斜长而味甘，山人采货之。又云：百合有三种，白花者入药，红花者名山丹，黄花者不入药。旧说谓檀香百合可食，虎皮百合食之伤人。山百合花迟，不香，与《百草镜》所云百合有三种大致相同。百合以野生者良，分甜苦二种，甜者良，取如荷花瓣无蒂无根者佳。性甘平，解伤寒及百合病，尤治久嗽。朱二允曰：久嗽，肺虚则宜敛，百合之甘敛，胜于五味之酸。收长地野生者颇多，采而售之，行销必广。

山丹

即红花百合。入食品，不及白花者良。《纲目》名红百合。时珍曰：山丹根似百合，小而瓣少，茎亦短小。其叶狭长而尖，颇似柳叶，与百合少异。四月开花，六瓣不四垂，不结子。其根气味甘凉，主治疮痈、惊邪、妇女崩症，花可和血，蕊散疔毒、恶疮。长地亦产山丹，无货者。

薤

《纲目》名火葱。时珍曰：韭类也，故字从韭。薤数枝一本，叶状似韭。韭菜中实而扁，有剑脊。薤叶中空，如细葱而有棱，气亦如葱。二月开花，紫白色。根如小蒜，一本数颗，相依而生。五月叶青即掘之，否则肉不满也。性味辛平、苦、温、滑，调中助阳，利产安产。白乐天诗云：酥暖薤白酒，谓以酥炒薤白入酒饮之，可和血脉。长地并产野薤，性味略同，即《尔雅》白劲山薤是也。又一种叶似金登，稍阔而薄，性味尤逊。

蔓青子

《别录》名芜菁，《纲目》名诸葛菜，详本志菜类。子入药，性味苦辛。时珍曰：其性可升可降，能汗，能吐，能下，利小便，明目，解毒，功用甚佳。世罕知用，何哉，敷蜘蛛咬毒。藏器曰：蔓青园中无蜘蛛，相避忌也。根、叶悉载《本草》，敷一切疮疽，并治阴囊如斗。此物到处有之，各销本地，不足言外售云。

蘑菇蕈

《纲目》：甘寒无毒。《正要》谓有毒，动气发病，不可多食。时珍谓化痰理气，诸书悉未发名功用。近世医家主提发小儿痘浆，谓胜鸡肉鱼肉，鲜而不生火。蘑菇以西口产者为良，俗名口蘑，紧小洁白如钉者，呼为蘑菇钉，至片蘑、花蘑均其次也。长属所产者近次，岁值统计约八百金。

木耳

《纲目》：味甘平，有小毒。主治益气不饥，轻身强志。时珍断谷曰：治痔。《备要》：多食，动风气发病。木耳，恶蛇、虫经过者即有毒。枫树所生木耳，食之，令人笑不止。赤色仰生，夜视有光，并有毒，不可食。误食者，宜捣冬瓜蔓汁解之。长属所产，价值岁约二百金。

金 石 部

金

按许氏《说文》：五金，黄为之长。《纲目》《备要》悉云：辛平，有毒。要知性质坚刚重坠，与血肉之体不宜，服者致死，非有毒也。人被金银灼者，并不溃烂，无毒明矣。精金碎玉，世之宝器，岂有毒哉！入药特藉其宝气也。古方红紫雪二丹，皆金银煮汁，假其气耳。煎剂同药并煮，镇心肝安魂魄，治惊痫风热肝胆各病。长属不乏金矿，近未开采，弃宝于地，良可惜也。

银

《纲目》：辛寒无毒，主治与金略同，其质次之。长属有矿，近未开采。

浮石

《纲目》名海石，旧名水花。时珍曰，浮石，乃江海间细沙水沫疑聚日久而成，状如水沫，及钟乳石有细孔如虫窠，白色，体虚，入水即浮。性味咸寒，润下降火，俞琰[14]《席上腐谈》云：肝属木，当浮而反沉，肺属金，当沉而反浮，何也？肝实而肺虚。石入水即沉，东海有浮水之石，木入水即浮，南海有沉水之香，虚实之反如此。长白临江江源出长白山之天池，水沫回环，波涌浪激，日久多成浮石云。

鸟　兽　部

雉

详见本志。《释名》：野鸡。雉肉，《纲目》：味酸，微寒。《日华》：味平，微毒，不可常食，损多益少，利秋冬不利春夏，死而爪甲不伸者，尤不可食，发五痔诸疮。孙思邈[15]曰：雉嘴，烧研，敷蚁瘘。时珍曰：雉脑涂冻疮，雉尾烧灰和油涂天火疮，雉屎主治久疟不止。雉当时而食，《周礼》庖人供六禽，雉其一也，亦食品之贵者。诸书云有小毒，不多食耳。长产岁值东钱二百串。

虎

详见本志兽类。长属，每岁猎得者，价值约二千五百金。全虎功用甚大，特为条列于下：

虎骨

《纲目》：味辛，微热。虎属金而制木，故啸则风生，追风，健骨，定痛，避邪，治风痹、挛拘、惊悸、癫痫、犬咬、骨哽等症，以头骨胫骨良。藏器曰：有威骨在胁，破肉取之，如乙字形，可为佩带。全骨配合熬膏，傅贴筋骨各症，功效甚著。惟药箭射者，其毒入骨，不可不察云。

肉

《纲目》：酸平，微咸。宏景曰：俗方言虎肉伤齿，旧说正月食虎伤神。主止呕、益力，治疟疾。《拾遗》：醉虎肉主治稀痘。《三冈识略》：壬子正月初十日，福山戍卒缚醉虎献于王大将军，将军剖肉分赠郡绅之小儿食之，云可以稀痘。是虎正月亦可食。按：虎食人与杨柳及狗，皆醉。《宦游笔记》载：山人捕虎法，虎嗜犬，食之必醉，如人中酒然。以劣犬缚于山凹，犬嗥不已，虎闻声而前，果腹而醉，不能远去，人迹而捕之，百不失一。

血

《纲目》：壮神强志。时珍曰：饮虎血以壮神志。《抱朴子》云：三月三日取虎血鸡血和初生草实服，可以移形易貌。

肚

《纲目》：主治反胃。

肾

《纲目》：主治瘰疬。时珍曰：芍药丸中用之。

胆

《纲目》：治小儿惊痫、疳痢、神惊。《拾遗》：治打伤垂死瘀血在心，黄酒和研茯苓为使，陈酒为引，灌之立愈。

睛

《纲目》：虎睛多伪，自获乃真。凡用睛，须问明猎人，分雌雄老嫩，中毒自死者勿用，用则伤人。用时以生羊血浸一宿，漉出，微火焙干，捣粉。用虎睛丸治小儿百病。时珍曰：明目，去翳。《备要》：虎睛散，竹沥为引，治小儿惊痫、夜啼。

鼻

《别录》：治癫疾、小儿惊痫。宏景曰：悬户宜男。旧说悬虎鼻宜子孙。此与古人胎教欲见虎豹之义同，取其以勇壮为贵也。

爪牙

《别录》：爪系小儿臂，避诸恶魅。《纲目》：牙治疮疽，杀虫痨。

皮

《纲目》：治疟疾，避邪魅。应劭[16]《风俗通》云：虎为阳精，百兽之长，能避鬼魅，今人中恶烧灰作饮，或系衣服皆甚验也。《起居杂记》云：有疮症勿，卧虎豹皮，毛入疮，有大毒，不可不慎。

须

宏景云：治齿痛。《酉阳杂俎》云：许远齿痛，郑思远赠以虎须，插齿际，其痛立止。

屎屎中骨

《别录》：敷恶疮。时珍曰：疗瘰疽痔漏，研酒服，治兽骨鲠，屎中骨研屑，治火疮及破伤风等症。

魄

《纲目》：主治惊邪，避恶，镇心。藏器曰：凡骨夜视一目放光，一目视物，猎人候而射之，弩箭才及目，光即坠入地，得之如白石者是也。宗奭曰：陈氏所谓乙骨及目光堕地之说，终不免于诬。时珍曰：乙骨之说不为怪，目光堕地，亦犹人缢死者魄入于地，随及掘之，状如面灰之义。按《茅亭客话》云：猎人杀虎，记其头顶之处，月黑掘下尺余，得物状如石子。虎魄，此虎之惊魄流入地下所凝。主治小儿惊痫之疾，其说甚详，寇氏尚未达此理耳。

油

《物理小识》谓虎一身皆入药，《本草》未载虎油之功，其油治腊梨疮及大麻疯，涂之即愈。按《纲目》载，膏脂治狗啮疮及五痔下血等症。时珍曰：治小儿头疮、白秃。服之止反胃。《药性考》所载与纲目主治相同，油膏本入药也。

豹

详见本志。长属猎豹货皮，价值约千六百金。藏器曰：豹皮生疮者不可卧，毛入疮，有毒，与《起居杂记》所载相同。

豹骨

《纲目》惟载头骨烧灰淋汁主治头风、白屑。时珍曰：按《五行志》载，豹骨作枕避邪。

肉

《纲目》：酸平，无毒。思邈曰：正月勿食，伤神损寿。《别录》：冬食利人安五脏，补绝伤，轻身壮筋骨。宗奭曰：此兽猛捷过虎，食肉有以上各益。旧说食豹肉，(今)[令]人志气粗豪，食之便觉，少顷即化，久食亦然。

脂鼻

《纲目》：脂能生发，朝涂暮生。鼻，时珍曰：按《外台》治梦与鬼交，避狐狸精魅。

熊

详见本志。长属，每岁所得价值约东钱万串。

熊掌

《纲目》：御风寒，益气力。

脂

《纲目》熊白。宏景曰：熊白，乃背肪也，色白如玉，味甚美，性甘，微寒，亦云微温，寒月则有，夏月则无，腹中肪及身中脂炼膏入药，而不中啖。《别录》云：不可燃灯，其烟损目失明，主治筋急风痹不仁，敷头疮、白秃，长发，泽面，酒炼冲服，补虚损杀劳虫，并止饮食呕吐。

肉

性味与脂同，主治亦同。宏景曰：有痼疾不可食，食之终身不除，若腹有积聚寒热之类，十月勿食，食之伤神，同正月之虎豹等。古方：熊肉可补虚羸。时珍曰：按刘河间云熊肉振羸，兔目明视，皆气有余始补不足也。

胆

《备要》：性味苦寒，凉心，平肝，明目，杀虫，治惊痫、五痔，涂之即愈。古方主治时气盛热变为黄胆、暑月酒病、心痛等症，服甚（般）［验］并傅诸疳恶疮，功用甚大，惟伪者甚多。旧说但取一粒滴水中，一道若线者真。时珍曰：熊胆佳者通明，以一粒点水，运转如飞者良，余胆亦转，但缓耳。周密《齐东野语》云：熊胆性喜避尘，扑尘水上投胆少许，豁然而开。

脑髓

《纲目》：主治聋，疗头旋，摩顶去白秃、风屑，生发。髓，主治相同。

血骨

《纲目》：主治小儿客忤。骨，作汤浴，历节风及小儿客忤。

鹿

详见本志。长属所得岁值三四千金，药人配全鹿丸，悉取生鹿云。

鹿茸

《纲目》：性甘温。《别录》：酸，微温。《备要》：咸热，纯阳，治一（功）［切］虚损劳伤。茸初生逾寸，分歧如鞍，红如玛瑙，破之如朽木者良，不可鼻臭，有虫入颡。取之得时，太嫩亦血不足。《抱朴子》云：得鹿以活为贵，取茸，然后毙之者，以血未散也。不破未出血者最难得。猎人得鹿，死者居多，收藏不宜，易臭而力减。沈存中《笔谈》云：凡含血之物，肉易长，筋次之，骨最难。人生二十岁骨髓方坚，麋鹿角及两月有至二十斤者，凡骨之生无速于此，草木不及。头为诸阳之会，钟于茸角，岂与凡血比哉。故取茸有时，过期则有毫厘千里之差也。

角

《纲目》：咸温。《备要》：生用则散热，行血，消肿，避邪，治梦与鬼交，炼霜造胶，则专于滋补。时珍曰：鹿乃仙兽，纯阳多寿，能通督脉，非良草不食，故其角肉食之有益无损。鹿一名斑龙，西蜀道士货斑龙丸歌曰：尾闾不禁沧海竭，九转灵丹都漫说，惟有斑龙顶上珠，能补玉堂阙下穴。盖用茸角霜胶所配耳。

齿骨

《纲目》：主治鼠瘘流血，心腹疼痛。《纲目》云：味甘微热，安胎下气，酒浸补骨除风，烧灰治小儿洞注下痢。

肉

《纲目》：性味甘温，补中益气，秋深冬月堪食，白臆豹文者不可食，灸之不动，见水而动，暴之不燥者并伤人，同雉鲍虾蒲等味并食，发恶疮。《礼》云：食鹿去胃，头肉作胶弥良，兼治消渴、夜梦鬼物。蹄肉治诸脚风，膝骨疼痛，不能履地，专用鹿蹄，以气感也。

脂

《纲目》：主治痈肿、头风，活四肢，通腠理。

髓脑

《纲目》：性味甘温，治丈夫、女子伤中绝脉，补阴强阳，生精益髓。脑，润面泽肌，刺入肉不出，敷之半日即愈。

精

《纲目》：主治益虚羸，补劳损。古方有鹿峻，凡取精配合者也，大起虚羸瘵危。取精之法：以牡隔槛诱之，以牝欲合不得，精自流溢，铺以蕉叶，盛以磁器，收而藏之，入滋补剂，绝上品也。

血

时珍曰：大补虚损，益精血，解痘毒及药毒。

肾胆

《纲目》：味甘平，补肾壮阳，入补剂良，羸弱者可用。胆，《纲目》：苦寒。时珍曰：主治消肿散毒。

靥皮

《纲目》：治气瘿，酒灸干，再入酒中，含咽其汁。皮，时珍曰：烧灰和猪脂，傅一切漏疮。

粪

经验良方治经久不产，干湿粪各三钱，研末，姜汤冲服，立效并解诸毒。

胎

濒湖纲目于鹿全身诸条发明，惟胎之主治少略。《拾遗》另例鹿胎一条，详辩可采，录出以补其遗。凡胎中鹿，其嘴尾蹄路与生鹿无异，色浅形瘦。若色深形肥者为麋胎，慎勿误用，能损真阳。若獐胎与鹿胎相类，但色皎白，且其下唇不若鹿之长于上唇也。其他杂兽之胎与鹿总不相类。真者气味甘温，补阳益精，大助真元，近世补剂弥重之。

乳饼

《茗阴札记》：孝丰深山产鹿，土人计其产子时夜伺洞，测鹿乳子必五更，乳毕出洞至暮方归，每日乳小鹿一次，食乳于腹十二小饼，每一时消饼，土人俟母鹿出洞即取乳鹿而归，剖腹取饼，持货他方，价值兼金饼，式如云南棋子大，色微黄，久干作老黄色，腥气最烈，食之大能强阴，起命门衰火，于老羸虚损怯弱最宜，发小儿痘浆，通女子血劳。乳饼，《纲目》失载，前或未发明，不以为珍品，考《拾遗》载乳饼一条，姑志之，以广传闻。今长郡亦未闻以乳饼货也。

胫骨

《纲目》鹿条详列鹿骨，指全体而言，至胫骨不闻有用法。(令)[今]时医有斑龙散，纯取胫骨。此药去毒生肌，收口甚速。惟煨研时以黄色为度，如焦黑则过性无用矣。此条采诸《拾遗》。

麋

详见本志。《纲目》谓麋肉甘温补五脏之气。时珍则谓鹿以阳为体，其肉性燠，麋以阴为体，其肉性寒。观此，则《别录》之麋脂痿阳。孟诜云：麋肉弱房及角肉不同功用之说，亦此意也，妊妇尤不可食。至麋脂辛温，主治痈肿、恶疮，四肢挛拘及骨，治虚劳，皮除脚气。引诸方书未悉验否，今备采之，以资考证。

茸

采亦有时，收藏修治，同于鹿茸。《纲目》：性味甘温。时珍曰：主治阴虚劳损，筋骨腰膝一切酸痛，其功胜于鹿茸，古方重之。

角

《纲目》：甘热，滋阴养血，与茸同功。《备要》云：鹿阳兽，喜居山，麋阴兽，喜居泽。麋似鹿，色青而大，性皆淫，一牡辄交十余牝。鹿补阳，麋补阴，故夏至鹿角解，冬至麋角解也。诜鹿茸角罕能分别。雷敩曰：鹿角胜麋角，而孟麋、苏恭、苏颂并云，麋角麋胶胜于鹿，独时珍谓鹿补右肾精气，麋补左肾血气，揭千古之微秘，发前人未发之理，足以破医家之聚讼也。

獐

详见本志。《纲目》载，獐肉甘温，补益五脏，酿酒并有祛风之功。《正误》据孟诜云：獐中往往得香，如栗大，不能全香，亦治恶病。时珍曰：獐无香。有香者，皆麝类，俗称麝为香獐是也，今并正之。

麝香

麝，见本志。《尔雅》名射父。时珍曰：俗呼香麝，其香在脐，见人捕之自行剔出其香，是为生香，犹难得。其香聚处，草木皆黄。市人或掺荔枝核伪之。忌蒜，不可近鼻，防虫入脑，与茸相类。香中以当门子为犹良，性味辛温，远窜，开经络，通诸窍。凡用麝香不可太过，以香烈入髓耳。长人所猎麝脐，岁约东钱二十串，盖麝以内省西地南方者良，辽产次之。

野猪

详见本志。《纲目》：肉味甘平，治癫痫、肠风、泻血、久痔，腊月炼脂冲服，令妇多乳，除风肿，治疥癣。胆治毒疮及小儿疳症。齿烧灰敷毒蛇咬。头骨主治邪疟，积年下血。外肾连皮烧灰存性治崩中带下泻血，血淋。皮烧灰，涂鼠瘘恶疮。猪黄生胆中，三年始成，亦不常有，性味甘平，主治金疮，止血，生肌，祛恶毒，小儿癫痫、血痢、疰病、肝病、客忤、天吊等症，功用颇多，猎人往往忽之。

山羊血

山羊，详见本志。《纲目》载：山羊肉性味甘热，治筋骨急强、虚劳、冷劳、山岚疟痢，妇人赤白带下，利产妇不利时疾。于血独失载。近世不主用肉，惟血为医家所珍惜。真者难得，特采《拾遗》所载，补之。其血治跌损伤及诸血症，凡扑跌气未绝者，以一分和酒饮之，遂苏，神效立见。惜性喜踰高、历险，生捕最难，得者以竹锋活刺取血，阴干，可以携远。宰取者不堪矣。凡物以心为主，山羊性活，心血尤良。近世医家以心阴干研用，亦不离宗旨也。《拾遗》谓山羊油治心疝及疝症，山羊粪治心痛，不分远年近年立效，并入外科收口药方，主溃烂生肌，治痔神尤神，足补本草诸书所未备。惟胎未经诸家发明功用，猎人往往混别胎以售，当细辨也。山羊以蜀、滇、粤产为良，辽产行销本省，长属所得岁值亦约四百金。

狐

详见本志。《纲目》载：狐肉甘温，无毒，治疮疥不瘥，祛风补虚，邪气蛊毒皆宜食之。《礼》云食狐去首，为害人也。孟诜谓：肉有小毒，五脏及肠肚苦，微寒，有毒，主治蛊毒、恶疮，祛狐魅，医疟疾、小儿惊痫、大人见鬼。然用者卒鲜，惟肝烧灰治风痫、破伤风、口紧搐强。古方中之狐肝散、卫生宝鉴中神应散、普济中之金乌散，并用之。阴茎，《纲目》谓甘微寒，有毒，主治绝产、阴痒、阴癞、阴脱、阴肿。时珍谓狐头烧灰傅瘰疬、狐目治破伤风。狐鼻治狐魅病。狐唇治恶刺入肉。

狐涎入媚药。狐尾避邪魅。狐皮烧灰避恶。狐四足治痔漏。雄狐粪治瘟疫，治肝气心痛。诸方散见群书，纲目博采兼收，未悉验否？因长属产狐，笔而志之。

貉

详见本志。苏颂《图经》谓：貉甘温无毒，主治脏腑虚劳、女子虚惫。长属偶获，所产无多。

獾油

详见本志。《纲目》：肉甘酸平，无毒。苏颂《图经》：治小儿疳瘦，杀蛔虫。旧说獾皮为褥益痔疮，功用缓矣。油，《拾遗》谓獾油力凝，燃火御风不灭，入膏拔湿如神，疗白秃、痔疮，擦火烤疮尤神效，咳血哽噎、胸中怵怵、气如虫行，獾油和酒饮下自消。其油功效颇著，《纲目》失载，近世多用推行甚广。

豹

详见本志。《纲目》：豹肉酸热，有毒。皮治冷痹、软脚，缠之即愈。烧灰酒服治痔症及腹中疮症。

狼

详见本志。《纲目》谓狼肉咸热，无毒，填骨髓，祛积冷。时珍曰：狼牙佩之避恶，研服治猘犬伤。圣惠良方谓服喉厣治噎病，皮避邪恶，去头风。《正要》：尾避邪。《外台》：粪治瘰疬。《千金方》：屎中骨止小儿夜啼，经验良方治破伤风。各方杂见他书，未悉验否？长属猎得者取皮售之，岁值约八百金。

脂

《拾遗》云：狼性追风逆行，其粪烧烟逆行而上，烧灰水服治骨鲠，性逆行而无阻滞也。狼脂摩风首而本草不录，亦一歉事。《周礼》：冬献狼，取其膏聚也。《纲目》：狼膏下濒湖，仅据《正要》载其润燥泽肌，涂恶疮而已，不知其大功在驱逐风邪，散逆结之气，何可昧也。故急补之，原为之发明曰入风膏，能除积久之风痹，和酒服，能散逆结之滞气。

兔

详见本志。《纲目》：肉辛平，补中益气。孟诜曰酸冷。时珍曰甘寒。宏景曰妊妇忌食，不同芥食。藏器曰不可久食。死而眼合不可食。惟八、九、十三月食之为宜。崔元亮海上方：治消渴羸瘦。药性，小儿腊月食兔酱，稀豆疮。时珍曰：解热毒，利大肠。《纲目》谓：血，咸寒，主凉血，和血，解胎中热毒，催生易产。脑髓，涂痘疮，滴耳聋，催生滑胎。骨，治内热消渴、霍乱吐痢、鬼疰、疮疥、刺风、头风。味甘酸平，连毛烧灰和酒，治头眩、癫疾、妇人难产、余 不下，产后阴脱。煮汁治小儿疳痢、消渴，并敷痛疾、恶疮。皮毛，烧灰治难产，胎衣不下，余血抢心。用腊月收者良，诸方纲目博采群书，兼收并载，未悉验否？惟兔肝明目，经汪氏昂发明，确然有效。备要未载，肉血皆有功用，想他方亦非无据云。

明月砂

《备要》：即兔粪，主治杀虫、明目、劳瘵五疳，疽后生翳，立可见效，近世医家益重之。

獭

详见本志。《纲目》谓獭肉甘酸而寒，疗疫气，除瘟病，治妇科骨蒸血劳。宏景曰：不可同兔肉食。肾，益男子。胆，治眼疾。髓，去瘢痕。骨，下鱼鲠，并止呕吐。獭足，治手足皲裂，研末酒服并杀劳虫。皮毛，煮汁饮，利水痹病。粪，敷鱼脐疮神效，服之治下痢。獭之全条，惟肝功用甚大，《备要》深为发明，兹特条列于后以广功效。

肝

《纲目》：甘温，有毒。甄权曰：咸热，无毒。《备要》：甘咸而温。苏颂曰：獭肉五脏皆寒，惟肝独温，益阴补虚，杀虫止嗽，治传尸鬼疰，有神功。疰症有三十三种，变至九十九种，传染灭门，古方獭肝丸主治尸疰、鬼疰。獭肝一月一叶，其间又有退叶，他兽肝皆有叶数，惟獭肝独异。须于獭身取下者乃真，不尔多伪。

猕猴

猨也，俗作猿，详见本志。《纲目》谓：猿肉酸平，无毒。唐慎微曰：酿酒治风劳，作脯治久疟。时珍曰：食之避瘴疫，头骨治瘴疟、鬼虐，手治小儿惊痫、口噤，屎治小儿脐风、撮口、急惊，涂蜘蛛咬，皮治高瘟。

经

《拾遗》：猴经入药，名申红。深山群猴聚处极多，觅者于草间得之，紫黑成块夹细草屑，母猴月水干成，治干血劳极良。时珍曰：猴经粘草，马食之，则百病不生，故畜马者，畜母猴，未言治他症，诸书未详，今据《拾遗》采而出之，以广功用。

貂鼠

《尔雅翼》曰：松鼠好食栗，土人名松狗。按许氏《说文》：貂鼠，尾大黄黑色，出丁零国，今高丽、辽东多有之，大者如獭，尾粗毛深寸许，蔚而不耀，饰为裘帽、风领，得风更暖，濯水不濡，得雪即消，拂面如焰，拭眯即出，亦奇物也。《拾遗》云：烧貂鼠尾，存性，敷冻疮即愈。《纲目》惟载其肉甘平，无主治，皮毛拭目眯尘沙而遗尾之功用，故为补之。长人售灰鼠皮者甚夥，货貂鼠皮者鲜，住长半岁只见其二，大如水獭，行甚远，想所产亦无多也。

鳞介昆虫部

蛇蜕

《纲目》名龙退，《本经》名龙子衣，性咸平而甘，无毒。甄权曰有毒。《备要》：咸甘，无毒，避邪恶，治鬼魅、蛊毒而善祛风，治惊痫、风痣、喉风，杀虫，一切疮疡肿毒。妊妇忌用。辽产诸蛇，悉不入药，即蛇退亦来自南方，惟土人得蛇退售诸市中，药人亦间用之，取色白如银者良。

真珠

《纲目》：甘咸，性寒。谚云：上巳有风梨有蠹，中秋无月蚌无珠。其质感水精而孕，故能制火入心肝二经，镇心安魂，坠痰去翳，一切疮毒，收口生肌，功效极良。药中上品也。满洲自古产珠，惟长属一带无多，亦鲜巨者，故采得亦无定值云。

蜂蜜

《备要》：蜜以白膏良。聚草木菁英合露气以酿成，生凉清热，熟温补中，甘解毒，柔润燥，除百病，和百药，与甘草同功，多食滑肠，泄泻与中满者忌之。辽省颇多，售诸内省。

黄蜡

《纲目》：甘温，无毒。《备要》云：止痛生肌，疗下痢，续绝伤。按蜡皆酿蜂而成，一经煎洗，蜜味至甘，蜡味至淡，故言无味者谓之嚼蜡，入药亦良品也。

注　释

[1]　轩辕氏：即黄帝。姓公孙，名轩辕，是中华民族传说中的祖先。

[2]　歧伯：传说中的古代医学家。其名见于《内经》，此书托名他与黄帝讨论医学，以问答形式写成。俞跗：传说为黄帝时良医。

[3]　宏景：即陶弘景（456—536 年），字通明，为南北朝时著名的医药学家，道教思想家，对历算、地理、医药均有研究。撰有《本草经集注》。本书所涉"集注"，即指此书。

[4]　雷敩：南朝刘宋时药学家，著有《雷公炮炙论》一书，对我国古代的药物炮炙方法、宜忌等方面做了总结。

[5]　别录：即《名医别录》，药书，陶弘景辑，汇集《神农本草经》以后的诸家本草著述编录而成。另，西汉刘向撰有《别录》，乃书目。

[6]　嘉祐本草：药书。原名《补注神农本草并图经》，一名《嘉祐补注本草》，宋代医官编撰。

[7]　李氏东垣：名李杲（1180—1251 年），字明之，自号东垣老人，河北正定人，著名医学家，著有《脾胃论》《内外伤辨惑论》等书。

[8]　朱震亨：（128—1358 年）字彦修，著名医学家，金元四大家之一，著有《格致余论》。

[9]　山蓣：草本植物，块根圆柱形，含淀粉和蛋白质。通称山药。

[10]　甄权：唐代名医，许州扶沟（今河南扶沟）人。著有《脉经》《针方》《明堂人形图》等书。

[11]　仲景：张机，字仲景，东汉杰出的医学家。南阳（今河南南阳）人，生活于公元 2 世纪中叶到 3 世纪。他广泛地研究了《内经》等古典医籍，博采劳动人民治疗疾病的经验，结合自己的临床经验，写成《伤寒杂病论》。

[12]　沈括（1031—1095 年）：字存中，杭州钱塘（今浙江杭州）人，

北宋科学家，撰有《梦溪笔谈》《长兴集》等书。

[13] 酉阳杂俎：笔记，唐代段成式撰，前集二十卷，分玉格、贝编、尸穸、诺皋、动植等三十篇，续集十卷，分贬误、寺塔等六篇。分类记载，体制略似西晋张华的《博物志》。

[14] 俞琰：宋代吴郡人，字玉吾，自号林屋山人，精于易，著有《周易集说》。

[15] 孙思邈（581—682年）：唐代医学家。京兆华原（今陕西铜川市耀州区）人。少时因病学医，医学研究精深，并博涉经史百家学术，著有《千金要方》《千金翼方》。

[16] 应劭：东汉汝南南顿（今河南项城西南）人，字仲远。献帝时任泰山太守。著有《风俗通义》三十卷。

卷七　文牍

总　序

　　性道与文章，古今并重。斑孟坚[1]《汉书》列艺文志，遂为历代史例。汉唐以降，凡国吏、邑乘[2]皆载艺文，所以阐微言，饷后学也。康乾之世，鸿儒博学翊赞休明。皇上几务之暇，犹与翰苑词臣研究典章唱和诗咏，以鸣国家之盛。文足经世，艺能通道，懿欤铄哉！咸同以来，驰骋浮华文敝之患，及于政法，识者病之。现群雄角胜，抑文扬武，运会所趋，士风亦变，谈文艺者非迂则腐。长郡与日韩为邻，鼙鼓之音，思在将帅，文如陆贾[3]不与焉，况其下焉者乎。《征存》一录所以列文艺者，时为之也。矧复当僻陋之区，文献阙如，微特瑶篇巨制灰同浩劫，即拟索一二残碑断碣，吉光片羽[4]，亦如象罔求珠[5]，不数数觏，更何艺文之足录耶！顾艺文者，立言不朽之一，其因时因地而条晰胪列，固不敢以艺文自矜，要亦有与时局相关系者，似亦可博采兼收以质之有道。庄子云：小夫之知，不离竿牍。[6]竿牍者，取笔牍而受之者也。兹特沿小夫之例，列文牍一门。

内 治

拟通筹长郡善后十策以固边防禀

窃维边疆设治与腹地不同，腹地注重在吏治，边疆注重在军政。建造之初须通盘筹划，俾协机宜，预定捍边之策。否则临时仓促，吏才亦无所施矣。署址形势，业经绘图呈览，现正派员督饬加工赶造，克期藏事，但署工为目前要点。一应善后事宜犹当知己知彼，援古证今，而早为之备。查建署地方，在梨树沟左偏迤西，有古塔一座，故名曰塔甸，南襟鸭水，北负龙冈。长白山皆划归辖境之内，以长白命郡，示不忘我朝发祥之义。仰观天文，则星分箕宿，历考地理，嬴秦以上总名肃慎，汉号乐浪郡，唐宋称羁縻州。疆域沿革，史册阙如。金太祖崛起，海州，长山左右划归海兰一路，辽属上京，元隶开元，明辖三万卫[7]。沿革虽殊，总不离重镇者。近是辽金以来，定鼎中原，而江北山南之间，或建都督府，或置宣慰司[8]，或分白山部，或增屯田二万府，藉重镇以控岩疆，古今一辙。我朝入关以后，奉旨封禁垂二百余年，弃同瓯脱，致令强敌垂涎，岌岌可危。今幸我宪台讦谋远识，思患预防，既拟增设府治屏翰东陲，复令勘设安、抚两县治，以盾其后，联络一气，实为守边要策。前禀将荣生保仍予临江，正使守斯土者，聚精会神，整齐边务，力控上游，所最可虑者，道多梗塞，有土地而无人民；地介要荒，有关隘而无守戍。自八道沟以上韩籍浮于土著，目前之纠葛良多。近鸭绿江以南日队寓于工兵，日后之燎原必烈。

今建署地段又与惠山镇东西斜对,仅隔一江之险。此皆腹心之患,兵家所谓危地者此也。现与驻该镇日本营林厂事务官一柳藤市、陆军炮兵大尉青山贞次郎来往晤谈,谊颇接洽,并有"两岸偶遇交涉无人商办,亦急望贵国设署建官"等语。职等当即宣告宪谕:此次建署,亦专为保护商民,永笃邦交起见。就现象论办理尚称顺手,故凡所应办事宜,总拟径起直追,一气呵成,以期迅速。缘该镇日官昼夜经营,设电置邮,已详前报。今年房屋兵民较去岁加倍,近建署一举,彼更兼程并进,争着先鞭。对镜以观,将欲固吾圉也;亟应层层部勒,密密防闲,筹所以抵制之方。抵制于有形,则占江权、驻工兵、厘韩籍、崇府体,捷交通是也,抵制于无形,则励边吏、辟荒徼、通银币、储饷需、扩学警是也。以上十策揆之以地,度之以时,诹之以民情,机之所趋,势不容缓。果能实行此策,三年之内规模粗具,再越数年逐加完备,五六年之经营,门庭已固,东顾可无虞矣。若事机一失,后将噬脐,虽有基础,徒以资敌,大局尚堪问耶?各国政治于关系全局地方,每不惜重资以宏其展布。日本之经营大连湾与高丽之北青惠山镇等处,是其明验。职等才短学疏,叨蒙委任,夙夜兢兢,惟恐陨越,贻笑外人。既有所见,讵安缄默,除应须款目若干,并如何指拨,容当面聆训示外,所有通筹全局条陈善后十策,以固边防缘由,理合缕晰缮呈,上备甄采,伏乞宪台查核施行。

计开

一占江权：鸭绿江即古马訾水，自长白山南麓发源，汇佟家江，历塔甸、临江、辑安、苏甸城抵安东，皆其流域，处处与韩对岸。现日人由惠山镇以至安东，中间如新牌城、下长里等处皆驻有巡兵、宪兵，陆岸布置日益严密。去年又制造江槽数只，由安东运货直抵惠山镇，以故该镇物价颇廉，水陆交争，利权与江权日失。而由临赴塔自十二道以上右岸山路未开，尚须沿韩境行一百余里，方能抵塔。若不及早筹划，府属隔绝一方，势如穷域。今既拟开通陆路，而水路尤不可让人。计惟饬令长白府、临江、辑安、安东各府县通力合办，各造江槽四只，限三个月报竣，包载商货，上下接运，尤为捷便。目前暂行试办，久之礁线熟悉，逐加开凿。江路既通，商民不招自来。此后江巡尚可次第筹设，庶江权不至全失矣。

一驻工兵：日人北青铁路将抵极东之会宁府，平壤铁路由安东迤北至奉天至长春。吉长铁路一成，又折而东与会宁府遥应，东西环抱数千里，所隔者长白山与图们、松花两江之源。今既设治长白，并于龙冈后增设两县，正扼其冲。兵家云：兵无形也，以敌人之形为形。就现形论，战兵有碍公法。对岸皆工兵，我即以工兵应之，彼亦无词。其驻在地方以长白山四合顶为中坚此地为三道沟、八道沟并十八九[道]沟交尾处，各有小径可通，地极平衍。以塔甸为左翼，与惠山镇对峙。以临江为右翼，与下长里对峙。此就长临驻扎而言。若规东南大局，则安东应设重镇，与塔甸为声援，仍以四合顶为后劲，作犄角形。中间沿江一带，节节分防，量地势之险夷，定兵额之多寡。建署以后，或招或调，先筹足一营，陆续增加。语云：将不守边，以国予敌。则工兵不可不备也。

一厘韩籍：临江荣、庆、长三保，韩民越垦历年已久，其中原因有三：一系国初韩官姜功烈投诚，视韩民若华氓，任令自便；一系华民稀少，雇做佣工；一系韩民瘠苦穷岩邃谷，越界偷垦。惟今昔时局不同，光绪二十五年中韩条约第十二款内载有：边民已经越垦者，听其安业，俾保性命财产，以后如有潜越边界者，彼此均应禁止等语，已属法外之仁。伊时韩国尚为自主，今则韩护于日，后患滋剧，应厘订完全办法。韩氓虽经越垦，尚无管领之权。公法籍例綦严，一人无分隶两国之理。勒期回籍为上策。归划入籍，扣除本国籍贯，与华民一律看待为中策，博宽大之名，爱护侨民，驯良者知感，不肖者则藉日为符，无法可治，敷衍目前为下策。揆今之势，行上策难，惟参用中下两策。调查二十五年以前户口，清厘籍额、安其既往，绝其后来，教养兼施，归化出于至诚，仍照公法籍例，严定籍约，斩去跨籍，缪葛是在，良有司治理何如耳。

一捷交通：长郡孤峙海隅，交通一滞，常变俱不可支。常时农商裹足，无民何官；变则穷城坐困，有寇无兵，消息不灵，职为心疚。交通之法，一邮二电三铁路。铁路费巨难筹，邮电费省易办，电较邮尤捷。兴京以东杪松最夥，电杆一项就地取材，用之不尽，省钱多矣。林子头工竣，拟即移修由临赴塔之平冈路，平且直，延长四百余里。当饬勘界员详细踏查。此路一开，概不假道邻封。其平时商贾贸迁络绎道途犹其次也，一旦有警，递之以电报，济之以援兵，信息灵而往来速，尤可恃以不恐。现日本邮电已设，又筹轻便铁路，一迟一速，胜败攸分。坐而待毙，非策也。

一崇府体：府不辖县，不掌兵，宜于治理，碍于边防，边庭有急，声援竟绝，寸铁无凭，是以肉喂虎之计也。长白一郡应予以特别之权，准将通、临、安、抚四县一并划归辖境，遇有变乱，权力所及，指挥亦灵。凡所应需物件，均可责成该县随时供给，不至坐困一隅。并将所驻工队、弁勇一并归其调遣，以资策应。汉制太守皆掌兵，李北平[9]所以威慑匈奴者，职此之由。今宜仿照汉制，崇其体制，予以兵权，俾缓急可以相需，有裨边防，实非浅鲜。否则增设道员驻扎临江，名为上江道。临江以下为下江，与东边道分辖上下江防，以资镇慑。其体制较崇，而部署尤为严密。且塔甸距安东一千余里，时局瞬息千变，遥遥相制，鞭长何及，此又不可不深长思也。

一励边吏：守边之吏若与内地州县一例升迁，何以昭宠异而励贤能。边风不靖，选吏维艰。一要谙外交，二要通兵学，三要娴新政。全才不易觏，三者有其二，一经奖励，便作循良[10]。拟请此后辑、临各县僻处边徼，无论署任实缺，总视该员曾否具有以上三要之资格，方准委任。及到任后，以三年为限，仿照直隶沿河州县之例，一二次安澜保以寻常劳绩，三年保以异常。此时边要倍于河工，更宜破格奖才。特定边防保案，其干练勤劳防边有成效者褒之以勋章 如汉代二千石有治行者增秩，即今之加级纪录。 宠之以升阶如汉代爵关内侯或入为公卿。国初州县有政绩者可擢为御史，上年亦有旨。如果才猷卓越、胆识兼优之员，尤当不次超迁，以储边疆之选。古者以将守边。赵充国[11]屯田部勒，羊叔子铃阁[12]清严，寓吏治于将略，史册称之。今以吏守边，则寓将于吏，应如何特别奖励之处，尚祈饬令厅司，预定奖章，以裨边务，而劝将来。

一辟荒徼：木植公司一立，斧柯倒持[13]，边民命脉注在垦荒，及此不图生计绝矣。官斯土者指何仰给，千里乞粮不毙何待。查沿江垦地，穷民山左十之五，高丽十之三四，安东关左不及十之一二。地浮于民，力何能胜。移民垦荒，款更不敷。现远近民人闻塔甸建署，道路相传，愿领荒者甚夥。拟参用屯田法分为三等：农夫出疆负耒而来是谓民屯；工队巡警就地开垦是谓兵屯；富商巨贾有财无人，佣工耕作是谓商屯；概不索价，既领之后，勒限开种，逾限交还，以备他人转领。又有一提倡法，各省添设农务学堂暨农务试验场，类皆假外洋方法，强令迁地为良，并侈语机器肥料，欺饰愚氓，虚縻帑金。不识《周礼》物土之宜四字作何诠解。东山地博土肥，不粪而获，若提农务学堂虚縻之款，移垦边荒，现长署西边觅有山地一段，纵横三百余亩，既硕且平，辟为农务试验场，选三五精于农学之毕业生，参酌洋法土法实地考验，总以有裨边氓为目的。同一费钱也，而试于边疆较胜于内地者实多矣。

一通银币：币不流通，边财益竭。譬如人有躯壳，无血脉其何能瘳。塔甸集镇一空，日用所需，仰给惠山镇。洋商居奇垄断，视我建署人多物少，立变方针，专用日洋，以华洋购物每元贴二角半，不要华帖。日朘月削，操算在人，设有变乱，束手何堪。势非设银号不可。开办之初，本金号夥概不必多，酌提五千金，选举一二干商相机筹划，逐渐扩张。毋拘内地例章，因地制宜，非徒资变通也，且以谋生聚。边庭物产丰饶，拼资广购储备，商民买卖，以母权子，母必不亏。并由内地购运杂货，廉定脚力，广售贫民，市面疏通有赢无绌，日不能攘我利权，我自能保厥商民，于国无损，于民有益，惟银行是赖。

一储饷需：去年安东木税准拨银十万两，曾经禀明在案。设署以后，可否垂为定款，专备饷需，因请饬下东边道核准禀复存案，饬遵以便指拨。此外需款甚多，在在仰给公家，恐难源源接济，计惟多方储蓄，以裕饷源。临江旧有木税一项，每木一排纳捐银三两，是为地方税。各国皆有此名目，与国家税并行不悖。将来木植公司厘订详细章程，此项由地方官照旧抽纳，以便办公。至长临如何划拨临时核办，署工竣后，拟仿照天津建造局章程，修盖房屋若干间，酌定租价，准备商人僦居营业。约计千金盖房，每年可租三百金。若能提出公款一万金，三年归母，三年后子利相权，足资挹注。现通、临商号愿来者颇夥，苦无市房可租，果如此法，既广招徕，兼无赔累，且官银号于通财中而兼生财，尚可酌提数成并作军需专款。除以上各款外，并可就地筹办，实在不敷尚钜，再请指拨。

一扩学警：学警今之要政，妇孺皆知。边郡民稀盗夥，学不敷额，勇多野蛮，拘守例章何裨实用。警章例重站岗，边巡议在捕盗，尤在防边。教授应分两层：健儿有勇无识，编辑浅白警规，口授大义，略识宗旨，便充警额；幼童性稚年富，由浅诣深，一切警章务增完备，且须寄军政于巡警，以储济变之才。郡治应立中学堂，安、抚甫设县治，辑、临学生亦少，不特中学额不敷，即初等学龄从何选人？学校不广，士气愈灰。气以合群而壮，才经历练而成。奉省文武学堂日益加增，犹之需款也。倘能移建边庭数座，毕业后予以特别文凭，识时之彦闻风竞赴。文学则增课外交、公法、东文东语各门，武备则操习山川险要为实地之调查，工课余暇，登山远眺对岸，是敌触目惊心，使人人有虎狼横噬之危惧，时时存保卫国家之思想。其平日揆文奋武念虑精神，必别有一番振作。势果如此，边务尚无起色，人才尚不奋兴，万万无此理。

光绪三十四年八月初六日奉督宪徐抚宪唐[14]批：

呈折均悉，据筹十策，规划周密，语语扼要，具见才识胜人。除厘韩籍、崇体制、订币章、屯垦、饷需各条，应候饬厅司分别合议具复再行饬知核办外，余条仰即照所议次第认真筹办。并将办理情形随时呈报，务期慎始图终，毋负委任，有厚望焉。

缴折存。

厘订边郡内治分别宏纲细目禀

窃维长白增没府治，业蒙奏准饬知在案。前拟善后十策，统就边防吏治而言。现长、临已勘定八道沟分界，沟东长、庆两堡应归长郡治理。署房二十八间，十一月杪亦皆告成。只有大堂仪门院墙不在原包之数，俟明春再行估修，并一切裱糊等费汇总报销。就目前观，不过规模粗具，然绅民耳目一新，望治如望岁，亟应开章明义，润色鸿猷[15]，一洗数千年边荒之陋。兹特因地而治，树大纲以絜要，分细目以理繁。遴委贤能，相助为理，冀与东山父老恢皇我治理，巩固我边陲。夫所谓大纲者何？曰行政，曰司法，二者尽之矣。衙署向分六房三班，缺繁者辄增，承束库各房东西上下各班。一署之内，刁吏盈门，虎役环噬，作奸犯科，诛不胜诛，防不胜防。拟趁兹开创之初，斩陈房班之窠臼，分设行政、司法两科，为政法总汇机关。凡关乎治安者统隶行政科，关乎词讼者统隶司法科。两科并立，条目分列。所有边郡一应事宜，当即随科分股，按股任能，以定名称，而一事权，除查照今年勘界测绘书记各员司，量予委派以资熟手外，余如学务、法律、编辑各员，已由省延订中学稍深者分司其事，至于商务、矿务、农务、营造工程，另有一种材能，容再酌量延订，宁缺毋滥，庶几事有统辖，款不虚糜。现值立宪时代，以三权分立中央集权为主义，窃以为中央集权之说，内而枢府，外而督抚，再次而府州县，皆宜推广而变通之，以为宪政之预备。盖枢府者，全国之中央；督抚者，各省之中央；府州县者，亦该管地方之一小中央也。权不分则力难独胜，权不集则事无统辖，是以分纲列目，于清厘边政之中，隐寓基础宪政之意。除咨议自治统计各项，容俟察看边徼情形再行遵办外，所有厘订边郡内治，分别宏纲细目次第实行缘由，理合缮具清折，呈请查核施行。

宣统元年正月二十七日奉督宪批：

呈折均悉，所陈内治纲目，划分行政、司法两科荡廓从前胥吏积弊，具见规划深心。仰该守认真督率，驯致治理，有厚望焉。缴折存。

江艒运移民眷免给船价以广招徕禀

窃查长、庆户口，土广民稀，男多女少，生聚教训室碍良多。自去年设治后，已有纷纷接眷之议，只因由山左登、莱、青等处航海至安东，水脚较轻，筹措尚易。由安东至长白，陆路费重，措资维艰，且数千里，携带女眷，沿途州县各村庄尚多盘阻，兹特从权办理，准两堡户人眷口由安东搭坐江艒，免给船价，以昭体恤。国家设官以为民也，苟无民，何有国？公刘迁豳，太王迁岐，皆山荒未辟之区，而一则为之积仓，一则使之无怨无旷，遂成周家不拔之基。现长郡衙署左右不过八九家，负郭之民通计两堡户口，亦仅有一千余名之谱。公款支绌，迁民徒托空谈，只好为此变通之策，以副我宪台轸恤边氓之至意。除将江巡客货另订详章外，所有江艒运移民眷，免给船价，以广招徕缘由，理合呈请鉴核，批示祗遵，实为公便。

宣统元年闰二月初六日奉督抚宪批：

呈悉，江艚运移民眷免收船费，体恤民艰，用意良是。所请应准照办。缴。

请款试办银号禀

案查前陈善后十策，列有设立银号一条禀，蒙钦宪批准施行在案。现长郡划分市廛，遐迩商贾纷纷具领前来，颇有发达之机。所虑者边荒钱困，商人怀璧而往，金称不便，势非藉官力以济商艰。窃恐始基甫立，后难为继，一鼓再衰，仍多滞碍。查委员先后所领款项，只以备设治修工一切薪津饷需，而于地方应办公益，不敢顾此失彼，致误要工。《大学》[16]言，治平终以生财，实为全部扼要之言。就长郡目前论，委员薪津，工兵饷项，食用日繁，而生之为之之方尚未筹及。今日请某款，明日请某费，简牍纷烦。至某款某费批准核发之时，而此处用之已尽，尚望异日取之不竭耶。委员焦思殚虑，深知宪台筹款之艰，各处拨款之滞，计无所施，只有权变通融之一法。《管子》云：积于不涸之仓，藏于不竭之府。此即《大学》所谓生之为之之方。长郡设立之初，诸端待理，而欲求其不涸不竭，应以银号为通财之机关，以农、工、商、矿等项为生财之实际。自系不易办法，拟请饬由省城官银号借拨银二万两，作为长郡银号本金。试办三年，每年由长郡银号按四厘出息。第一年创办伊始，恳请从宽免利。一年以后年清年息，扣至三年期限。如果查无成效，饬令原本交还。倘能于公益上成效昭著，尚应宽限归本，以第四年起，限每年归本五千，四年缴清原本。下余应得利益，储作长郡永远本金，以资流转。于官银号毫无损，于长郡大有益。凡商务、农务、矿务以及营造工程购备各色土货，均可逐渐推行，一举而数善备焉。如设治修工项下薪饷偶有不济，准暂时移挪，数不得过两千金，时不得逾三个月即须归还，以为专办公益之用。惟官长升调靡常，公款丝毫为重，又未便漫无稽察，致涉亏公。当仍厘订严章，将此项公款列入交待禀请存案。无论新旧交卸，先将出入存放额目另缮册结移交，不准稍涉含糊。如有私吞擅挪情弊，准后任据实禀揭，勒期追缴。至于员司、弁勇更不得丝毫挪借，致紊定章。委员为疏通钱法，振兴公益起见，故不惮苦心经营，冀稍裨于万一。如蒙依允遵，即派员赴官银号投具关领，以明年为试办之始。倘委员经手期内，办理失当，或有移挪等弊，当请钦宪先行严谴，以为遵守不力者戒。所有请款试办银号，以濬财源而兴公益缘由，理合缮具试办规则十二条呈请查核批准施行，实为公便。

宣统元年二月初四日奉　　督宪批：

据呈，借款试办官银号，所议甚是，应即照准，候饬东三省官银号速核议复，再行饬遵。缴折存。

拟办龙华冈垦务禀

窃维东三省山荒土沃，甲于他省，吉、黑两省边荒及奉省东西流水一带，近年以来陆续开垦，惟辽东白山以南，鸭江以北，除历年猎户、木把雇募韩侨租垦外，其余江岸山沟丛林密菁，一经芟夷，厥维沃壤。无奈路不交通，地皆瓯脱。龙华冈以上，纵横数百里，土旷而肥，商民垂涎久矣，率因山林阻隔，途穷而返。东道之不通，则是边荒垦务一大阻力也。自本年七月间冈路一开，不过甫通驼道，而远近领荒者已二百余户，逾年当益繁庶。但恐民情贪多而好胜，领荒之心有余，开荒之力不足。迟之又久而荒秽如故。是占荒也与开荒宗旨相左。乃复酌订简章，自本年领荒之日起，早则六个月，迟则八个月，必须按领荒地址建修庐舍，购运农具，以为明春开冻后垦荒之难备。否则仍将原荒勒缴，转给他人具领，以昭限制。目前领荒既不索价，更无丝毫杂费，数年后获有赢余，再查照放荒章程量地升科，以重国课。此次报荒民户通化最多，惧或良莠不齐，致贻边患。通邑刘学海生自田间，性情朴实，颇有乡望，特派为农务长。凡通邑来此领荒者，饬令结保稽查，以资约束。招垦之初，与放荒迥异，凡事均应从宽，删去一切规则繁文，俾小民易从易晓，以免苛扰。长郡山林奇错，木植胜于稼穑。去年调查长、庆两堡约计有一千余户，韩佃十之六，华民十之四。每年收获之谷麦黍粱不过三万石上下，日用杂费皆由此出。加以秋冬之间伐木、掘参、打牲之徒麇集于此，按口计粮，农无余粟。自设治后人数渐增，稻米杂粮尚多籴自韩境。本年梨沟镇左近七月飞霜，田禾剥落。东西仅四五百里，而粮价遽昂。万一阖境歉收，呼庚谁应。兵荒交集，坐困堪虞。再三咨度，只有藏富于民，先以龙华冈数百里闲田为长白养命之源。委员所以赶筹开垦，以便逐渐扩张，准备非常之虑者，职此之由。管仲之治齐也，富强冠列邦。读《春秋》[17]一书，只见其图伯之雄，及详考《管子》度地、地员、山国轨、山权数等篇，始恍然于九合[18]之功，固不在外交，而在内政。观其对桓公之言曰：土地博大，野不可以无吏。又曰：凡有地牧民者，国多财则远者来，地辟举则民留处。由今证古，益信当时官山之利，实先由官吏开之于前，民乃趋之于后。其潜移默运之权，实超出汉唐诸臣移民殖边之策。而今之谈实边者，犹沿袭移民之故智，以财输民，不能以地输民，无怪其策之不能行也。变而招垦而道路不通，保护不力，民仍视为畏途矣。就长郡现形而论，非招垦不足以图存，非预筹招垦之方，亦不足以广招徕。现在冈路已通，旅房已修，沿冈工队亦足以资保护，与从前榛棘弥山，复无人迹者迥不相同。顾地博物饶，断非一都一邑之民所能尽地利而拓农功。《周礼》土训掌道地图以诏地事，诏之云者，即广告之谓也。拟将所陈各情，垦请宪台通饬各府州县，宣谕远近商民一体周知，以广招徕。是否有当，伏乞钧裁。所有筹订龙华冈招垦简章，以兴农业而备兵荒缘由，理合呈请查核，批示祇遵，实为公便。

宣统元年九月二十一日奉 督抚宪批：

据呈，招垦主义颇中肯要，应准试办。惟查所叙简章，其扼要之点，一限期垦地，二免收地价，三宽升科，四取具保结。一、四两层俱应切实办到，方能谋大利，而保治安。至免收地价，原为边地便于招徕起见。究竟应共放地若干，亦当先行绘具图说，分别奏咨立案办理，以免将来驳诘。所有领户仍应发领执照，藉便稽查。但既免缴地价，应明定期限不许私行典卖，致令渔利。升科期限虽不可不宽，然亦当预为之程，以免后来镣辖。仰即另定简章，分别胪列呈候核办。至请通饬各府州县一层，龙华冈一带可垦之地，究竟能容垦地人口多少，亦未声叙明白。倘或各属农民争利而趋，纷至沓来，后员又何以应。俟于呈定简章时，酌量算定，或者先从奉、锦、新三府属人户繁盛处所出示招集，亦无不可。总之，实边以殖地为要图，聚民以厚食为先务，如该员之融会古今，动得机宜，原无不准之请。惟立法贵极精详，乃能一劳永逸。旧例虽多窒碍，亦当借证参观。所以招垦简章，固不可以疏节阔目胜也，仰即知照。缴。

拟办长郡森林以占利权禀

窃维长郡鸭江以北与采木公司划界后，亟应靠六十华里界址，赶筹巨款自行雇工分段砍木，预保未失之权利。否则六十华里内之木植，不及十年即如牛山濯濯[19]，该公司必援约要商，陇蜀相望，步步侵削，势必致白山以南木利一空。拟请分界后，即添募工兵四队，将东北冈所勘车道赶工速竣，即以修道之工兵驾轻就熟，分别砍木垦荒，散布于江北山南，兼营并进，势顺利便，寓兵队于农林，杜强邻之垂涎。行之既久，权利兼收，且可藉资余利以助行政、军事之用费。抚松设治重在清内匪，安图设治重在弭外患。该处皆长白后盾，因款绌不暇并举，乃先设局调查。究竟地阔民稀，断非局勇四十名即能保卫。然若大张旗鼓添驻重兵，就国势论，强邻责言，亦势所必至。据该委员等考察，安、抚一带森林不亚鸭江。仍应由工兵入手，仿照长郡办法，添募工兵四队，分布于安图之头、二道白河，抚松之漫江、万里河等地方，夏秋修道，冬春砍木。兵多则用繁，利在人趋，商民不招自集，山荒不放自开，地辟民聚，以守为战，兵民一气，声威亦壮。统计长、安、抚三处添招工兵八队，每年约需饷七八万两之谱，而藉以为国家保利权，振边立威者，实犹不止此数，是否有当，伏乞批示祗遵。

宣统元年八月初六日奉 督抚宪批：

查长、临、松、图一带森林关系重要，亟应派员前往查勘，妥筹办法，以便次第举办。缴。

外　交

与采木公司力辩采薪烧炭有违条约禀

案查光绪三十四年四月十五日，在北京商定中日合办木植公司大纲十三条，并在奉天续订详细章程二十一条，早经宣示民间，一律遵照在案。兹于本月初二、初五等日，惠山镇采木分局局长吉冈豪雄先后发给无数木牌，过江采薪烧炭，转相售卖。正在援约力争，严词抗阻。旋据董事人等联称自采木公司一立，边民生计已穷，若再令越界采薪烧炭，转相售卖，荒徼穷黎只有坐困待毙，乞速赐保全，以救蚁命等情。委员察看民情惊惶，恐酿事端，当经谕令听候商办，去后即派交涉员杨春燸往复确商，迄无成议。查原定章程所称采取木料者，固专指伐木编排而言，并未载有取烧薪炭，转相售卖字样。各国通例，凡约所不载者，即属理不当为。今该分局违约牟利，且拟施强硬手段，边氓野蛮性成，困则必斗，万一滋生事端，咎将谁归。除将详细原委函恳理事长胡主持电复外，所有商阻采木公司分局取烧薪炭转相售卖，以符原约而全民命缘由，理合将来电逐条辩驳，一并钞呈宪台查核，迅赐批示祗遵，实为公便。

就惠山镇分局转交安东采木公司来电逐条驳辩

宣统元年二月初二日来电：柴炭采取无关紧要。

查吉冈面称有每年用木柴二千贯，木炭二万贯，除公司用外售卖等语，来电云无关紧要，似亦不以该分局为然。

二月十一日来电：采取木柴之事，直雇韩人可也。

查采木公司原订章程尚专雇清国木把，以防侵越，今准令专雇韩人，更属不合。

二月十三日来电：于本公司采木区域，无论用枝及柴炭之采取，是为当务之急，速将此事转达长白府可也。

查来电似又以采取柴炭，为公司条约外应有之权，地方官不得干预者。然顾公司有采木之权，并无采取柴炭之权。如违约妄行，卑府不能认保护之权。

禁阻日人招募韩侨为兵禀 附韩侨情原书

为呈诸备查事：窃条陈善后策内列有厘韩籍一条，诚恐籍贯牵混，后患滋多。乃此禀未经缮发，机端已露。本月初二日，突有韩国风宪[20]蔡凤权暨通士金道一等来府禀谒，随即延询，据称社民等耕田纳租向归华官管理，奈日本宪兵分遣所勒选充兵，概不乐从，恳思移照日官，勿令应募，俾安农业，并呈情原一纸禀同前由。职等除谕令听候核办去后，乃与交涉员杨春熻悉心确商，窃谓该风宪等，既称越垦有年，向属清国管辖之民，倘竟置为不理，匪特大拂韩民之望，抑且自弃管辖之权。况鸭绿江北岸韩民准保性命财产载在条约，若任令日官招募而不为申辩，是默许其为日兵也。许其为日本之兵，与认其为日本之民何异。既认为日本之民，按照中日通商条约第二十款内载有，日本在中国之人民财产物件，专归日本妥派官吏管辖等语，彼若执此次条约狡辩，则韩民财产所在之处，即为日本权力所及之处。华官管理之权拱手而让诸日本，其所失奚啻倍蓰耶。嗣后再遇词讼案件，彼必借端干涉，更将何辞以对。此节虽微，关系极重。势非援照二十五年约章保护韩人财产一条，据约力争，别无挽回之策。乃令杨委员春熻偕翻译员陈盛元赴惠山镇，与炮兵大尉青山贞次郎一面，先行婉商停止招募，倘有不谐，当亲诣该镇援约力争，务令不失主权而后已。旋据该员等回称：青山贞次郎始犹权词以解，继则允服，既停右岸募兵，并电知新牌城一律停募，尚属顾全大局。当即宣谕该风宪等广告两社民人照旧安业，以免惊惧。该风宪等叩谢而去，颇知感激。惟此案虽结，来日方长，难保以后不再生枝节。日人善用暗侵计策，往往藉端要挟，以达其目的。韩籍不清，祸乱潜伏。外部交涉殷繁，若遽请商厘韩籍，既恐难以邀准，且恐一经提议，转贻日人实乘间哓舌，缪辀滋纷，亦不得不虑也，前陈厘籍之策，以抚为招，筹备韩民归化地步，此犹潜移默化之宗旨，按照归化自由条例，诚为善策。但目前既有此招兵一举，其视线所注已集于江北韩民，则归化取籍一层亟应筹划，以备抵御。韩民越垦数十百年，食毛践土[21]，照籍限例，应取籍者一；中韩条约准保越垦韩民，既归我保护，岂容隶彼版图，应取籍者二；此次两社风宪投具情原书词，亦自称清国管辖之民，论其希望主义，应取籍者三。有此三种原因，足资抵御，只有韩籍未除一缺点耳。为今日计，惟有以三种原因为目前抵御之资料，以删除韩籍为将来必要之方针，庶几祸根可息，而边防永固矣。所有派员商阻募兵，以安韩民，亟应厘国籍而遏患萌缘由，理合抄录禀批，呈请宪台[22]查核存案备查，实为公便。

计抄呈禀批清折一扣。

光绪三十四年九月十五日奉 督抚宪批：

呈悉。仰候如呈，备案可也，缴清折存。

附：景和乡社民韩侨 金奉瑞 蔡凤权 等情原书

右情由事：矣等俱是韩国流离之民，迫于饥寒越垦奠接，则矣等生命财产专赖清国官爷保护，惠山宪兵分遣所，于新莘坡日前告示曰：今选宪兵补助员，社内有文识健壮者几许名，来待此处民。民徒知犁锄，有难抄选，而况清国管辖之民，焉敢无告而应选乎。恳大府移照于惠山本宪兵所，选兵一款勿为施行。

批：据情原书称该社民流离越垦，生命财产专赖清官保护，历年已久，即属清国管辖之民。现因惠山镇宪兵分遣所募充为兵，恳乞移照勿为施行等情。据此，查光绪二十五年中韩条约第八款内载有，韩人已经越垦者，准其安业，保其性命财产，以后应一律禁止等语，历经遵照在案，该民等所称尚与条约相符，当即与惠山镇日本官青山贞次郎面商允协，凡居住鸭绿江北岸韩民现已禁止招募，并电知新牌城宪兵分遣所即行停募，以免惊惧。合行批示，仰即传知该社居民，以体遵照。此批。

陈采木关系边要恳请预防后患禀

窃维采木公司合办章程由外务部商订大纲，又蒙宪台饬下度支司、交涉司暨东边道会议详细规条至严且密，何敢妄渎一辞。惟按照公司条款参考地面情形，有与边务相关碍者，管窥所及，未敢缄默，敬为我宪台陈之：

一 分局宜设鸭江北岸也。查公司原定地段，自帽儿山讫二十四［道］沟，全系长临辖境，自应在塔甸、帽山各设一局。鸠工赶造，费不过数千金，期不过五六月，准可告成。操纵在我，奈道路喧闻，有租借韩岸日厂权作分局之说，报纸亦载有长白分局暂设惠山镇，俟长郡完备再行移设等语。委员私心悬揣，若明年果能移居北岸，尚可挽回一二。否则，一着输人，全棋皆失。始而以房科租，继而以租抵本，无母而子，孰利孰害？华员、华把侨寓韩界，种种花销任彼居奇。三百万银圆专为日韩流通之用，以利诏人犹后也，木把类多强悍，往来彼岸，一有冲突，官权不逮，保护维艰，失利失权，流弊滋多。可虑者一。

一　采木界限宜早划清也。查原定六十华里诚为切要办法，划界起点应从鸭绿干流取线向北，宽不过五六十华里或一二十里即遇大冈，惟沟身湾长或三四十里、二三十里不等。沟中之木，除十九道沟以上入沟三四里、八九里森林密茂外，其余如十二道沟入沟五六十里，八道沟入沟七八十里，才有木可伐。亦不过数十年间便如牛山濯濯。若不划清里线，勒石标识，势将越岭深入，旦旦而伐，年复一年，松浑上游之木必不能保。此次勘界员刘建封等条陈冈后森林，从松、图两江设法购运，冀脱去鸭江公司之范围，力争先着，权自我操，曾经禀明在案。倘此次界限不清，得陇望蜀，并松、图两江之木植而弃之，则东边之民命绝矣。可虑者二。

一　木头木把宜广招徕也。查原章木把专用华人，最为善策。乃今年华把入山者，就通、临两县而论，不及上年十之二三。询厥原因，固由木价大减，亦由公司限制綦严。富商不敢担保，把头亦皆畏缩。日人重利轻约，必将借口变章，改雇日韩木把，攫我利权。人数平均，犹虞冲突，况客把日多，强宾夺主。帽山以上，长白以下发祥之域，贪狼满山，万一有变，今日木把，皆异日强敌。可虑者三。

以上各节皆与边务有关。趁兹开办之初，斩除日后镠辖，尚属慎始之道。所有采木关系边要，预防后患缘由，理合呈请查核，迅速施行。

宣统元年正月初六日奉　督宪批：

呈悉。所陈采木关系各条，极有见地，足见该守等留心边要，殊堪嘉许。候饬东边道就近密筹抵制办法，藉弭隐患，此缴。

禁阻韩民越江伐木禀

窃委员承乏边陲，时常以绥辑边氓，顾全邻谊为兢兢。其于条约利权无甚关碍者，当即从权缓办，冀相安于无事。惟鸭绿江南岸韩民，每届冬春之间，辄行过江砍木，名为炊爨零用，实则高五六尺，围三、四尺不等，类皆巨室大木。若竟任令斩伐，漫无限制，不特于华民生计有碍，且恐积久易酿争端，转非慎重邦交之道。前巡警局巡长狃沿旧年习惯，拟按伐木之大小多寡酌量抽用，亦非正当之办法，业经严行谕禁，饬候禀订准章，以资遵守。盖自采本合办之公司一立，其关乎民间权利有不能不禁阻者，谨撮数端上陈钧座：

查公司采木定章，以六十华里为限，则六十华里以内森林日益减，民间日用之木日益少。其在华界韩侨自应稍宽其例，一视同仁。若再令对岸韩民越江而伐，则所以优待韩侨者亦无所区别，其不能不限制者一也。年前华民王宽入韩山砍木，被日人以越界扣留。该民人曾禀，由临江县李丞详东边道批行日本木厂长设法议结在案。至今王宽在长叠次喊控，尚未了结。

华砍韩木则被扣，韩伐华木则不禁。凡事不平则鸣。即无以服华民之心，难保不互相仇敌，激成他变。边民犷悍，走险堪虞。其不能不禁阻者二也。惠山镇左近韩山已如牛山濯濯，去冬有日人勾结我界韩民私行越江采木烧炭，旋经访明禁止。若此端一开，必至纷至沓来，利权外溢，惧无终极。就目前韩岸而论，若按山价公例，严定抽价章程，虽多取之，而彼不但奉从，且感大德。但恐公司剥之于前，韩民纵之于后，不数年后薪昂于桂，釜爨维艰，小民怨我詈我，咎将谁归。其不能不禁阻者三也。以上各节，在彼有可禁之例，在我有应禁之权，名正言顺，似无庸上渎宪聪。惟事关边务，用特据实禀陈，是否有当，恳饬交涉司详加核议，俾臻妥善。所有禁阻韩民越江采木以弭争端而保利权缘由，理合呈请查核批示祗遵，实为公便。

宣统元年二月二十二日奉　督抚宪批，

呈悉：韩民越江伐木损害殊多，该守严行谕禁甚是。仰仍一面坚持禁阻，一面候本大臣部院饬交涉司妥议具复，再行饬。遵缴①。

胪陈变通对待韩侨办法禀

窃卑局于宣统元年正月初二日，接阅报章载有：钦宪饬订对待韩侨办法一节，即拟将长郡韩侨情形胪列具陈。适因庆、长两堡今年初归长郡治理，正在开章明义，宣议种种章程，未及禀陈。兹于本月十二日，准调查员辜天保到临交阅调查韩民条款，并入境入籍一切规条。捧诵之余，莫名钦佩。惟原订各条

① 再行饬。遵缴。《丛书》点为：再行饬遵。缴。改之。

有与此处韩侨情形不甚相同者，一律遵守，翻形窒碍，且失利权。缘长、临一带越垦之民，名为韩侨，实则华佃。有户口无粮册，有动产无不动产。房屋地亩概归田主管辖，去留之田在田主，韩民毫无自主之权。除按地亩多寡为田主纳租外，又每年每名纳租二斗，以资办公，无所谓粮名也，与地方官亦无直接之权。前次由临回长，道经十二道沟暨半截沟，韩氓因租斗较旧斗稍昂，垦呈核减。其情愿书内皆称华民为田主，自称为佃户，情形已可概见。然东边华民少韩民多，且坚苦耐劳，无故被逐者亦少，有一世二世至三世而为华佃者。就外客论房产，类为管业，一与田主龃龉，挥之即去，无哓辩，无缪辖，数十百年相沿日久，亦相安无事。然其对华官也，辄自称归化之民，亦曰管辖之民。及询其对韩官若何，则曰仍纳租矣，仍供曾矣。此种华而韩，韩而华，不华不韩之民，实为各国公例所无。所幸者地亩房屋皆非其管业，操纵在我耳。此长郡韩侨之实在情形也。查此次所订各条，拟将韩民所垦之田，所住之房，即指为该韩民管理之业。故所订待遇各条、入籍各条，仍以普通公例相绳，尚有窒碍难行之处。光绪二十五年中韩条约第十二款内载有，韩民已经越垦者准其安业，俾保性命财产等语，按现在情形而论，当时所订财产二字，词义尚涉含糊。委员丞乏边陲，查询明确，若竟心怀顾忌，隐忍不言，惧负我宪台慎边之意，兹特不揣谫陋，冒昧渎陈，应如何俯施采择，复加更正之处，尚乞鉴核。所有查核韩侨实在情形，亟应变通办法，以防窒碍而保利权缘由，理合分条按释，另缮清折，呈请查核施行。

谨摘录原订规则与韩侨情形不符者数条，分别缮呈鉴核。

计开

一　查原订韩民入境，应守规条第五条，有凡垦地及贸易者，须照章完纳一切赋税一节。

按：韩民有贸易者，自应照章抽税。惟垦地向系雇工，并无韩户粮册，纳赋一层俟登粮册后，方能核办。

一　查原订待遇有业韩民第二条载，以前占垦官民荒地之韩民，如应将地亩交还者酌给工资。第三条，以前韩民占垦官民荒地，禁止私自让与，交换转买必须禀请地方官批准各等语。

按：以前韩民越垦均系华民招雇，名为代垦，非占垦也。垦荒多少全归华主，本无应交还与不应交还之区别，更无让与交还转买之权力。地方官亦决无批准办理之说，彼亦未尝擅请也。若一给工资，准其禀候批示，转似以地权与韩民矣。其历年雇垦章程，或三年至五年免租抵作工资，嗣后按年给租，否则收地。向不给资，彼亦无词。

一　查原定韩民入籍条件第二条载，须在中国居三年，有生活之本据地，各垦地之住房，贸易之铺店等类。

按：韩民在中国，有十余年至五六十年，七八十年者不等，其垦地之住房，贸易之铺店，均听该管田主指挥修盖，丝毫不得擅主，故有在中国数十年而无所谓本据地者。但知食毛践土，不敢据为己有。若必按本据地而论，终与入籍之例不符。惟牲畜犁耙则有之，是亦动产非不动产也。

以上摘录数条，专为区别韩侨实系佃户，并无地亩房屋，故不必以交还买换及生活本据地等项字样加之韩民，使韩民无从狡展，而华民地主仍有去留自主之权，是为清韩交涉上第一扼要关键。权限分明，纠葛自无。

谨查照韩侨情形，分别办法，妄拟管见数条，附呈鉴核。

调查韩民主条款十六条，应请照旧。

对于无业韩民之处置　三条应请照旧。

对于有业韩民之待遇 妄拟四条，原订四条，应请照旧。

一　凡在鸭绿江右岸越垦之韩民，向系为华民佣工，藉资开垦，其所垦地亩，应仍归雇垦之田主管业，韩民不得据为己有，以昭限制。

一　凡在光绪二十五年以前已经越垦之韩民，仍由中国官长照约保护，以示优待。至在二十五年以后者，一律查禁。

一　被雇之韩民如果安居乐业，尽力农事，无碍治安，华民亦不得辄行驱逐，致有虐待之行为。

一　韩民在中国既得享佃户垦荒之利，凡地方应纳之一切税租，应照历年旧章办理，违者斥逐。

韩民入籍之条件三、四、六、七各条均请照旧，二、五两条酌拟。

一　韩民侨寓中国，查照各国入籍年例，早已逾限。若必拘本据地与本有资产相衡，似非优待韩侨之意。兹特稍事变通，如果年限已满，实系良善农民，应准禀明所驻地方官入籍。入籍后准其领荒开垦，以示优异。倘领荒以后不安本业，有妨治安，仍准地方官扣除名籍，收回已垦之产此条因韩民在中国向无本据地，亦无资产可查，故拟改订。例外四条似可从简。

韩民入籍之效力一条应请照旧。

宣统元年二月二十五日奉督抚宪批：

呈悉。该守所拟变通各条，极有见地，其余各处韩侨情形，谅亦难免与原订规则不符者，仰候各委员调查，一律竣事具复后，再行汇核办理。此缴折存。

密陈延吉草约误指穆石为定界碑，侵越甚多并有碍长郡鸭绿江权禀

窃宣统元年九月二十七日，安图调查局委员刘令建封到长禀陈该局调查事宜，并携带延吉草约一纸，呈请查阅。委员展阅之余，且惊且愕。查条约第一款内载：两国彼此声明以图们江为中韩国界，其江源地方自定界碑起至石乙水为界。又条约善后第四款内载有：图们江杂居区域外，如有垦地韩民，照旧归中国地方官一律保护管辖裁判，此节业经日使声明，惟谓鸭绿两岸彼此均有人民越垦，须俟他日提议各等语。循诵再三，想见外部大臣计谟远识，于划分疆域之际，隐以收裁判管辖之权，无任钦佩。惟约内以穆石为定界碑，且以为江源地方，不特于该处形势方向均有未协，即按诸康熙五十年圣祖仁皇帝查边之谕旨，亦有大不相符者。强权胁迫，今昔殊情，在枢部固亦有不得已之苦衷，区区边吏何敢哓渎。但既以穆碑定两国之

界，是即以穆碑定两江之源，图们江源既混，鸭绿江源亦将连类，以及长郡为鸭绿江源流所在之区域。委员仰蒙优睐，承乏是邦，若竟讳避不言，讵非有负宪恩，兹特援古证今，敬为宪台密切陈之。窃维穆石为查边而设，非定界碑也。伏读《东华录》[23]，圣祖仁皇帝于康熙五十年谕大学士等有云：混同江即松花江自长白山后流出，由船厂打牲乌拉向东北流，会黑龙江入海，此皆中国地方。鸭绿江自长白山东南流出，向西南而往，由凤凰城、朝鲜义州两间，流入于海。鸭绿江之西北，俱系中国地方，江之东南，系朝鲜地方，以江为界。土门江自长白山东边流出，东南入海，土门江西南系朝鲜，东北属中国，亦以江为界。此处俱已明白。但鸭绿、土门二江之间地方，知之不明。因派打牲乌拉总管穆克登前往查阅。时康熙五十年五月初五日之谕旨也。是为穆克登查边之始。是年八月又奉有谕旨，谓此去特为查我边境，于彼国无涉，但我边内路途遥远，地方甚险，倘中国有阻，令朝鲜国稍为照管。将此情由着该部晓谕朝鲜国，本年进贡官员令其抄写赍付该王。时康熙五十年八月之谕旨也。是为穆克登查边而非分界之确证。

次年五月穆克登入山查阅，朝鲜国王派接伴使朴权、观察使李善溥随同照管，并上书恳请特许职等一人得陪后尘等语。穆总管犹严词拒绝，不许同行，独率僚属寻至长白山分水岭，勒石为记，其文曰：穆克登查边至此，审视西为鸭绿，东为土门。时康熙五十一年五月间事也。是为分水岭勒石为记，而非会同定界之确证。旋因土门江之源顺流而下，审视至数十里不见水痕，从石缝暗流百里许方现巨水流于茂山，两岸草稀地平。恐人不知边界，致生侵越，乃复以此请咨商朴权等，拟在两江发源分水岭之中立碑，并在近茂山、惠山惠山在茂山府治与长郡对岸。惠山镇旧名协山城，相距尚远。等处立栅为界。而朴权等复称木栅非长久之计，或筑土、或聚石、或树栅，趁农歇始役，一、二年后完毕，亦自无妨各等语。时康熙五十一年六月间是事也。当时朴权等以此事自任，嗣后何时立栅立碑无迹可查。顾《吉林通志》[24]诸书皆载有，自三江口至小白山实有界碑，凡十字，曰："华夏金汤固，河山带砺长。"是审视碑外尚有十字界碑，即日人守田利源《满洲地志》亦谓康熙五十年，总管穆克登立有"华夏金汤固，山河带砺长"界碑字样。审是则以小白山迤东十字碑为界，虽无遗迹可考，尚可抱定自三江口至小白山一语为铁板注脚，详细寻勘总可两得其平。若审视碑固无分界字样也，是为分水岭东另有界碑，而穆碑实非界碑之明证。自去年四月至今年九月，勘界员刘令建封三至长白山顶周围查阅，穆碑在今长白山天池偏南三奇峰下，与当时穆克登所称之分水岭系在小白山顶相距六十余里之遥，见有确据，实非原碑故址。且其文曰：审视西为鸭绿，东为土门。按当日之碑文考，以今日现实之地理，委系因分水岭西有建川沟为鸭绿江源，故曰西为鸭绿。岭东有三汲泡为土门江源，故曰东为土门。建川沟发源于岭西，三汲泡发源于岭东。东西分流，故曰分水岭。究竟鸭绿江正流至暖江、葡萄河合流之双岔口，始名鸭绿江，距建川沟尚有一百余里；图们江正流至红丹水、红旗河与朝鲜南岸西豆水合流之三江口，始名土门江，距三汲泡尚有二百余里。其发源处并不以鸭绿、土门名，以其为上流之水源也。故远而望之曰审视。此当时穆克登立碑之精意，而仍与圣祖仁皇帝查边之谕旨相符。若按今碑所立地址在三奇峰下，既无分水岭之名，东西两小沟水现没无常，亦不得指为江源。建川沟、三汲泡就方向论均在东南，更与穆碑所谓东西者全然不符。是为今日穆碑决非分水岭旧址之明证。自此次查边后，历二百余年中间，毫无异说。直至光绪初年而勘界之案又起，延及十一、二、三年，中韩两国叠次派员会勘，总以寻觅图们江源为定界扼要办法，故有以红丹水为江源，又有以石乙水为江源者，往复辩驳，虽未定案，从无以穆碑为界，并以为江源之说。总署原案具在，可复视也。今第一款内竟谓其江源地方自定界碑起，是直以审视碑为定界碑也。是又以定界碑为江源地方也。果如此说，于图们江所失地方未敢悬度，而于鸭绿上游地方损伤实多。盖鸭绿江上游有二源：一源葡萄江，在朝鲜境内；一源暖江，在中国境内。暖江上游相传为旱沟河，忽流忽断，与穆碑原立之分水岭亦不相接。将来分界应以暖江与葡萄河合流之双岔口为正当办法。如日人以穆碑西为鸭绿江一语，狡辩强权之下，降而退让，以原立分水岭为界，已属吃亏不少。倘以今碑所在为界，则长白山东南一带如胭脂山、小白山、七星湖、太平川、木头峰、玉带山等区域一网打尽矣。

按地势而论，由石乙水转折而西而北，如尖锥形直入长白山之中心点，譬如利箭穿胸，几何不毙！发祥之区沦为异域，列祖有灵，饮恨何堪。万国公例，凡古迹灵区为本国所宝重者，尚应遣还保存，况为我朝肇迹之遗姆圣域耶。夫堪舆之说[25]，犹不足据，即就原案而论，上自康熙五十年以至光绪十三年，参考历代之案宗，并延吉之报告，与去年四月至今年九月长白调查员之图说论辩，亦不得强指穆碑为界，而得陇望蜀，并令鸭绿江人民土地阴受无穷之影响也。又其四条云：鸭绿江两岸彼此均有人民越垦，须俟异曰提议等语，诚为慎重起见。惟鸭绿江右岸华民并无赴韩岸越垦者，只有韩民向华界越垦，历年已久。东山民人稀少，均系华民雇之使来，名为佃户，所垦之地，三年后为华民纳租，所住之屋亦归华民管辖。并无地产、房产之权。若照延吉条约第五款内载，韩民之地产、房产一律切实保护办法，似予韩民以土地之权，实与长郡韩侨情形大相刺谬。委员今年二月间，因上宪札开，对待韩侨办法与长郡情形不同，曾经逐条缕陈，并另拟变通办法禀请查核更正在案。现查延吉条约有异日提议鸭绿江越垦一节，用特先期陈明，并抄前次原禀呈请存案备查，为异日提议之准备。此皆与我国家人民土地之权有密切关系，并非为长郡一隅斤斤较量于其间也。委员滥竽边陲将近两年，一切应办事宜毫无起色，扪心自问，抱愧滋多。惟长郡斗绝大东，距省一千五百余里，凡管见所及，无论是否有当，不敢避言高之罪，总思据实上陈，以副我宪台慎重边防之至意。如蒙俯（肠）［赐］采择，其可否转咨外务部存查之处，委员未敢擅拟。除禀牍不便明言事件，仍令刘令建封面陈外，所有草约误指穆碑为定界碑，侵越甚多，并有碍长郡鸭绿江权缘由，理合绘图贴说，并抄录原禀呈请查核施行，实为公便。

宣统元年十一月十四日奉督抚宪批：

呈图均悉。候即咨商外务部定夺，并速催刘令来省面询一切。缴图存。

路 工 记

光绪三十四年五月二十一日，自临江林子头开修，抵临江署东二道沟门，共一百二十余里。车道中间有无数沟涧，共垫修小桥一百余处，改名荡平岭。岭西岭东修盖营房旅店共三十六间，于本年十一月竣工。其河水较大者，无桥梁不能通车。宣统元年三月间，又开修桥工，岭西修大桥十一座，岭东修大桥十七座。本年十一月一律竣工，车行无阻。由临江二道沟登东北冈，至长郡署西犁沟镇，共四百六十余里，自光绪三十四年十一月开修驼道，至宣统元年七月间告竣，添盖营房旅店共五十五间，相距五六十里，三四十里不等，改名龙华冈。驼道已通，惟龙华冈路线，砍宽八丈者一百七八十里，宽一丈者二百余里，明年开修，车道尚须一律展宽。

江 巡 记

江巡之设，为踞江权第一要义。光绪三十四年冬，包修大江艚两艘，小江艚四艘，于宣统元年五月间竣工。由通化运至安东，溯鸭江而上至长白府。每大艚一艘配置巡兵十名，小艚一艘配置巡兵五名，共四十名，巡长兼书记一名，夏秋运货，冬春巡江。暇则教以操法，并援以万国江河公例，以便应对外人。缘鸭绿本中韩公共之江，梭巡之法与应付之方，不得不预为研究也。

长白府阖境十五社户口一览表

地名	方向 里数	华民户数	韩侨户数	华民人数	韩侨人数
塔甸		六户	十九户	五十九人	九十五人
温厚社	署东北六里	十三户	六十户	四十三人	二百七十六人
良善社	署东北二十里	四户	二十户	十八人	七十人
恭顺社	署东北三十五里	五户	三十七户	五人	一百九十四人
犁沟镇	署西北三里	二户	十二户	三人	二十一人
小犁沟镇	署西北十三里	三户	四十五户	十七人	一百六十人
万宝冈	署正西十五里	二十户	五十四户	一百六十六人	二百零八人
南涧头	署西南二十四里	九户	二十七户	七十二人	一百一十七人
葵恩社	署正西三十四里	十六户	五十七户	五十三人	二百五十三人
西砬缝	署正西四十二里	六户	十六户	二十四人	六十四人
东砬缝	署正西四十五里	十三户	五十六户	五十人	二百二十四人
壬皇社	署正西五十四里	八户	六十四户	三十七人	二百二十六人

地名	方向 里数	华民户数	韩侨户数	华民人数	韩侨人数
金华镇	署正西 四十五里	十六户	七十户	九十二人	二百七十人
辛裕社	署正西 六十八里	五户	四十一户	十八人	一百五十人
丰乐园	署正西 八十四里	十八户	一百一十五户	七十二人	四百三十三人
庚顺社	署正西 九十三里	八户	十五户	二十一人	四十九人
己恭社	署正西 九十五里	十六户	九十三户	六十人	三百六十六人
景和乡	署正西 一百一十里	十三户	四十一户	五十六人	一百六十二人
下隈子	署正西 一百二十四里	二户	四户	五人	十二人
戊雨社	署正西 一百三十六里	七户	一百一十五户	二十一人	五百四十五人
拉拉岗子	署正西 一百五十一里	七户	十八户	二十人	一百零八人
套裤带	署正西 一百六十一里	三户	八户	六人	三十九人
背阴亭	署正西 一百七十六里	三户	十九户	十一人	九十五人
三圣屯	署西北二百零五里	二十八户	四十户	一百一十人	二百二十二人
孤山子	署西北二百一十里	六户	十二户	十一人	五十三人
二股流	署西北二百一十四里	五户	四户	十六人	二十三人
金厂	署西北二百二十四里	四户	九户	九人	五十人
小南川	署西北二百三十里	四户	三户	七人	十二人

地名	方向 里数	华民户数	韩侨户数	华民人数	韩侨人数
丙望社	署西北 二百四十五 里	一户	四户	二人	十六人
乙农社	署西北 二百五十里	一户	三户	十人	三十一人
小蛤蚂川	署西北 二百五十五 里	二户	二户	八人	八人
大蛤蚂川	署西北 二百五十八 里	十六户	二户	五十一人	八人
甲华社	署西北 二百六十六 里	六户	十八户	二十六人	五十三人
葫芦套	署西北 二百六十九 里	七户	六户	二十一人	三十一人
总　计		华户 二百八十三 户	韩户 一千一百 零九	华人 一千二百人	韩人 四千六百 四十四人

长白府郡学堂教习学生姓名表

全郡学生均准来堂肄业

中文教习一名　赵一琴

东^文语教习　王大经

甲班学生八名

许经三、王贤浔、于鹏翔、王合群、

于文林、李振裔、卢永年、邴文彬。

乙班学生八名

刘长海、郭炳燐、刘来贵、王启运、
于恩三、马鸿宾、李开第、陈修龙。

长白府庆生保学堂教习学生姓名表

教习一名

陈世奎

学生十二名

王宝鸿、丛玉山、邵永清、林干荣、
葛长银、梁　成、孙文盛、葛长宝、
王仁辅、韩永春、程汉清、周丁柱。

长白府长庆两保董事姓名表

长生保

于祥云、张殿智、于占发、李维芳。

庆生保

许馥亭、宫海亭、李国珍、孙　敏、
张俶科、王明善。

注　释

[1]　班孟坚：即班固，东汉史学家、文学家。字孟坚，扶风安陵（今陕西咸阳东北）人。历二十余年修成《汉书》。

[2]　乘：春秋时晋国史书叫乘，后因称一般史书为乘。

[3]　陆贾：汉初政论家，辞赋家。楚人。从汉高祖定天下，常使诸侯为说客。曾官至太中大夫。向高祖提出："居马上得之，宁可以马上治之乎？"力主提倡儒学，"行仁义，法先圣"，并辅以黄老的无为而治思想，著有《新语》。又有赋三篇，已佚。

[4]　吉光片羽：吉光，传说中的神马名；片羽，指马身上的一片毛。人们用以比喻残存的艺术珍品。亦作"吉光片裘"。

[5]　象罔求珠：象罔亦作"罔象"，《庄子》寓言中的人物。象，形象。罔，无。《庄子·天地》："黄帝游乎赤水之北，登乎昆仑之丘，而南望还归，遗其玄珠。使知索之而不得，使离朱索之而不得，使吃诟索之而不得也。乃使象罔，象罔得之。"

[6]　竿牍：书信。《庄子·列御寇》："小夫之知，不离苞苴竿牍。"竿牍，意谓竹简为书，以相问遗。苞苴，赠送的东西。

[7]　三万卫：明洪武二十年（1387年）置于斡朵里（今吉林珲春附近），次年内迁开源城（今辽宁开原北）。为明时东北要地。明末废。

[8]　宣慰司：元代始置。掌军民事务。在行省之下，分道以总郡、县，为行省和郡县间的承转机关。亦有称宣慰司都元帅府或宣慰司兼管军万户府者，明清沿之，以为土官最高职衔。

[9]　李北平：即李广，西汉名将。

[10]　循良：旧称官吏守法而有治绩者。

[11]　赵充国：西汉大将。字翁孙，陇西上邽郡（今甘肃天水西南）人。熟悉匈奴和羌族的情况。武帝、昭帝时，率军反击匈奴贵族的攻

扰，勇敢善战，任右将军。宣帝继位，封为营平侯，后与羌族贵族作战，在西北屯田。

[12] 羊叔子铃阁：羊叔子即羊祜，西晋大臣，字叔子，泰山南城人。魏末任相国从事中郎，参与司马昭的机密。晋武帝（司马炎）代魏后，与他筹划灭吴。泰始五年（公元 269 年）以尚书左仆射都督荆州诸军事，出镇襄阳。在镇十年，开屯田，储军粮，作一举灭吴的准备，平时则与吴将陆抗互通使节，各保分界。屡请出兵灭吴，未能实现。临终，举杜预自代。铃阁，将帅或州郡长官办事的地方。《晋书·羊祜传》说："铃阁之部，侍卫者不过十数人。"白居易《郡斋暇日》诗："衙门排晓戟，铃阁开朝锁。"

[13] 斧柯倒持：斧，斧头；柯，斧柄，意谓伐木业。倒持含垮台、倒闭的意思。全句的意思是伐木业垮台。

[14] 督宪抚宪：旧时指朝廷委驻各行省的高级官吏为宪，督宪为总督，抚宪是巡抚。

[15] 鸿猷：应作宏猷，谋划的意思。

[16] 《大学》：儒家经典之一，原为《礼记》中一篇，约为秦汉之际儒家作品。宋代从《礼记》中把它抽出，以与《论语》《孟子》《中庸》相配合。至淳熙（1174—1189 年）间，朱熹撰《四书章句集注》，成为"四书"之一。

[17] 《春秋》：儒家经典之一，编年体春秋史书。相传为孔子依据鲁国史官所编《春秋》加以整理修订而成。记事起于鲁隐公元年（公元前 722 年），终于鲁哀公十四年（公元前 481 年），计二百四十二年。

[18] 九合：合，会盟，指春秋时称霸的诸侯以巩固霸业为目的多次会盟，《论语·宪问》："桓公九合诸侯，不以兵车，管仲之力也。"

[19] 牛山濯濯：牛山在今山东淄博市临淄南，濯濯，无草木、光秃的样子。《孟子·告子》云："牛山之木尝美矣……斧斤伐之……

人见其濯濯也，以为尝有材焉。"后人即以"牛山濯濯"形容草木不生，并借喻为人的头发脱落后光秃的样子。

[20] 风宪：古代御史观民风正吏治，谓之"风宪"。书中所用是指朝鲜担任此职的官吏。

[21] 食毛践土：毛，地面所生的植物。践，踩。《左传·昭公七年》："封略之内，向非君土；食土之毛，谁非君臣。"谓所食之物和所居之地均为国君所有。后封建士大夫常用"食毛践土"表示感戴君恩。

[22] 宪台：御史台的别称。后世用作地方官吏对知府以上长官的尊称。

[23] 《东华录》：清蒋良骐、王先谦等摘抄《清实录》而成的编年体史料长编。乾隆三十年（1765年）清政府重开史馆，蒋良骐任纂修，就《清实录》及其他文献，摘抄天命、天聪、崇德、顺治、康熙、雍正六朝（五帝）史料，成书三十二卷。因国史馆在东华门内，故称《东华录》。光绪时王先谦续抄乾隆、嘉庆、道光三朝史料二百三十卷，并增补蒋录扩至一百九十五卷，于光绪十年（1884年）成书，称《九朝东华录》。后潘颐福辑《咸丰朝东华录》，王先谦加以增补，凡一百卷，又自辑《同治朝东华录》一百卷，合称《十一朝东华录》。以后朱寿朋又辑录光绪朝史料，称《东华续录》，通称《光绪朝东华录》。

[24] 《吉林通志》：清朝长顺、讷钦修，李桂林、顾云撰，一百二十二卷，是吉林省第一部最完备的全省通志。

[25] 堪舆之说：堪，天道；舆，地道。堪舆，天地总名。堪舆之说即天地之说。另为"风水"之说，迷信术数的一种。

卷八　杂　识

释高句丽碑文① 　附录傅云龙跋

惟昔始祖邹牟王之创基也邹牟王即朱蒙，朱蒙善射，名见《魏书》。出自北夫余《梁书》：高句丽出自东明，东明本北夷橐离王之子，橐离即夫余转音。朱蒙名东明。天帝之子，母河伯女郎，剖卵降出《梁书》《魏书》均载东明破壳诞生，事与《东国通鉴》同。生子有圣□。□□□□命驾。巡车南下母河伯女郎恐夫余王杀之，促其逃避。路由夫余奄利《后汉书》作淹㴲，《梁书》作淹滞。大水，王临津言曰："我是皇天之子《魏书》载我是日子，谓日光所照而生。母河伯女郎《魏书》云河伯外孙。邹牟王，为水连蔽浮龟。应声即为连蔽浮龟，然后造渡。于沸流谷《魏书》普述水即此水，今为开原河上流，即叶赫河。忽本西城《魏书》作纥升骨城，《周书》作纥斗骨城，在今海龙府境内，土人通称高句丽城。山上而建都焉建国之始，按汉魏高句丽据有东辽河以南，浑河以北，鸭绿江左右地方。永乐□位，因遗黄龙来下迎王。王于忽本东冈，黄龙首升天。顾命世子儒留《魏书》：朱蒙有一子，曰闾谐，即儒留转音也。王，以道舆治。大朱留王绍承基业。四至十七世孙按《魏书》朱蒙子闾达，达子

---

① 限于当时条件，本书的《好太王碑》碑文释读，舛误较多，兹依照排。

如栗，如栗子莫来，共三世。莫来子孙相传至裔孙宫，不详世系。宫至曾孙位宫三世。位宫至玄孙乙弗利共四世。乙弗利子钊至曾孙琏三世。自朱蒙以下可考者十四世。惟莫来至裔孙宫裔字不详几世。若以玄孙论，则琏为朱蒙十七世孙。若再推二世，则琏为十九世孙。与朝鲜史册高句丽王十九世广开土王之十九世字句相符。又按：朱蒙以下其子孙有才略者，惟第三世之莫来能征服夫余，并宫曾孙位宫性桀黠，有勇力便弓马，汉和帝时屡寇辽东。魏正始中入寇辽西安平。其文武兼长者惟琏。魏世祖时遣使贡方物，请国讳，乃拜为都督辽海诸军事、征东将军、领护东夷中郎将、辽东郡开国公、高句丽王。当时所封爵号与碑文广开土境平安好太王字义相符，碑文内征百济、伐新罗、破倭兵、摄夫余，又与征东将军，领护东夷之封号相称。则好太王当即高琏无疑，琏子孙曰云、曰安，曰延、曰成，则世袭爵号无大勋绩。国□土广开土境平安好太王，二九登祚，号为永乐太王。恩泽□□皇天威武□□□被四海，扫除□□，康宁其业，国富民殷《魏书》：李敖亲至琏都平壤访事云：辽东南一千余里，东至栅城，南至海，北至旧夫余，民户三倍于前，与碑文威被四海字义亦相符。五谷丰熟。昊天不吊，卅有九，宴驾弃国。以甲寅年九月廿九日乙酉，迁就山陵。于是立碑，铭记勋绩，以永后世□焉。其□曰：□永乐五年，岁在乙未，王以碑丽不息□又，躬率住讨，巨富山负碑至盐水上，破其丘部落六七百当，用马兼羊，不可称数。于是旋驾，因过驾平道，东耒□城、方城、北丰。五备□，游观土境，田□而还盐水即盐难水，今名佟佳江，一名浑江，在今辑安县西南入鸭绿江。《太平环宇记》：高句丽下马訾水，一名鸭绿水，去辽东五百里，经国内城，又西与一水合，即盐难水也。二水合，流入西南至安平城。据此国内城即在今辑安地面，西南流至安平城，即在今宽甸地面西南安平左近。现时安平河东尚有土城子，土人呼为句丽城，与碑文内盐水上安平道东并游观土境等句皆相合。百残、新罗，旧是属民，由来朝贡；而倭以辛卯年来，渡海破百残，□□□新罗，以为臣民百残即百济，倭人渡海侵掠始此。以六年丙申，王躬率水军，讨利残国。军□□□首，攻取壹八城、曰模卢城、若模卢城、干弓利□、□□城，阁□城、牟卢□、□沙城、□舍蔿城、阿旦城、古利城、□利城、杂□城、奥利城、勾牟城、古须能罗城、页□□、□城、分而能罗□、易城、□□城、□□□、□奴城、沸八船利城、□邹城、也利城、大山韩城、扫加城、敦拔城、□□□、娄卖城、散□城、□□城、细城、牟娄城、长娄城、苏灰城、燕娄城、析支列城、岩门至城、林城、□□□□□□利城、就邹城、□拔城、古牟娄城，闰奴城、昌奴城、□穰城、□□□、□卢城，仇夫城、□□□□其国城《北史》、隋唐各书金称百济所都曰居拔城，亦曰固麻城，其外有五方，中方曰古沙城，东方曰得安城，南曰久知下城，西曰刀先城，北曰熊津城。其余小城皆分隶之。足见百济城名之多，史书不及详，碑文所列可补其缺。贼不敢气，散出交战。王威赫奴，渡阿被水，遣判迫城，横□□□，□便国城。百残王困逼，献□男女生白一千人，细布千匹，归王自誓：从今以后，永为奴客。太王恩赦□字迷之徽，录其后顺之诚。于是□五十八城，村七百，将残王弟我大臣十人，旋师还都《魏书》：延兴二年百济王余庆上表请救，历叙高琏凌逼之状，魏但遣使切责，琏不受命。百残被逼投诚，当在此时。八年戊戌，教遣偏师观帛慎土谷，因便抄得莫□罗城，加太罗谷男女三百余人。自此以来，朝贡论事。九年已死，百残违誓，合倭和□魏不救，乃合倭攻句丽，当时百济为弁韩七十八国之一，南与倭接，东与百济接，故百济与倭合。王巡下平穰。而新罗遣使白王亡：倭人满其国境，遗破城池，以奴客为民，归王请命。太王□后，称其忠□，□遣使还，告以□许。十年庚子，教遣步骑五万住救新罗。从男居城至新罗城新罗始附庸於百济，在百济东南五百里。倭满其中。官兵方至，倭贼退。八□□□□□□□来背息追至任那加罗从拔城《通考》：新罗隋时袭加罗任那诸国，灭之。碑文内所称任那加罗在高句丽时尚未属新罗。城即归启，安罗人戌兵。拔新罗城、□城，倭满□□，□□□□，□□□□。□□□□□。□□□□□，□九尽臣有尖安罗人戌兵。□□□□□□□倭溃城大赤□□□安罗人戌兵。昔新罗安锦，未有身来朝贡，□□□□□开土境好太王□□□至□□□溃□□□□□朝贡此次救新罗大挫倭寇。十四年甲辰，而倭不轨，侵入带方界，□□□□□石城，□连船□□□，□□率□□，□仆勾□□□□相遇，王懂要截荡刻，倭寇溃败，斩□无数。十七年丁未，教遣步骑五万，□□□□□□□□。平攘□□合找，斩□汤尽。所获铠甲一万余领，军资器械，不可称数。还破沙泙城、娄城、还□□、□□、□□□□师□城《梁书》：倭去带方万二千余里，魏景初正始年间，均受中国爵命。魏王假金印金绶。齐建武除倭王武持节督新罗，任那伽罗秦韩、慕韩六年诸军事，据此则倭人在梁魏时已极强横，而好太王能一再破之，洵不愧威武之号。廿年庚戌，东夫余旧是邹牟王属民按《魏书》莫来征夫余，夫余大败，遂统属焉，是夫余早为高句丽臣属，至好太王时又征而服之，而疆土廓矣。中□不贡。王躬率住诸，军到余城，而余承国骈□。□□□□□船□□。王恩普处，于是旋还。又其慕化隋官来者，味仇娄鸭卢《后汉书》高句丽传：所置官有相加、对卢、沛者、古邹等名。《梁书》谓高句丽言语诸事多与夫余同，碑文所称鸭卢字样当即官长之名。卑斯麻鸭卢、□立娄鸭卢、肃斯舍□□、□□□□卢。仇所攻破城六十四，村一千四百。守墓人烟户按守墓人烟户皆历年征服各国之臣民，汉唐以后伐人国者，辄虏其居民移住本境，亦耀武之意也。至守墓则又待之虐矣。卖勾余民国烟二看烟三。东海贾国烟三看烟五。敦城□四家尽为看烟。□城一家为看烟。碑科城二家为国烟。平穰城民国烟一看烟十。岁连二家为看烟。住娄人国烟一看烟卅三。契谷二家为看烟。契城二家为看烟。安失连廿二家为看烟。改谷三家为看烟。新城三家为看烟。南苏城一家为国烟。新来韩秽沙水城国烟一看烟一。牟娄城二家为看烟。日比鸭岑韩五家为看烟。勾牟客头二家为看烟。永底韩一家为看烟。舍鸟城韩秽国烟三看烟廿一。古□□罗城一家为看烟。昊古城国烟一看烟三。客贤韩一家为看烟，阿旦城、杂珍城合十家为看烟。巴奴城韩九家为看烟。若模卢城四家为看烟。若模卢城二家为看烟。牟水城三家为看烟。干上科城国烟二看烟□。□□城国烟七看烟七。□科城三家为看烟。豆奴城国烟一看烟二。奥科城国烟二看烟八。须邹城国烟二看烟五。百残南居韩国烟一看烟五。大山韩城六家为看烟。农卖城国烟一看烟一。闰奴城国烟二看烟廿二。古牟娄城国烟二看烟八。□城国烟一看烟八。味城六家为看烟。就咨城五家为看烟。丰穰城廿四家为看烟。散船城一家为看烟。船旦城一家为看烟。勾牟城一家为看烟。于科城八家为看烟。比科城三家为看烟。细城三家为看烟。国□上广开土境好太王存时教言：祖王先王但教取远近旧民守墓洒扫。吾虑旧民转当赢劣，若吾万年之后，安中墓者，但取吾躬率所略来韩秽，令备洒扫。言教如此，是以如教令，取韩秽二百廿家。□其不知法则，复取旧民一百十家。合新旧守墓户国烟卅看烟三百，都合三百卅家。自上祖先王以来，墓上不安石碑，致使守墓人烟户差错。惟国□上广开土境好太王，尽为祖先王墓上立碑。铭其烟户，不令差错。又制守墓之人自今以后不得更相转卖。唯有富足之者，亦不得擅买。其有违令，卖者刑之，买者制令守墓。

按：碑文高句丽王朱蒙初立国在鸭绿江右，非今高丽平壤都也。其裔孙位宫与魏毌丘俭战沸流，败走丸都。位宫孙钊又为慕容皝[1]所败，追至丸都，乃迁都平壤[2]。至好太王时已越三世。碑文所称平穰今平壤也①。百济与高句丽皆出自夫余，在高句丽东南千余里。新罗又在百济东南。初皆附属三韩，与倭国毗连，数被侵伐。幸高句丽王振旅兴师，屏蕃与国，威震辽东，固一世之雄也。高丽岂文敝[3]之国哉。至所征拔百济各城，与救罗破倭各地名字皆残缺不可考，间有一二散见于史册者，亦字音错讹，如置弗论。第援引历史以证碑文地理兵事，足为守

---

① 高句丽第十一代王东川王因"丸都城经乱，不可复都，筑平壤城，移民及庙社"，不是半岛的平壤，也不是国内城，而是集安良民古城，即"好太王碑"碑文中的平壤城。半岛的平壤，"好太王碑"碑文中称"下平壤"。

边者进一筹焉。释如上。

辽沈以东永陵、福陵均有太祖，太宗功德实录碑，其余则萨尔浒御碑亭一间，黄土冈石碑一通，只有满书"大清"二字，无文字可稽。唯辑安高句丽碑，曾函请前朱鹤怡明府代拓一分，年久代湮，字迹模糊，缺略甚多。旋从张度支司宪屋壁内获睹全豹，则光绪十年以前所拓也。墨色光润，字体较真。金波司宪[4]极研求金石品，谓尚有抄本，并蒙赐阅。循环展玩，日韩兵事及好太王事迹，历历如在目前。惟佶屈聱牙，几不堪读，而文体古奥，逼近皇初，洵非秦汉以下文字，实为穷荒希世之宝，故释文虽不甚详，而每一展阅，爱不忍释。晋魏之文，则不及远矣。

附录 傅云龙跋[5]

句丽好太王碑在盛京鸭绿江北，与朝鲜高山城、满浦城近。初掩土中，三百年前，渐掘渐露，至今未尽出土。出者高约一十八尺，面南背北，约宽五尺六寸有奇，东西两侧约宽四尺四寸有奇，四面镌字，而石有凹凸。南十一行则起惟讫那，西十行起利讫大，北十三行起赤讫烟，东九行起七讫后。凡四十有三行，行四十一字，约一千七百五十九。然长短有差，长者五寸，短或三寸，刻字深五六寸不等，残缺之字一百九十有七。后无年月，据碑知为好太王墓碑，甲寅九月廿九日己酉立，未详当何代甲寅。日本人云：壬午后二百七十二年之甲寅乎？后三百三十二年之甲寅乎？一当三国汉建兴十二年，一当晋元康四年。然皆臆说，据《东国通鉴》云：汉永光五年，高句丽始祖高朱蒙立《东国通鉴》扶余王解夫娄老无子，祭山川求嗣，所御马至鲲渊，见大石，相对而泪。怪之，使人转其石，有小儿，金色蛙形。王喜曰："此天赉我令胤。"养之，名金蛙，及长，立为太子。后，其相阿兰弗曰："梦天帝谓我曰：将使吾子孙立国于此，汝其避之。东海之滨有地，曰加叶原，土壤膏腴，宜五谷，可都也。"遂劝王移都，国号东扶余。其旧都（史称旧夫余，即北夫余）有人，自称天帝子解慕漱，来都焉。及解夫娄薨，金蛙嗣。得女子于大白山南优渤水，问之，曰："我是河伯之女柳花，与诸弟出游，解慕漱诱入熊心山下鸭绿室中私之，即往不返。父母责我无媒而从人，遂谪于此。"蛙异之，幽于室中。为日所照，引身避之，日影又逐而照之，固有娠，生一卵。蛙弃之，与犬豕，不食。弃之路，牛马避之，弃之野，鸟覆翼之。蛙欲剖之，不能。母裹置暖处，有男子破壳而出，骨表英奇，年甫七岁，自作弓矢，射之，发无不中，夫余俗谓善射为朱蒙，故名之。蛙有七子，其技能皆不及朱蒙。长子带素言于父曰：朱蒙生也非常，且有勇，不早图，恐有后患。蛙不听，掌喂马。朱蒙增损其刍豆，令骏者瘦，而驽者肥。蛙自乘肥，而与朱蒙狩猎于野，与朱蒙矢少，而殪必多。蛙诸子忌欲杀之。母语朱蒙曰："国人将害汝，以汝才略，何往不可，孰与迟留而后悔者乎？"朱蒙乃与乌伊、摩离，陕夫等三人，行至淹滤水，无梁，祝曰："我是天帝子河伯外甥，今日逃难，追者垂及奈何？"于是，鱼鳖成桥，朱蒙得渡，桥乃解，追骑不及朱蒙。至毛屯谷遇麻衣、衲衣、水藻衣三人。麻衣曰再思，衲衣曰武骨，水藻衣曰默居。朱蒙赐再思姓克氏，武骨仲室氏，默居少室氏。语众曰："我方承景命，遇此三贤，岂非天乎！"俱至卒本扶余沸流水上都焉。国号高句骊，因姓高。四方闻之来附者众。其地连靺鞨，朱蒙恐见侵盗，遂攘斥之，靺鞨畏服不敢犯。朱蒙见沸流水菜叶流下，知有人居上流，往寻之，果有国，曰沸流。其王松让见朱蒙曰："寡人僻在海隅，未尝得见君子，吾子何从而来？"曰："我是天帝子，来都卒本。"松让曰："我累世为王，君立都日浅，地小不足容两主，君为附庸可乎？"朱蒙忿之，因与较艺，松让不能抗。廿二年夏六月松让以国降于高句丽。按：廿二年注云汉建昭三年。朝鲜史略：高句丽始祖朱蒙立，先是东夫余主金蛙，得河伯女柳花为日影所照而娠生一卵。说者曰：夫余俗谓善射为朱蒙，故名。《太平寰宇记》[6]曰："朱蒙弃夫［余］东走，渡普述水，至纥升骨城，遂居之，号曰高句丽国。"此碑邹牟云者，即朱蒙之声转。《日本姓氏录》曰：长背连高丽国主邹牟王之后。邹牟，注云：一名朱蒙，是其一证。碑文剖卵浮龟之说，虽近附会，然质之史籍，往往而合。《三国志注》引《魏略》曰："旧志又言，昔北方有藁离之国者，其王侍婢有身……后生子。王捐之溷中，猪以喙嘘之，徙至马闲，马以气嘘之，不死。王疑为天子也，乃令其母取畜之，名曰东明，常令牧马。东明善射，王恐夺其国也，欲杀之。东明走，南至施掩水，以弓击水，鱼鳖浮为桥，东明得渡，鱼鳖乃解散，追兵不得渡。东明因都王夫余之地。"《梁书》曰："高句丽者，其先出自东明。东明本北夷橐离王之子。离王出行，其侍儿于后任娠，离王还，欲杀之。侍儿曰：'前见天上有气，如大鸡子来降我，因以有娠。'王囚之，后遂生男，王置之豕牢，豕以口嘘之，不死。王以为神，乃听收养。长而善射，王忌其猛，复欲杀之。东明乃奔走，南至淹滞水，以弓击水，鱼鳖皆浮为桥，东明乘之得渡，至夫余而王焉。"是亦其证也。东明即朱蒙身后之号，见《东国通鉴》诸书《东国通鉴》：壬寅夏四月为句丽王立子类利为太子。秋九月高句丽壬朱蒙薨，太子类利立，葬始祖于龙山，号东明圣王。壬寅注云：汉鸿嘉二年，高句丽始祖十九年，《东国三十年歌》：高句丽祖号东明，天帝之孙河伯甥，逃难立国卒本川，汉元帝建昭二年。《东国舆地胜览》：平安道中和郡，东明王墓在龙山，俗号真珠墓。

又按：《宋书·诸夷传》曰：嘉平五年幽州刺史毌丘俭，将万人出玄菟，讨位宫。位宫将步骑二万人逆军大战于沸流，位宫败走。《方舆纪要》曰："正州城，旧志在渌州西北三百八十里，本沸流国故地。为公孙康所并，渤海置正州于此，亦曰沸流郡，以沸流水而名。契丹因之。仍隶渌州，后废。"证之朝鲜往籍，沸流即卒本川，俗呼车衣津《东国舆地胜览》：成川都护府，本沸流王松让故都。高句丽始祖东明王自北夫余来都卒本川，松让以其国降。沸流江即卒本川，俗称车衣津，在客馆西三十步。《东国三十年歌》：扶余，国名，在北又号北扶余。沸流亦国名，即今平安道成川郡。《太平寰宇记》曰：马訾水一名鸭绿水，水源出东北靺鞨白山，水色似鸭，故俗名之。夫辽东五百里，经国内城南，又西与一水合，即盐难水也。《宋书·蛮夷传》曰：元嘉十五年复为索虏所攻，败走奔高丽北丰城。此可为碑云盐水北丰诸证也。百残即百济，斯庐即新罗，亦即新庐《后汉书》曰：三韩凡七十八国，百济其一。《通考》曰：晋时，句丽既略有辽东，百济亦略有辽西晋平。自晋以后吞并诸国，据有马韩故地，南接新罗，北距高丽千余里，西限大海，处小海之南，晋代受藩爵，自置百济郡。《三国志》曰：辰韩十二国有斯庐国。《通典》曰："新罗国，魏时新庐国，其先本辰韩。辰韩有六国，稍分为十二，新罗其一也。魏时毌丘俭讨高丽，取之，高丽王奔沃沮，其后复归故国，留者为新罗。"或曰阁弥城，即关弥城，见《东国通鉴》《东国通鉴》：百济辰斯王八年冬十月，高句丽攻陷百济关弥城，其城四面消绝，海水环绕。王分军七道攻之，二十日乃拔。百济阿莘王二年秋八月，百济谓真武曰：关弥城北鄙要地，今为高句丽所有，其为我一雪，随命武将兵一万伐高句丽，围关弥城。带方城在平壤南汉县，属乐浪郡。公孙度置带方郡。《汉志》注：乐浪郡南部都尉治，昭明是也，隋大业中，伐高丽，分军出带方道，谓此阿旦城修自百济《东国通鉴》：百济责稽王元年，高句丽伐带方，带方求救于百济。王曰："带方我舅甥之国。"遂出师救之，修阿旦城数城，以备高句丽。曰韩，曰涉，皆朝鲜地古国名。后汉杜笃传注：涉貊，东夷号也。《汉书·匈奴传》集注：涉或作薉。《晋书》音义移与薉同。《礼记·少仪》注有似人涉，《释文》涉本作薉。今日本人谓朝鲜人曰薉人，盖沿古语。《方舆纪要》云："服虔曰：'薉貊在辰韩北，高丽沃沮之南，东穷大海。汉元朔初，其君南闾降汉，因置苍海郡，三年罢。'陈寿曰：'夫余国有故城名薉，盖本涉貊地，今耐涉亦其种云。'"魏毌邱俭破高丽，奔沃沮，后复国，其留者为新罗，兼有沃沮不耐韩涉之地。惟好太王不见于《东国通鉴》诸书，而《日本姓氏录》云：难波连高丽国好太王。后据碑知好太王徽号曰国冈上广开土境平安好太王，下文冈土之土又作上，盖石刊填文而讹也。以□为开，与日本二天造像记以□为开同一例也。曰二九登祚，曰三十九晏驾，是在位二十二年。朝鲜史册第云：高句丽王十九世广开土王在位二十二年，安知非误十七世为十九，于徽号字数有脱略乎？其《三国史记》一书成于宋绍兴十年,《东国通鉴》成于明成化二十一年,去古远矣,难可尽信。此碑可补朝鲜史之缺。碑立于百济、新罗、高句丽三国鼎立之时,所叙倭战,亦可补日本史之缺。宜本人珍重碑文不置也,惟释文多误,即如释丫为柳,庸讵知□□古非一字。碑云丫被四海,丫即栖字,与樆同书。《尧典》[7]:光被四表。《后汉书·冯异传》云:横被四表。《尔雅·释言》[8]释文:桄,孙作光,虽无作樆,已可为加木旁之证。《说文》[9]:栖,积火燎之也,有光谊。《周礼·春官》[10]:樆或作栖。此樆、栖通用之证。

荡平岭碑记①

长白山自东北来,崔巍磅礴,其间为胜、为异、为陕、为塞,支脉歧出,各异名。其中峰泄而为川,鸭绿江出焉,为天然之国境。世昌受职之明年,以国防不可不严,皇图不可不廓,既得请于朝,于江北岸旧临江县东鄙之塔甸,增设长白府治。而塔甸实在山与水之间,南枕江流,与朝鲜人可对岸语。北则穷冈倚天,林谷深阻,崩崖旁颓,猿径下仄道弗不可行也。盖隔奉天且千五百里。援绝而维州[11]倾,势悬而珠崖弃[12],奉长之路不达,则长白终不得而治。而临江为长西蔽,不达临无以通长,故通道自临江以西之老岭始。老岭者,亦长白支脉之一也。连山屈盘,万里来束,巉岩危壁,互隔峭绝,不可通。通其西小

---

① 荡平岭碑记,徐世昌撰文并书丹。详见:张福有斠释:《荡平岭碑记》,吉林人民出版社,2010年版。

岭，凡合徒数百，役数月，辟治蹊径，填壑架梁，为里百二十，而数千年之障塞，遂一举而荡平，车可方轨焉，因名曰荡平岭。是役也，知府张凤台、同知李廷玉，实终始其事，因虑规擘，不惮劳瘁，以蕲至于成，可录也。夫不暂费者，不久利。不一劳者，不永逸。平治水土，莫若禹，禹通道于九州，随山刊木，东至碣石[13]而止。则碣石以上循长白山脉而东，固禹迹所不及，而有待于今日之荡平也欤。塞外自古多荒漠之地，往往经数千年而陵谷不变，其旧与混元时无异。盖禹迹不至，则人遂无有至焉者。亦见创始之难，通道之不易，而禹之功伟也。兹岭之开，曾何足媲禹功于万一。特以经营所始，适当禹迹所终，其事有若可异。而迹之所遗者，功之所存。继自今长白高原殷盛炽大，振万古之孕育，发无穷之实藏，以保厘我皇家于亿万斯年，永永无极。则是岭之开，有若摄其缄，而启其扃也。是则可记者已。

钦差大臣、陆军部尚书衔、都察院都御史、管理三陵事务大臣、总管内务府大臣、东三省总督兼管三省将军事务徐世昌撰并书。

光绪参拾肆年嘉平之月穀旦

荡平岭碑记[1]

岭以荡平名，我节帅徐公嘉其路工告成而名之者也。查此岭谚称老爷岭，为长白山西南支岭之一，崆蜿巉巇，蓊郁灌丛，

---

[1]　荡平岭碑记，张凤台、李廷玉撰文，田锦堂书丹。详见：张福有斠释：《荡平岭碑记》，吉林人民出版社，2010年版。

芒芒飘飘，泱济无垠，盖数千百年于兹矣。戊申夏四月凤暨廷玉蒙督抚宪檄委增治长白。遥制岩疆，事关边要，应预筹全局，锄梗塞，驶交通。缘长白一郡斗绝东陲，捍临蔽通，屏藩辽沈，乃兵家所谓主要地也。顾通长必先通临，通临断自老爷岭始。询及土人金云：岭道有三，曰南、曰中、曰北。北道循三岔子沟门，跻岭巅，绕四平街，达三道阳岔，跨河沿，岭势险甚。南道肇造于林子头，穿乱石窖，凿珍珠门，闿宝德泉，攀椴抱松岭，迤东达临，倾崎崖陨，道阻工巨。中道渡白水泉，越南山坡，仍与南道合。（北）[此]三道概不易修。凤踟蹰嗟叹者久之，道路相传言人人殊。闻自岭西冯家窝铺迤逦而东，抵戚家窝铺，土多石寡，旧为左翼长宝贵拟修中辍，惜荒废崎岖垂二十余年，路线纵横不可辨。凡事耳食者悬，躬亲者确。乃商督队长测绘员叱骑前行，披荆斩棘，盘山浮涧，历抵临江之三道阳岔。左翼长遗迹，虽积久淹塞，就现势论，较土人所称三道，尚属工减费廉，遂具图呈请军督而议以决。是年五月二十二日经始，九月中旬葳工，旋复补勘寻修，俾益倬而平坚且久，逾月而竣。是役也，工徒三百，踊跃奋功，夏秋之交，炙风沐雨，宿露餐霜。自届冬令，则毡冰幕雪，倚树围山。数月之间，砍树千万株，开盘十八道，架桥梁大小百余通，逶迤迂回，悉底于牛马并辔，车方轨，行旅称便。若非该队长李景明等督率勤劳，奚克臻此。凤等材短任艰，方惧弗胜，幸在事各员黾勉从工。既仰副督抚宪控驭之怀，且以襄朝廷荡平之治用。特述颠末镌之石，并员弁衔名具署碑阴，以昭来许。非夸也，以示边防之重，路政之基实始于此。是为记。①

总办长白府没治事宜军机处存记前署长春府知府张凤台

帮办长白府设治事宜候选同知署理临江县知县李廷玉

同撰②

五品衔候选教渝田锦堂书丹

光绪三十四年嘉平之月榖旦

长白山记

大荒之东有乔岳焉，距奉天一千六百余里，巑岏业穹窿，蓊郁磅礴。参两仪以立极，渺群岳而独尊者，其惟我列祖列宗肇陨祉之长白山欤！惟皇建极，惟岳降神，上植枢辉，下应坤轴，其韫灵笋秀也，久矣。特是《禹贡》《职方》书缺有间，惟《山海经》称为不咸山，而人迹罕到，记载阙如。荐绅先生[14]难言之，粤考群书，名称互异。汉征高丽分乐浪、临屯四郡，颜（曰）〔曰〕单单大岭。晋魏南北朝，中原鼎沸，不遑东略。唐遣刘仁轨等经略辽东，曾率师抵长白山下，当时号徒太山，亦曰保太山。五代时又易名太白山。然《唐书·渤海传》有乞乞仲象者，与靺鞨酋乞四比羽东走，渡辽水保太白山之东，树垒自固。似唐时已称太白，不自五代始也。辽、金之世，始以长白名。金世

253

---

① 此处有张凤台、李廷玉、田锦堂落款共73字，原文未刊。

② 原本与《丛书》无款，依碑之拓片补录。碑文不确处未改。准确碑文可见张福有斠注：《荡平岭碑记》，吉林人民出版社2010年版。

宗朝且隆爵号，册封兴国灵应王，岁时敕祭，如五岳。

我朝自长白山之东布勒湖哩池，灵鹊衔珠，曼珠献瑞，遂肇迹于赫图阿拉，是为有邰生民之始。康熙十六年遣大臣觉罗武木讷随带侍卫数名，由讷阴河溯流而上，五越月而返，具疏奉旨封为长白山之神山。自麓至巅约三十余里。山顶有潭曰龙潭，周围七十里有奇，深不可测，泉鸣似鼓，石触如雷，常蒙蒙有云雾气，因又名之曰天池。池多石，而浮轻如粉，状如肺。奇峰环峙，其峋嶙而耸秀者，曰白云，曰冠冕，曰白头，曰三奇，曰天豁，曰芝盘。其矗立而嵚崎者，若玉柱，若梯云，若卧虎，若孤隼，若紫霞，若华盖，若铁壁，若龙门，若观日，若锦屏。又有三泉倾泻，一金线、一玉浆、一隐流。与伏龙冈、鸡冠岩、滚石坡、悬雪崖诸形胜映带回环，风景佳丽。而东北三山峰岚尤美，一麟峦，一凤峦，一碧螺。更有钓鳌放鹤之台，松甸草塘之胜，争流竞秀，莫可形状。

康熙十一年乌拉总管穆克登奉旨查边，立碑于长白山之清风岭，文曰：审视东为土门，西为鸭绿。土门者即图们之转音。三江皆发源长白。然惟松花江上源二道白河直接天池。鸭绿之水流自暧江。图们正支距红土河、石乙水尚百余里，更与天池隔绝，总之不离乎此山者。近是方兹，边疆多事，陵谷变迁，登高远瞩，万感交集遐思。夫肃慎献楛，箕子遗封，历经新罗、百济、夫余之兵燹，生民涂炭，则旷代相感而唏嘘不能置。南望将军、葡萄诸峰与圣水渠、七星湖之交错纵横，毗连于异域，而为强邻所耽视，则有鼙鼓将帅之思焉。西望龙冈，蜿蜒数千里，直接启连隆业诸山，松柏苍翠，佳气郁葱，不禁慨然而叹曰：此皆我列祖、列圣躬擐甲胄，跋履山川之所肇造而经营之者也。天作高山，斗绝大东。各国之游历至此者，犹复有图有录以修襮之，抑亦守土者所当注意焉。于是乎记。

《记》为筹办长白府设治事宜张所撰。长白创设郡治，旁采时望，以张守往理其事，规划经岁，恢纲饬记，治具毕修。复于从政之暇，躬揽形胜，博搜典实，为《长白山记》，以补昔贤之缺。予既嘉其政，复重其文，爰为大书勒石以永之。

宣统元年闰二月，钦差大臣陆军部尚书衔、都察院都御史，东三省总督兼管三省将军事务兼署奉天巡抚、新授邮传部尚书徐世昌书。

宁古塔　瓦尔喀　长白府　鸭绿江辩

考吴兆骞[15]《宁古塔记》有云："南门临鸭绿江，西门外三里许有石壁临江，长十五里，高数千仞。初至戍所，煎人参半片反泄利。""惟江水自长白山流出，号'人参水'，冬月饮之，冷不伤脾。"初读之，以为鸭绿江自长白西南流出，松花江自长白之北流出。古今记载皆无异词。宁古塔并无鸭绿江之名。吴兆骞为国初博学名家，何至错讹如此。及读魏源《圣武记·开国龙兴记》一篇内又云，"瓦尔喀部，沿瓦尔喀河入鸭绿江，濒海两岸皆其部落，在兴京之南，近朝鲜"，语尤不解。查瓦尔喀

255

为东海三部之一，其地在图们江流域，与鸭绿江远不相涉。濒海两岸皆其部落，恰无东海三部之说。设在兴京之南，近朝鲜，则支离矣。博学如吴、魏两公，古今罕觏，何敢妄为置辩。惟鸭绿江正在本郡区域，诚恐以支流混大宗，或随波逐流，致蹈鱼珠之误。故特摘二公之说，觅委穷源，推其所以致误之由。《太平寰宇记》："高句丽有马訾水，一名鸭绿水，源出东北靺鞨白山，水色似鸭头，故俗名之。"以此类推，凡水色绿者，均可以鸭绿名之。宁古塔与瓦尔喀左近之水，或有水深而色绿者，土人即名之为鸭绿欤！李吉甫序《元和志》[16]云："今言地利者，凡数十家，尚古远者或搜古而略今。采谣俗者多传疑而失实。"顾祖禹尝谓五代以前尚可据史以绳志，五代以后又当据志以律史。考据之难如此。如胡氏注《通鉴》[17]博且精矣，而除水、洛水、溧阳、定陵等类尚多错误。况吴、魏两博学，一则在戍所读书，一则为圣武而记，并非以方舆擅长也，偶随谚俗之称，列入记载，因讹传讹，亦在所不免，不得因此而短之。区区晓舌为鸭绿江辩，非与吴、魏二公辩，识者谅焉。

由奉赴长白山路行程记

光绪三十四年夏五月朔，由奉启程，出东门，行二十里，至天柱山。少憩，谒福陵前抱浑河，背负辉山、兴隆岭，松柏森严，殿壁辉煌，竖有太祖高皇帝功德碑，纪七恨誓师盛烈。又二十里宿旧跕。初二日早行二十余里过地塔，又二十里抵抚顺关明经略杨镐分兵四路趋兴京，左翼杜松、赵梦麟等由浑河出抚顺，即此。午后三十五里过关岭，十五里过德跕，又十里宿营盘_{考营盘东二里余即萨尔浒山，明将杜松等军此，与界藩城、吉林崖相犄角。太祖一举歼焉。营盘之名昉此。}初三日早过萨尔浒_{旧有部长诺密纳居城，今湮。}至铁背山_{距萨尔浒山十五里，太祖歼明兵于此。}又十五里至古楼_{即旴古城。《开国方略》：尼堪外兰与明宁远伯李成梁合兵攻古旴城，杀阿亥章京于此。}又十里至下嘉河，十五里过上嘉河_{《发祥世纪》：名嘉哈河，即浑河，夹山而流，土称夹河。}行二十五里越黄土冈抵马尔墩_{乱石盘错，极险，明万历十一年太祖率众一旅克马尔敦城，即此。}又十五里宿木奇，_{国初有木奇和穆者部落在浑江左右，即此地。}初四日早四十里至陵街，尖饭毕，谒永陵_{永陵为肇、兴、景、显四祖陵寝。}陵前有古槐一株，苍老异常。行四十里抵兴京，俗名新宾堡_{《开国方略》：号赫图阿拉，本朝发祥于长白山之鄂多里城，都兴京自太祖始。}越日，端午在同乡药铺，憩半日度节，午后三十里宿蜂密沟_{俗指沟东即浑河源，误。浑固发源于纳绿窝集中。}初六日行三十里度分水岭，三十余里尖三棵榆树，晚行十里，度欢喜岭，十五里过冈山岭，十五里抵英额布，遇雨宿焉。初七日早行十里过高里营_{与英额布相近，俗唤高丽城，误。}又四十五里抵快当帽子尖，又十里过蝲蛄河_{此水多蝲蛄，故名。}又十五里过江堤台_{此江名浑江，上流在马帽山下流入鸭绿江。}又十五里抵通化县_{光绪三年设县，县南滨浑江，木牌顺流而下，最为繁盛。}小住数日，因工队尚未招齐，嘱队长李景明赶招。十一日饬队长陈国璧先奔林子头勘路，次早由县城动身，走二里许，过头道江而东，又东二十里，至二道江，又东十里至三道江，又东十里至热水河子，借宿杂货店，与李石臣司马[18]畅谈竟夕。次早石臣循南山一路去讫，予同陈冰生、许味三诸君觅道而东。行十里至五道江，又十五里六道江，二十里七道江，又十五里宿八道江设有巡检一员，系光绪二十六年忠义军倡乱临江，移居于此。自此而北八十余里即三岔子，去林子头四十里。次早奔林子头，行五里有金坑遗址，三十里越红土崖，路极险，五里至石人沟岸上有峭石，如人形，故名。又五里至涧山沟，又十里至林子头，驻临江县巡警局。队长、测绘员、稽查员皆会于此，佥谓：由林子头至临江三道：一南道、一中道、一北道，概不易修。惟迤东自冯家窝铺至岭顶，上年左翼长宝贵拟修未竣，尚有车辙马迹焉。时五月十五日也。次早乘马前勘，由冯家窝铺辗转徂东。正值炎暑，林谷阴霾，风薰日炙，行四十余里，跻岭巅，又三十里宿孙家窝铺，越翼日抵临，商定路工办法，另有碑记，兹不赘。

赠刘许两委员绝句

光绪三十四年五月二十一日①，刘令建封、许府经中书，率同测绘员由临赴长白山勘分奉吉界址。随带护勇十名，行三十余里突遇猛熊三，蹲卧道旁，悍然不动，击之以枪，号而起，冲烟而来扑，护勇倒地，踞坐臀下，危甚。幸谢巡弁鸿恩以善猎名，一枪洞熊腹，毙之。护勇仅伤左股，无恙也，医治数月而痊。员司等颇有戒心，函请添勇数名，以资保卫。乃咏冯宫人故事以[19]壮之。

① 刘建封一行踏查长白山出发时间是五月二十八日，见《长白山江岗志略·缘起》。

独立当熊胆自粗，诸公记得汉书无。

峨眉尚有英雄概，况是人间大丈夫。

咏江排 木把编木为排，顺流而下，名曰江排

光绪三十四年八月拟赴省领款，坐江排回临。正当江流暴涨，惊涛怒浪，历硝石之险，冲散木排两次，排上人皆失色。余故危坐以示暇，晚宿蛤蚂川，咏以遣闷。

来由山径去由江，一叶茫茫不系桩。

蛤蚂川头酣野宿，乌龟峡里驶飞艭。

中流放胆思同济，破浪无才恨急泷。

但愿英雄淘不尽，沉吟且听晚钟撞。

过擦屁岭遇雨 岭在临江东二十

余里，极危峻，人辄矮坐以行，因名为擦屁骨岭，雨后行尤难，咏此以赠同人。

满山树木满山泉，阴雨愁人黑暗天。

鸟语哥哥行不得，羊肠曲曲去犹还。

筹边愧乏晁生策[20]，开路争挥祖逖鞭[21]。

阅尽艰辛无蜀道，人生切莫负英年。

东山即事

我阻东山跋涉艰，王基肇迹跨三韩。

额林朴素家风古，桦屋参差夜雨寒。

宾客进餐操赛斐，儿童嬉戏掷罗丹。

豳岐遗俗今犹在，法喇施函性自安。

　　注：额林，厨中横板兼几案之用。桦屋，桦皮架屋。赛斐，木上曲柄丰末，汉语羹匙也。罗丹，汉语鹿蹄腕骨，儿童以为戏具。法喇，俗呼爬犁。施函，木筒也。

咏江犁

光绪三十四年十二月坐爬犁回长郡，江冰初冻，水声潺潺，行人危之。

薄冰初冻踏如舟，不禁涛声滚滚流。

松柏高擎霜雪岸，江山冷抱帝王州。

三韩对我惭青眼，一路逢人怅白头。

却喜尘氛都扫尽，及时洗刷旧金瓯。

咏望江楼　　江北岸有两峰对峙，如楼阁形，土人称为望江楼。

谁挥玉斧白云端，巧构山楼壮大观。

想是天公怜寂寞，故留风景在江干。

咏孤松岩　　江北峭壁上有苍松一株，亭亭

孤峙，颇有壁立千仞之势，因名之曰孤松岩。

鏖战风霜性益坚，觚棱矗立大江边。

誓将浩节撑天地，不问沧桑几变迁。

古　迹

塔山记

山在（暑）[署]西三里许，山上有灵光塔一座，故名曰塔山。缘东北坡迤逦而上，石径倚斜，花木交错，陟其巅平而旷。鸭江在左，龙冈在右，英光爽气，扑人眉宇。东北行二百余步，层级而升，曰一览峰取江天一览之义。又东为（詹）[瞻]白峰天晴雨霁，遥望长白山，冰雪如画。又东北为观葡峰北望葡萄山，峰峦重叠，历历可数。三峰耸峙，适当郡署之右。登高远瞩，气象万千，亦长郡之胜概云。

灵光塔记

塔高五层，围八九丈。日炙雨淋，苔侵藓蚀，尖顶倾圮。砖片零星，质粗而坚，掷地有声。虽无碑碣可考，按法库门古塔，金石家称为元塔，以此类推，其为辽元间故迹无疑。长郡斗绝大东，沧海变迁，一柱高撑，如鲁灵光殿 [22] 岿然独存。因以灵光名其塔云。

塔山精庐记

宣统元年秋八月，筑室于塔山之巅，垒石为墙，钉木为盖，越月告成，颜曰塔山精庐。延道人王姓以居，以护以修以炼，戒之曰：“无俾他人毁伤我墙屋，俶扰我风光。”题其门额曰“晨钟”，曰“暮鼓”，俾及时以自也。徽其楹联云：“一水平分华夏界，万山拱护帝王州。”普天之下莫非王土。后之人登览而至此者，目睹神会，庶恍然于是庐之建，意固不在山水间也。是为记。

温泉记

泉在署西十余里之十八道沟，由东冈坡下溢出，分注三小池，相隔十余丈，围八九弓。碎石岣嶙，清浅和暖，经冬不冻。居民有疾病疥癫者，辄往浴焉，浴则无恙。行近池畔，硫磺之气扑人口鼻，土人谓来源处有硫磺矿，其信然欤！

注　释

[1]　慕容皝：十六国时期前燕的国君，公元 333—348 在位。字元真，昌黎棘城（今辽宁义县西）人。鲜卑族，幕容廆之子。建武三年（公元 337 年）称燕王，为东北强大的割据政权。后迁都龙城（今辽宁朝阳）。死后，子儁继位称帝，追谥为文明皇帝。

[2]　位宫孙钊迁都平壤：不是高句丽王钊，而是长寿王巨琏在公元 427 年迁都平壤。

[3]　文敝：《史记·高祖本纪》："三王之道若循环，终而复始。周秦之间，可谓文敝矣。"敝亦作弊。《韩愈答吕䃣山人书》云："自周后文弊，百子为书，各自名家。"

[4]　金波司宪：金波即张锡銮，光绪初年任通化知县，后不断升迁，宣统时供职于东三省总督衙门，是军阀张作霖的引荐人。

[5]　傅云龙跋：傅云龙，字懋元，浙江德清人，直隶候补道员。工书法、篆刻，喜爱金石之学。他曾写过好太王碑文跋，对朱蒙、建碑时间、沸流水、鸭绿水、百残、新罗、关弥城、带方城、阿旦城、韩秽等国名、地名、族名，多所考证，在研究上是有贡献的，但其中许多地方语焉不详。该跋收入《长白汇征录》（1910 年）和《辑安县志》（1930 年）。

[6]　《太平寰宇记》：北宋地理总志，乐史编著，二百卷。太平兴国间基本完成。作者杂取山经地志，纂成此书，始于东京，终于"四夷"。除因袭《元和郡县志》门类外，又增加风俗、姓氏、人物、土产等门，为后来总志体例所沿据。所载唐以前地志佚文，可补史籍缺略。今本佚去八卷，《古逸丛书》刊有杨守敬从日本辑回所缺五卷半。

[7]　《尧典》：《尚书》篇名。近人以为由周代史官根据传闻编著，

又经春秋、战国时人用儒家思想陆续补订而成。记载尧舜禅让的事迹，反映了中国原始社会末期的一些历史情况。

[8]《尔雅·释言》：《尔雅》是我国最早解释词义的专著。由汉学者缀辑周、汉诸书旧文，递相增益而成。后世经学家常用以解说儒家经义，至唐宋时"十三经"之一。今本十九篇，《释言》是其中的一篇。

[9]《说文》：即《说文解字》，东汉许慎撰。书成于东汉和帝永元十二年（公元100年），是我国第一部系统地分析字形和考究字源的字书，也是世界最古的字书之一。今存宋初徐铉校定本，每卷分上下，共三十卷，收字九千三百五十三，又重文一千一百六十三。

[10]《周礼·春官》：亦称《周官》和《周官经》，儒家经典之一。搜集周王室官制和战国时代各国制度，添附儒家政治理想，增减排比而成的汇编。近人曾以周秦铜器铭文所载官制，参证该书中的政治、经济制度和学术思想，定为战国时代作品。全书共有六篇，《春官宗伯》是其中一篇。

[11]维州：州名。唐武德七年（公元624年）置。治所在薛城（今理县东北），辖境相当今四川理县地。地接吐蕃，为蜀西门户。

[12]珠崖：郡名。汉、三国吴、隋、唐均有设置，治所虽不同，但辖境均为今海南岛一带地方。

[13]碣石：今河北昌黎西北有碣山。《书·禹贡》："导山开及岐……太行、恒山，至于碣石，入于海。"秦始皇、汉武帝皆曾东巡至此，封石观海。东汉建安十二年（公元207年）曹操用兵乌桓过此，作有《碣石篇》。

[14]荐绅先生："荐绅"同"搢绅"。《史记·五帝本纪》："荐绅

先生难言之。"荐绅即缙绅，古假借字。

[15] 吴兆骞：清初诗人。字汉槎，吴江（今属江苏）人，曾因科场案流放宁古塔二十余年。有《秋笳集》。

[16] 李吉甫序《元和志》：李吉甫，唐宪宗大臣，字弘宪，赵郡（今河北赵县）人。遗著有《元和郡县志》，书首有李作之《序》。

[17] 胡氏注《通鉴》：胡氏即宋末元初的胡三省，著有《资治通鉴音注》。

[18] 司马：唐为郡的佐官，明清因称府同知为"司马"。

[19] 冯宫人故事：冯宫人即婕妤，汉元帝时入宫为婕妤。帝幸虎圈，有熊逸出，欲上殿，冯婕妤直前当熊而立，元帝以此倍敬重之。立为昭仪。

[20] 晁生策：晁生即晁错，西汉政论家。汉文帝时任太常掌故，太子家令，得太子（即景帝）信任，号"智囊"。景帝即位，任为御史大夫。他坚持"重本抑末"政策，并主张纳粟受爵，又建议募民充实塞下，积极备御匈奴贵族的攻掠，以及逐步削夺诸侯王国的封地，得到景帝采纳。不久，吴楚等七国以诛晁错为名，发动武装叛乱，他为袁盎等所谮，被杀。

[21] 祖（狄）［逖］鞭：祖逖为东晋名将，字士稚，范阳道县（今河北涞水县北）人，建兴元年被晋元帝任为豫州刺史，率部进屯雍丘（今河南杞县），收复黄河以南地区。后因东晋内部迭起纠纷，终于忧愤病死。"祖逖鞭"出自《晋书·刘琨传》：刘琨云："吾枕戈待旦，志枭逆虏。常恐祖生先吾着鞭。"祖生即祖逖，后因用为先着先手的意思。

[22] 鲁殿灵光：灵光，汉代殿名，为景帝子鲁恭王余所建。东汉王廷寿有《鲁灵光殿赋》，序云："鲁灵光殿者，盖景帝程姬之子恭

王余所立也……遭汉中微，盗贼奔突，自西京未央、建章之殿皆见隳坏，而灵光岿然独存。"后因借称硕果仅存的老成人为"鲁殿灵光"或"鲁灵光"。